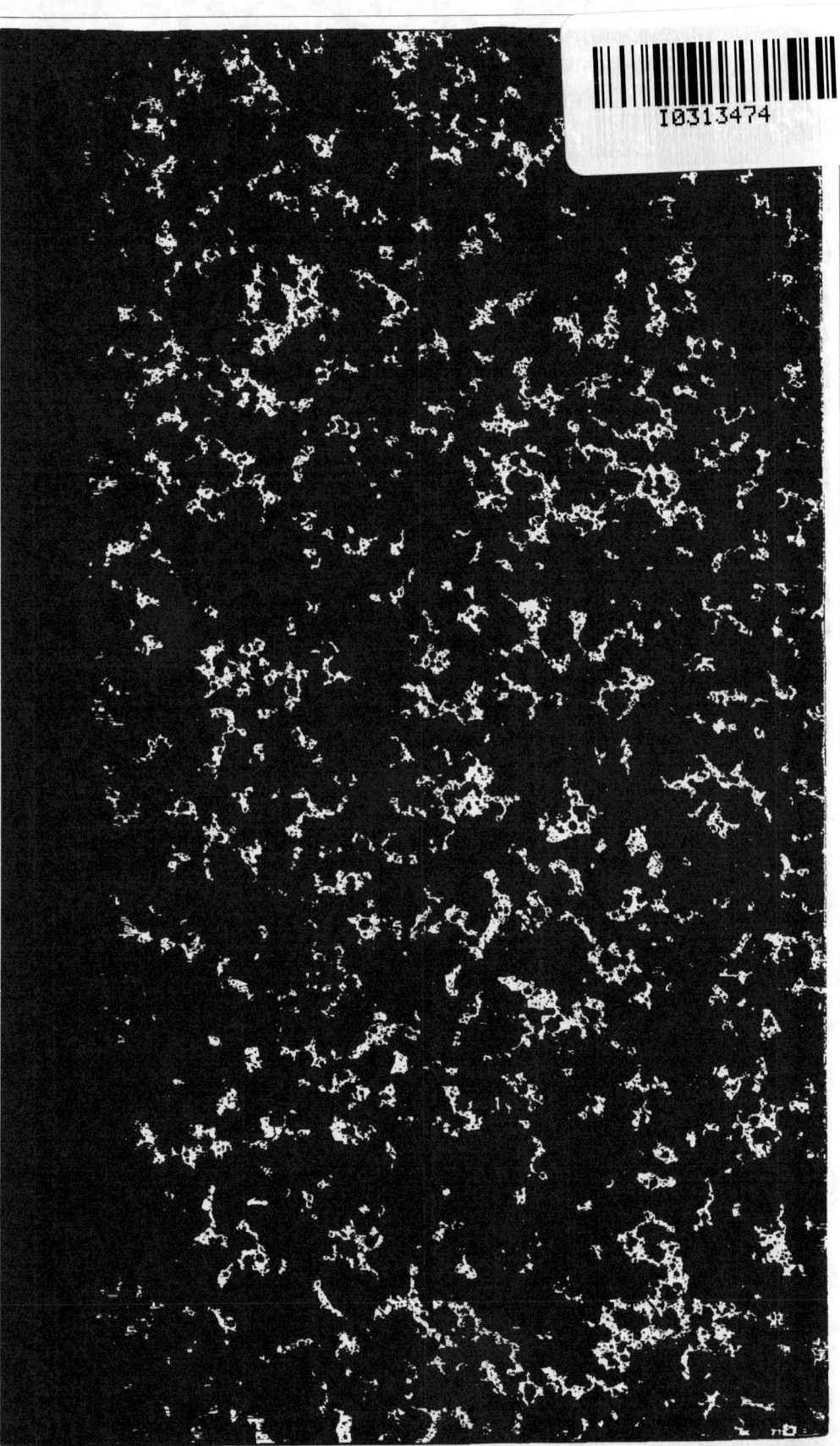

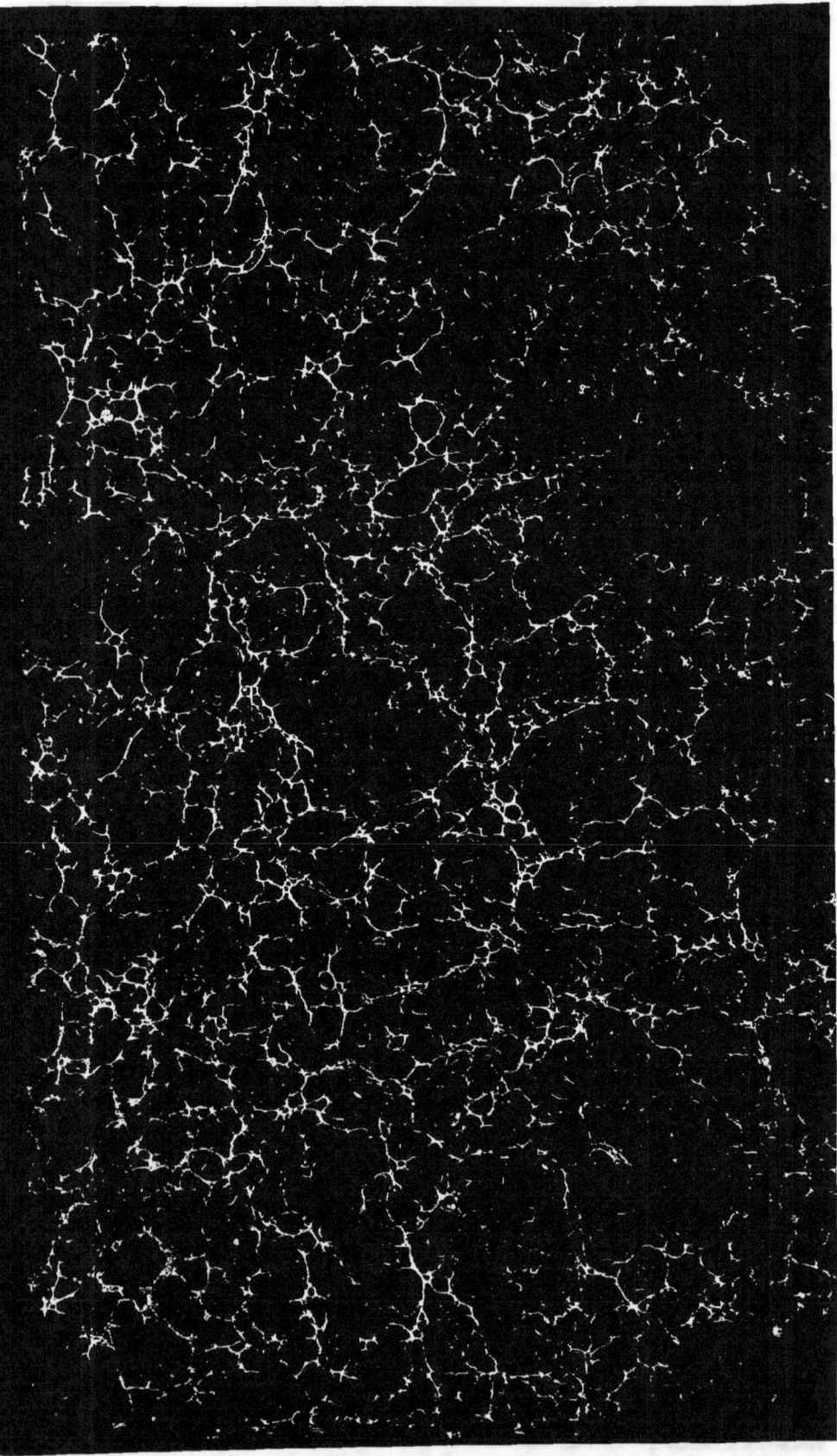

NAPOLÉON
ET L'EUROPE

DE L'IMPRIMERIE DE LACHEVARDIERE FILS,
RUE DU COLOMBIER, N. 30, A PARIS.

NAPOLÉON ET L'EUROPE,

FRAGMENTS HISTORIQUES,

PAR

M. ALEXANDRE DOIN.

TOME PREMIER.

PARIS,

BAUDOUIN FRÈRES, LIBRAIRES,
RUE DE VAUGIRARD, N. 17;

BRUXELLES, MÊME MAISON.

1826.

AVERTISSEMENT.

Les matières politiques sont si délicates et si difficiles à traiter, qu'il est impossible, malgré les plus grandes précautions, de ne pas blesser quelques opinions, quelques systèmes, quelques individus et les gouvernements même. Cependant, si l'on veut écrire, il faut être vrai; car à quoi nous serviraient les leçons du passé, si l'on ne rencontrait dans nos mémoires que falsifications, mensonges? S'imaginerait-on que ce qui fut ne fut pas, parcequ'on l'aura nié ou passé sous silence? Mais s'il faut répéter les bonnes actions, afin de les imiter et de nous en glorifier, il faut aussi rappeler les fautes, afin que nous nous corrigions et devenions meilleurs.

Il ne faut pas croire, au surplus, que le silence des écrivains enveloppe dans un éternel oubli les faits et gestes des nations : les peuples ont une tradition qui passe des contemporains à leurs neveux; mais si le bien reste toujours le bien, le mal grossit en vieillissant : le plus sûr est donc de dire la vérité, la vérité tout entière.

Je prie le lecteur de se reporter toujours au temps dont je parle ; un fait éloigné, rapproché de nos jours et commenté avec nos idées actuelles, pourrait me faire prêter des vues que je n'ai pas et causer des impressions que je ne veux pas que l'on ait.

J'aurais voulu franchir les premiers temps de notre révolution. Ils ont été déjà trop décrits ; mais le sujet que j'ai traité ne me l'a pas permis.

Si j'ai rappelé les querelles de la cour, des parlements et du clergé, si j'ai exhumé des souvenirs pénibles, c'est que j'ai cru utile de rapprocher les époques, et voulu, comme beaucoup d'autres, démontrer que l'abîme sous lequel fut englouti le meilleur des princes n'avait pas été creusé par lui.

J'ai regretté que Louis XVI n'ait pris de conseils que parmi des hommes qui, pour conserver leurs priviléges, avaient intérêt à le tromper, et dont l'ignorance extrême les portait à toutes les démarches qui devaient les entraîner avec le trône. J'ai regretté que le gouvernement royal n'ait pas calmé l'effervescence des esprits et enchaîné le zèle des novateurs, en reconnaissant au peuple ses droits politiques et en faisant disparaître des distinctions humiliantes pour la plupart des citoyens et dangereuses pour tous. Enfin j'ai regretté que l'on n'ait pas prévenu la révolution, puisque l'on pouvait nous faire jouir de ses bienfaits en nous préservant des crimes qui l'ont souillée.

Lorsque le trône fut renversé, j'ai dit que le pouvoir devait être dans la nation. Je n'ai pas entendu prêcher la souveraineté du peuple, car je n'aime ni l'anarchie ni ce qui peut y conduire. J'ai rappelé ce qui était de fait, ce qui existait par la force des choses. La royauté abolie, le chef de l'état dans la tombe, les princes au dehors, sans communication au dedans et sans moyens d'action, il fallait une autorité en France, et cette autorité ne pouvait se trouver que dans le peuple. Autrement, et les frontières fermées, il aurait fallu supposer que nul ordre ne pût être établi, ou bien que, comme cela est arrivé, le pouvoir dût appartenir à quelque séditieux. Voilà toute ma pensée.

La légitimité a été tant de fois invoquée dans ces derniers temps, que j'ai voulu savoir ce que c'était que la légitimité. J'ai trouvé que ce mot laissait bien du vague; j'ai pensé que la légitimité était dans l'hérédité, et que dès lors la légitimité n'était que l'hérédité; c'est l'hérédité qui fait passer la couronne d'une tête sur une autre tête. Je dirai donc le prince héréditaire, le trône héréditaire; et je serai compris de tout le monde : telles sont les pensées que j'ai voulu exprimer; il ne faut pas en chercher d'autres ni me prêter des intentions que je n'ai pas eues.

J'ai suivi Napoléon général, consul, empereur. Sorti des rangs de l'armée et monté sur le premier trône du monde, Napoléon se trouvait dans une position unique; j'ai dû examiner quelle devait être sa conduite et sa politique vis-à-vis des peuples et des rois; mais je n'ai point demandé le bouleversement des empires, ni voulu armer la démocratie contre l'aristocratie, pas plus que je ne voudrais armer l'aristocratie contre la démocratie.

Si j'avais à m'occuper d'une conspiration, je pourrais remarquer les fautes des conspirateurs sans les approuver cependant. Je puis parler des fils de Brutus conspirant pour les Tarquins contre la république romaine, et leur reprocher d'avoir parlé trop librement devant un esclave qui les a trahis, sans toutefois les justifier et les absoudre de leur crime. Lorsque je suis avec un homme qui s'élève au rang suprême, je m'identifie avec sa position, et je cherche comment il peut se maintenir : c'est ce que j'ai fait pour Napoléon ; je l'ai vu sur le trône, et j'ai voulu savoir par quels moyens il pouvait y rester ; et, Napoléon régnant, par quelle voie il pouvait donner la paix à l'Europe.

Arrivé au 30 mars, et à la réunion des princes alliés à Paris, j'ai dû m'informer s'il y avait encore des probabilités en faveur de l'empire. J'ai dit que, les alliés n'ayant pas encore pris de détermination, si Marie-Louise se fût présentée pour traiter, il était présumable qu'elle eût réussi, et qu'elle l'eût emporté sur des hommes qui n'avaient de mandat ni du peuple, ni des princes, ni caractère diplomatique. J'ai donc rapporté un fait, et ce n'est pas de là qu'il faut partir pour connaître mes vœux ni pour me supposer de la satisfaction ou des regrets.

Il m'a fallu parler de 1815 ; je ne pense pas que l'on m'en fasse un reproche, car le nier serait absurde ; le cacher serait une preuve de faiblesse.

Qu'il soit question des princes, de leurs gouvernements, des hommes publics ou privés, j'en parle avec liberté, parceque j'en parle d'après ma conscience. Je ne serais coupable que si je manquais à la vérité, et c'est ce que je ne fais pas, au moins sciemment. Je serai d'ailleurs toujours disposé à faire l'aveu de mes fautes et à rendre justice à qui il appartiendra.

INTRODUCTION.

§ I.

Depuis l'origine des monarchies en Europe, les peuples ont été poussés les uns sur les autres, et livrés à des guerres éternelles, pour des intérêts qui n'étaient pas les leurs.

De simples officiers sortis du peuple, puisque tout était peuple, abusant de la confiance qui leur était accordée, se donnèrent des titres et une autorité qui ne leur appartenaient pas. Les rois usurpateurs eux-mêmes, trop faibles pour s'opposer à d'autres usurpations, laissèrent faire ce qu'ils ne purent empêcher sans le secours des peuples, et la terre se couvrit de tyrans. De là naquit la féodalité. Les hommes devinrent serfs, de libres qu'ils étaient.

Ainsi dépouillés de leurs droits et classés par états, puis par provinces, puis par domaines, et sans liaisons entre eux, ils servirent d'instrument pour s'enchaîner mutuellement.

Les guerres de nation à nation, c'est-à-dire de rois à rois, quoique renouvelées souvent et toujours désastreuses, n'étaient ni les plus fréquentes, ni les plus cruelles : elles avaient un terme. Celles de l'intérieur n'en avaient pas. C'était une suite continuelle de meurtre, de rapt, d'incendie et de pillage. Ces hommes qui se disaient seigneurs étaient toujours en armes, et se faisaient une guerre à mort. Non contents de se battre entre eux, ils voulurent attaquer la puissance des rois; les rois voulurent détruire la puissance féodale, et le sang du peuple coula à grands flots.

Les hommes étaient tombés dans cet excès d'abrutissement, qu'ils se laissaient mener comme des bêtes de somme, et s'égorgeaient entre eux, pour satisfaire l'intérêt et l'ambition de quelques misérables qui s'arrogeaient des droits qu'ils n'avaient pas; car qui avait fait les uns maîtres et les autres esclaves?

Dans ces temps de désordres, l'autorité des rois ne s'étendait sur tout le royaume que lorsqu'il était menacé par une puissance voisine. Le danger commun réunissait sous la même bannière tous les chefs; mais la paix faite, chacun redevenait maître chez soi, c'est-à-dire du coin de terre usurpé. Les rois alors ne commandaient plus que dans leurs domaines, et leur faiblesse était telle, qu'ils subissaient souvent la loi de leurs vassaux.

Les vassaux se multiplièrent à l'infini. Ceux de la couronne en établirent qui relevaient immédiatement d'eux; ces nouveaux vassaux en firent d'autres qui en firent encore, en sorte que tout était fief et arrière-fief. L'orgueil et la bassesse étaient poussés si loin, qu'à défaut de terre on érigea en fiefs des charges, des pensions, des pressoirs, des fours banaux, des essaims d'abeilles, etc., etc.

Les causes d'oppression et de guerre civile se multipliaient en raison du nombre des fiefs. Les peuples furent réduits à la condition la plus dure, et les rois menacés par de simples châtelains, qu'il fallut soumettre par la force des armes. C'est ainsi qu'on vit Louis VI, en France, lutter long-temps contre des petits propriétaires de fiefs, tels que ceux de Couci, de Puiset, de Montlhéry, etc.

La condition de l'homme libre n'était pas toujours la plus heureuse; on était parvenu à l'assujettir aux corvées, aux impôts, à des taxes arbitraires. On confisquait ses biens; et comme les spoliateurs étaient eux-mêmes juges, il n'y avait pas moyen d'obtenir justice.

Ainsi le peuple serf ou libre était à la discrétion de mille tyrans. Dépouillé de ses droits, privé de sa liberté et de ses biens, il ne lui restait que la misère et des larmes.

Cependant les rois vinrent à bout d'abattre le monstre féodal; l'ordre commença de s'établir. L'affranchissement des serfs, qui vint après, fit disparaître les restes de férocité dont ils avaient été les victimes; mais les priviléges subsistèrent en grand nombre; et le peuple, pour n'avoir plus qu'un chef et pour être libre, ne fut pas moins accablé de charges et de vexations.

Les hommes restèrent divisés en deux classes, les nobles et les roturiers. Les nobles avaient *un droit d'habitude* à toutes les faveurs sans rendre de service ; les roturiers servaient et payaient sans récompense.

Les rois n'ayant plus à redouter leurs vassaux, se livrèrent à toute leur ambition, et cherchèrent à s'agrandir aux dépens de leurs voisins. Ils entreprirent des guerres ruineuses qui accablèrent le peuple d'impôts et le décimèrent. Ce n'était pas assez : la noblesse, toujours jalouse, insatiable et parjure, fit la guerre à ses rois; l'église, non moins ambitieuse, unit le glaive à l'encensoir; et le peuple, lancé dans des querelles qui lui étaient étrangères, fut à la fois victime des rois, des nobles et des prêtres.

Cet état d'oppression dura douze siècles en France : douze siècles !... Le peuple a-t-il assez souffert ? peut-on l'accuser d'inconstance, et douter de son amour pour la paix ?

Après l'irruption des peuplades du nord et la chute de l'empire romain, toute l'Europe se trouva partagée entre divers usurpateurs. Cependant, au milieu de cette conflagration générale, quelques nations, quelques villes même, recouvrèrent leurs droits. Venise et Gênes adoptèrent le gouvernement républicain; mais, à Venise surtout, c'était une oligarchie; car il y avait des nobles, et les nobles s'emparèrent du pouvoir.

La Pologne, le Danemarck et la Suède établirent un gouvernement mixte, participant de la république et de la monarchie. La couronne était élective, par conséquent la souveraineté résidait dans la nation, qui ne faisait que déléguer ses pouvoirs. En Suède, les états généraux, sans lesquels rien ne pouvait se faire, étaient composés de députés des villes et de députés de l'ordre des paysans. En Danemarck, tout émanait également des états généraux, qui ne confiaient au roi et au sénat que le pouvoir nécessaire pour faire exécuter les lois. Mais en Pologne c'était différent : le peuple était serf, et chaque gentilhomme avait le droit de glaive et de justice sur ses sujets; la diète n'était composée que de nobles, et chacun d'eux pouvait opposer son *veto*; en sorte qu'il devenait presque impossible qu'une diète eût un résultat.

Malgré les changements successifs qui se sont opérés dans le gouvernement de la Suède et du Danemarck, ces puissances sont restées indépendantes, parceque la nation était intéressée à la conservation de son gouvernement. La Pologne a été conquise parceque le peuple n'avait aucun intérêt à la défendre. Là où le peuple n'est rien, l'esprit national est nul; et là où l'esprit national manque, l'état périt. Il en fut de même à Venise, la noblesse était tout, le peuple rien. A la première attaque, il y eut division, et Venise disparut d'entre les puissances.

Les Suisses secouèrent le joug, et sont restés libres. Ils doivent cette liberté à leur bon esprit, car ils ne pensent pas qu'un homme puisse être sacrifié à un autre homme. Le magistrat n'est qu'un simple mandataire; les citoyens obéissent avec respect à des lois faites pour tous. Les Suisses sont exempts de ces passions violentes qui n'amènent jamais que des malheurs; leur félicité n'est point fondée sur la richesse, le luxe et la mollesse, mais sur une douce aisance, et la simplicité des premiers ans; leur pays est propre à les entretenir dans cet heureux état : formé de montagnes éternellement couvertes de neiges et de glaces, et de quelques vallons propres à la culture, il fournit à peine aux besoins des habitants. Son commerce est presque nul; point de rivières navigables, point de mer, point de mines, rien enfin qui puisse l'amollir et tenter ses voisins. Si la Suisse est jamais conquise, ce ne sera que comme poste militaire. Mais que les Suisses se gardent de la politique moderne et des patriciens [1].

Les Pays-Bas s'affranchirent de la domination espagnole, et, sous le nom de Provinces-Unies,

---

[1] Il est un reproche grave qui doit être adressé aux Suisses, c'est de vendre leurs services militaires à qui les veut payer. On conçoit bien que la Suisse puisse avoir un surcroît de population ; mais il est un moyen plus honorable de s'en décharger : l'industrie, qui prospère en tout temps, en tout lieu. L'on conçoit encore que l'amour des armes fasse

formèrent une république qui dura jusqu'à ces derniers temps. La Hollande est riche par son commerce maritime ; elle a dû tenter les ambitions. Dans le mouvement qui vient d'ébranler l'Europe, elle devint monarchie ; ainsi, tandis que tous les peuples tendaient à s'affranchir, et que les princes tendaient à rétablir l'ancien ordre de choses, la Hollande marchait en sens inverse; elle eut un roi, après s'être gouvernée en pays libre pendant plus de deux siècles.

Les Anglais, plus jaloux de leurs droits politiques qu'on ne le supposerait d'un peuple qui déifie l'or, firent leur révolution et donnèrent des bornes à l'autorité royale.

Le gouvernement absolu embrassait encore l'Allemagne et le midi de l'Europe. L'Allemagne

prendre du service, même à l'étranger; mais cela doit être l'affaire de l'homme et non du gouvernement.

Les Suisses conviendraient merveilleusement à un prince qui voudrait opprimer son pays ; car, n'ayant ni famille, ni ami, ni lien qui les attache au peuple, rien ne les empêcherait d'exécuter leurs ordres, quelque barbares qu'ils fussent.

était divisée en une infinité de petites principautés, de même que l'Italie. L'empereur n'était réellement souverain que dans ses états héréditaires. L'Espagne était mal peuplée et pauvre à force de richesses. La Russie, encore plongée dans la barbarie, était à peine connue. La France était donc le plus grand état de l'Europe, soumis au pouvoir absolu, comme elle était le plus riche par la fertilité de son sol et l'industrie de ses habitants.

Tandis qu'autour d'elle des états plus faibles avaient pris les armes pour reconquérir leur liberté, la France était restée calme. Mais, à force d'être comprimée, elle éclata; l'explosion fut terrible; un corps aussi vaste ne pouvait se mouvoir sans ébranler la terre.

§ II.

Louis XVI monta sur un trône environné d'écueils.

Des désordres dans toutes les branches d'administration, l'épuisement total des finances, le relâchement des mœurs, triste héritage des règnes précédents; la tyrannie de la noblesse, l'ambition du clergé, l'orgueil et la cupidité de ces deux ordres, l'esprit d'opposition des parlements et l'impéritie des hommes d'état: tels étaient les ennemis de la France et du roi.

Quoique ancienne, la monarchie était mal assise; point de pacte social sur lequel elle pût s'appuyer, et qui commandât l'obéissance de la nation. Tout était caprice, arbitraire. Le gouvernement changeait de principes selon ses besoins, à chaque instant. Une seule chose était fixe, mais injuste: c'était la division des Français en trois classes, deux à priviléges, exemptes de charges, et dévorant la substance de l'état; l'autre utile, opprimée, et seule grevée.

Les premières années du règne de Louis XVI n'eurent pas ce calme qui annonce la paix. Le peuple était inquiet, mécontent; son attitude annonçait un orage politique, on ne fit rien pour le prévenir. Les lumières avaient fait de rapides progrès; on ne voulut pas s'en apercevoir. Le peuple avait toujours été mené, on croyait le mener encore; on eut tort. Le peuple était malheureux; mais il eut, au milieu de ses maux, le sentiment de sa force et de sa dignité.

Cependant les Français, attachés à leur gouvernement, ne voulaient que des lois fixes et justes; mais, excités par les uns, repoussés par les autres, ils furent malgré eux jetés dans une révolution complète.

Tout se prêtait à ce grand changement. Le trésor était vide et grevé d'une dette énorme, provenant d'anciennes dilapidations. Il fallait payer les fautes du passé, pourvoir au présent et assurer l'avenir; les embarras financiers seront toujours la grande plaie des gouvernements; ils ont amené la révolution anglaise; les Américains sont devenus libres parceque la *mère-patrie* leur imposait de trop rudes charges; et Louis XVI, qui favorisa l'émancipation des États-Unis, devait périr par la même cause.

Les états-généraux n'avaient point été réunis

depuis Louis XIII. Les rois s'étaient constitués souverains législateurs, et les ministres agissaient pour eux; seulement les édits étaient présentés aux parlements pour être enregistrés et transcrits sur leurs registres[1].

Dans la position périlleuse dans laquelle elle se trouvait, la cour crut devoir convoquer une assemblée des notables. Mais cette assemblée, qui se réunit au mois de février 1787, termina sa session sans avoir rien fait d'utile. Alors les ministres recoururent aux impôts, c'est-à-dire que, pour sauver l'état, ils aggravaient le mal qui le faisait périr. Les parlements, qui n'avaient pas plus le droit de sanctionner les

---

[1] Un ancien conseiller au parlement, nommé Jean de Montluc, avait fait pour son usage un recueil des jugements les plus importants ; ce recueil parut d'une grande utilité. La cour perdit son chartrier, et l'on sentit la nécessité d'avoir un dépôt d'archives que l'on pût consulter ; on prit l'habitude de déposer au greffe du parlement les édits et ordonnances.

Le parlement regarda cet usage comme une formalité indispensable, et voulut bientôt connaître des édits et ordonnances dont on demandait l'enregistrement ; il fit des remontrances, puis refusa l'enregistrement : de là les querelles du parlement avec la cour, etc.

édits en les enregistrant, que le gouvernement de les établir, refusèrent l'enregistrement, et finirent par demander la convocation des états-généraux.

Cette résistance ramena les querelles des parlements avec la cour.

Dans ces conjonctures le roi tint à Versailles un lit de justice où il proposa la création d'une cour plénière, chargée de juger en dernier ressort, et composée de princes, de pairs, de grands officiers, de prélats, de maréchaux de France, etc.

Le parlement de Paris, qui avait été mandé à ce lit de justice, puis tous les parlements du royaume, protestèrent contre cette innovation, qui jeta l'alarme dans toute la France.

Dans plusieurs provinces la noblesse soutint les parlements, et s'arma contre les agents de l'autorité royale. En Dauphiné elle convoqua, au château de Vizille, une assemblée des états de la province, *cette assemblée fut combattue par le tiers état, et votée par la noblesse et le clergé.* Elle eut lieu malgré la défense du roi.

Cependant les ministres tendaient à tout le monde la main pour avoir de l'argent, et tout le monde les repoussait. Ils s'adressèrent au clergé, mais le clergé reçoit et ne rend pas; il refusa, et, comme les parlements, demanda la convocation des états-généraux.

Il fallut enfin se rendre à ce vœu général; les états-généraux furent convoqués pour le 1ᵉʳ mai 1789.

Dans leur nullité les ministres ne trouvèrent de ressources qu'en imposant de nouvelles charges aux peuples. Ils furent arrêtés par l'esprit d'opposition des parlements, auxquels se joignirent la noblesse et le clergé. Cette résistance amena les états-généraux, et des états-généraux est née la révolution.

Il faut remarquer que, dans ces premières querelles qui ont amené vingt-cinq ans de bouleversements, le peuple est resté tranquille. Les parlements, puis la noblesse, puis le clergé, ont les premiers attaqué le gouvernement, soit par leur résistance à ses actes, soit par leur refus de le secourir, soit par des voies de fait et des réunions illégales, puisqu'elles n'étaient point autorisées.

Comme il ne sera bientôt plus question des parlements, c'est ici le cas d'en dire un mot.

Les parlements, institués par les rois, n'avaient pour but que de rendre la justice aux citoyens. Celui de Paris n'avait aucune prééminence sur ceux de province, seulement il était le plus ancien et le plus étendu. Les pairs ne siégeaient avec lui que parceque la cour résidait à Paris.

Mais les usurpations sont le propre de toute corporation, et ces usurpations sont d'autant plus grandes que les corps sont plus élevés. Les parlements se sont mis à la place de la nation, et ont disputé le pouvoir aux rois. Ils se prétendaient les représentants des anciens parlements, ou assemblées politiques du peuple; mais les vrais successeurs des anciens parlements étaient les états-généraux.

Constants dans leur marche envahissante, les parlements ont saisi toutes les occasions de se donner une importance politique. Ils se firent admettre par députés à la grande assemblée des notables tenue à Rouen en 1594. Ils voulurent assister à la dernière assemblée des états-généraux, sous Louis XIII, en 1614; mais cette fois leur demande fut justement repoussée.

Depuis lors les états-généraux n'ont point été réunis, les parlements ont profité de cette vacance pour augmenter leur pouvoir, et usurper des droits qui ne leur appartenaient pas. Merveilleusement servis par la faiblesse des rois et le despotisme ministériel, ils sont devenus de vraies puissances.

Les hommes les plus redoutables doivent inspirer moins de crainte que les corporations. Les hommes meurent, les corporations vivent toujours, et leur esprit ne change pas. L'orgueil, l'ambition, l'intérêt les dirige; elles attaquent tout ce qui peut contrarier leur marche.

Le peuple n'eut point d'assemblée permanente, et les parlements se sont dits les représentants du peuple. A ce titre ils voulaient que tout leur cédât. Le clergé, qui est une communauté toujours en action et suivant des principes fixes et particuliers, croyait que tout devait céder à l'église. La cour, qu'il ne faut pas confondre avec le roi, et qui n'est qu'une députation perpétuelle de la noblesse, appuyée sur le trône, voulait seule dicter des lois. Ces trois corps, toujours divisés d'intérêt et de vues, cherchaient à s'absorber, et pour s'atteindre ils sapaient les fondements de l'état. Ils ne se sont réunis que pour tomber sur le gouvernement, qu'ils semblaient regarder comme leur ennemi commun, témoin leur conduite sous la minorité de Louis XIV, sous Louis XVI, etc.

Ce serait une erreur de croire que les parlements, dans leurs refus d'enregistrer les édits qui imposaient des charges au peuple, avaient toujours en vue le bien du peuple; ce n'était souvent que le prétexte sous lequel ils cachaient leur ambition et cherchaient à se créer des forces. Malheureusement, aucun homme appelé à la direction des affaires n'était capable d'imaginer un système financier qui frappât également sur tous, et apportât l'abondance dans le trésor public sans ôter le pain du peuple.

Sous la minorité de Louis XIV, les finances étaient épuisées ; au lieu de chercher à les améliorer par une égale répartition et par l'économie, on imagina de nouvelles taxes ; on augmenta les droits d'entrées, on créa des charges de contrôleur de fagots, de jurés vendeurs de foin, de conseillers du roi crieurs de vin, etc., etc.

Mazarin était alors roi de France sous le nom de premier ministre ; car qu'est-ce qu'un premier ministre, et qu'est-ce qu'un roi qui a un premier ministre [1] ?

---

[1] Les rois se rendent souvent les esclaves des flatteurs. Lorsque Louis XIII apprit la mort du maréchal d'Ancre, il se présenta aux fenêtres, et cria : *Grand merci à vous, à cette heure je suis roi.... Aux armes, aux armes, compagnons, Dieu soit loué, me voilà roi !*

On criait dans les rues, *Vive le roi, le roi est roi !* (Bayle, art. CONCINI.)

De Concini, Louis XIII tomba dans les filets de Richelieu.

Mazarin, furieux contre le parlement, qui refusa l'enregistrement des édits bursaux, donna l'ordre d'enlever quelques conseillers; mais le peuple, plus indigné encore contre le ministre que satisfait du parlement, prit les armes et poursuivit la troupe; c'était la seconde journée des barricades.

Le parlement était soutenu par le clergé de Paris, ayant à sa tête le coadjuteur, depuis cardinal de Retz. Plus tard la noblesse fit cause commune avec les mécontents et commença la guerre civile.

La haine que l'on avait contre Mazarin rejaillit jusque sur la reine mère, que l'on appelait *dame Anne*, et qui, ne pouvant plus se montrer sans être outragée, prit le parti de se retirer à Saint-Germain, avec ses enfants, son ministre, le duc d'Orléans et le grand Condé. Mais le dénuement était tel que toute la cour coucha sur des banquettes; les pierreries de la couronne furent mises en gage chez des usuriers [1].

---

[1] Cela n'a pas empêché qu'Hortense Mancini, duchesse de

Le roi lui-même manqua de tout; il n'avait pas de quoi nourrir ses pages, qu'il congédia. C'est ce même Louis XIV qui depuis dépensa tant d'argent en fêtes et enfouit un milliard à Versailles.

Cette gêne s'étendait sur toute la famille royale. La fille de Henri IV, reine d'Angleterre, réfugiée à Paris, avait à peine du pain, et la fille de cette reine, depuis belle-sœur de Louis XIV, restait au lit n'ayant pas de quoi se chauffer.

Si la révolution qui précipita du trône notre bon Louis XVI ne se fit pas alors, ce n'est la faute ni du clergé, ni de la noblesse, ni du parlement, ni même du gouvernement.

Cependant Louis XIV, régnant par lui-même,

Mazarin, ne reçût en dot vingt millions, somme plus considérable que toutes les dots des reines de l'Europe ensemble. (Voy. *Dictionnaire des sciences*, art. Dot.)

J'ay ouy dire (je ne sçay s'il est vrai) qu'étant une fois rapporté au roy d'Espagne que notre roi Henry III dernier lui voulait entamer la guerre en Flandre, y estant appelé par ses états, il répondit qu'il ne le craignait point, car la plupart du temps *no tenia da comer*, et que puisqu'il n'avait argent pour manger, il en avait encore moins pour lui faire la guerre. (*Brant.*, Discours sur François Ier.)

rétablit ses finances, aux dépens du peuple il est vrai ; mais ses prodigalités, la révocation de l'édit de Nantes, qui fit sortir de France une foule de gens industrieux, et ses guerres interminables, eurent bientôt épuisé l'état.

Sous la régence du duc d'Orléans, le royaume était tellement appauvri, qu'on ne sut comment pourvoir aux plus pressants besoins. Au milieu de cette gêne, les querelles du parlement, du clergé et de la noblesse furent plus vives que jamais. La bulle *unigenitus* échauffa les esprits et les divisa ; il fallut encore exiler les parlements, qui refusèrent de rendre la justice. Enfin le fameux système de Law finit de ruiner la France [1].

Le régent mort, et Louis XV majeur, les affaires ne furent pas mieux traitées. Toujours même résistance des parlements et du clergé. Les scandaleuses querelles des billets de confes-

---

[1] Le régent ayant mis quelques impôts sur le Languedoc, et fatigué des remontrances d'un député de cette province, lui répondit avec vivacité : « Et quelles sont vos forces pour » vous opposer à mes volontés, que pouvez-vous faire ? » « Obéir et haïr, » répondit le député.

sion ameutèrent toute la canaille, et affligèrent les gens de bien. Des dilapidations dans toutes les branches de service, des dépenses inutiles, des guerres à soutenir et des maîtresses à entretenir, épuisèrent à la fois et le roi et la France. Le roi mourut misérablement, et laissa l'état dans le dénuement le plus absolu.

Il n'est pas inutile de remarquer que les malheurs de la France ont été préparés de longue main par une mauvaise administration dirigée par des prêtres. Le cardinal de Richelieu sous Louis XIII, Mazarin sous la régence d'Anne d'Autriche et sous Louis XIV, le cardinal Dubois sous la régence du duc d'Orléans, et le cardinal Fleury sous Louis XV : l'apparition du cardinal de Brienne sous Louis XVI fut assez longue pour augmenter le désordre.

Louis XVI, accablé de toutes les fautes de ses prédécesseurs, ne pouvait échapper à une révolution qu'en réformant le gouvernement. Mais ses ministres et ses familiers se seraient bien gardés de lui donner ce conseil s'ils en eussent été capables ; ils trouvaient trop commode de gouverner sans contrôle. Peu leur importait, au reste, que l'état prospérât ?

Aujourd'hui que la France est riche, les ministres gouvernent avec l'argent ; mais qu'ils prennent gardent d'abuser ! Ils pourraient ramener la pauvreté des vieilles monarchies, et tous les malheurs qui en ont été la suite.

§ III.

Renfermé dans une atmosphère impénétrable à la vérité[1], Louis XVI était loin de connaître toute la profondeur du mal qui pesait sur la France. La révolution avait déjà pris des racines indestructibles, qu'il ne se doutait pas que la France pensât à réformer son gouvernement. *C'est donc une révolte ?* dit-il à M. de Liancourt lorsque le peuple de Paris se leva. Non, sire, répondit le duc, *c'est une révolution.* Malheu-

---

[1] Vous voilà élu pape, disait un cardinal au nouveau saint père. Voici la dernière fois que vous entendez la vérité. Séduit par les respects, vous allez bientôt vous croire un grand homme ; souvenez-vous qu'avant votre exaltation vous n'étiez qu'un ignorant, un opiniâtre ; adieu, je vais vous adorer.

reusement les bons conseils ne font pas fortune dans les cours.

En suivant avec attention les évènements qui se sont passés depuis 1787, on verra le gouvernement s'attacher à toutes les mesures qui pouvaient le perdre. Il commencera d'abord par se servir du sabre et de la baïonnette pour réprimer les sorties du peuple, au lieu de le rassurer par une meilleure administration. Dans les cas les plus difficiles, il laissera au peuple tous les moyens de s'armer ; il restera sans défense quand la nation prendra une attitude menaçante ; il appellera enfin des troupes qui ne serviront qu'à exalter les esprits, et les renverra au moment de l'attaque. Toutes ces fautes viennent de ce que le gouvernement, fidèle à l'ancienne routine, ne voulut jamais marcher avec la nation.

Tant que le peuple souffrit sans se plaindre, on le surchargea de taxes et d'impôts, comme si on eût voulu le faire périr sous le faix. Lorsqu'il voulut se venger des ministres, on le reçut à coup de sabre. Si l'on croyait réduire le peuple par la force, il fallait avoir une force supérieure à la sienne, et en faire usage promptement; mais on se borna à l'irriter. Le peuple ressemble assez aux abeilles ; tant qu'on ne le tourmente pas, il est tranquille ; mais une fois qu'on l'a excité, il va d'estoc et de taille, et ne sait plus s'arrêter.

Les circonstances étaient graves à l'époque où nous sommes; mais, comme les destinées de la France étaient remises entre les mains de ses députés, les ministres n'avaient autre chose à faire qu'à veiller au maintien de la paix. On pouvait prévoir, sans trop de sagacité, que la réunion des états-généraux, après un si grand laps de temps, amènerait quelque commotion. On ne devait pas douter de l'intérêt que prendrait le peuple aux travaux de l'assemblée; et d'après la manière dont on venait d'agir avec lui, on devait savoir de quel esprit il serait animé. Mais les ministres pensaient plus à eux qu'au prince et à la chose publique : c'est là le défaut des mauvais ministres, comme le dit Machiavel, et de ceux-là la liste est longue.

Au lieu de précautions salutaires, qui devaient venir à la pensée du moindre homme d'état, on s'est amusé à discuter sur l'étiquette; au lieu de songer à diriger les députés et l'opinion publique, on a passé le temps à chercher, dans les archives du règne de Louis XIII, le modèle des habits de la noblesse, du clergé et du tiers-état. On ne voulait pas que le roturier ressemblât, par ses vêtements, à l'homme de cour ou à l'homme d'église, comme si le salut de la patrie eût dépendu d'une cravate de dentelle ou d'une veste de laine.

Le 4 mai 1789, veille de l'ouverture des états généraux, les trois ordres se rendirent à l'église Saint-Louis, à Versailles. Le tiers-état fut placé sur les bancs les moins apparents. Le lendemain les deux premiers ordres entrèrent dans la salle des séances par la porte principale, et l'on fit passer le tiers-état par une petite porte de derrière, où il attendit long-temps.

Ainsi, l'on abreuvait les députés du tiers-état de dégoûts et d'humiliations, dès les premiers jours de leur réunion; tandis qu'une bonne politique voulait que les trois ordres, appelés à délibérer également sur les besoins de l'état, fussent également traités. Les temps étaient changés, et l'on ne voulait pas s'en apercevoir : on avait besoin du peuple, et on lui faisait durement sentir les distinctions féodales dans la personne de ses députés; on le considérait toujours comme un serf attaché à la glèbe, n'ayant point ou ne devant point avoir d'opinion; on le considérait comme étant encore soumis à une obéissance passive et aveugle, tandis qu'il avait une volonté ferme, et que la force était dans ses mains.

Mais il faut dire la vérité, les parlements, la noblesse, le clergé, qui avaient demandé avec tant d'instance la convocation des états généraux, n'en voulaient plus. La cour ne s'en était jamais souciée, en sorte que l'on se fût réjoui de leur dissolution, quoiqu'on se fût trouvé dans un nouvel embarras, car on n'avait aucun plan d'arrêté.

Si les états généraux portaient ombrage au gouvernement, il pouvait rendre leur réunion inutile en faisant lui-même ce que les circonstances exigeaient. Il fallait aborder franchement les grandes mesures, et ne pas craindre les sacrifices : il en est que la politique commande ; mais on a voulu tout conserver, et l'on a tout perdu. Si Louis XVI eût aboli les priviléges, s'il eût aboli ou seulement décrété le rachat des droits féodaux ; s'il eût décrété l'égale répartition des impôts ; si enfin il eût prévenu la nuit du 4 août, si improprement appelée la nuit des dupes, comme si un nouveau Richelieu eût triomphé de ses ennemis, il était sauvé, et la révolution n'eût pas couvert la France de deuil. C'était un coup d'état, mais il était indispensable ; toute la nation se serait groupée autour du trône, eh ! qui aurait osé l'attaquer ?

Pour asseoir la monarchie sur des bases inébranlables, il ne restait plus qu'à faire une constitution, même toute à l'avantage de la couronne. Alors Louis XVI eût été le roi le mieux établi qui eût jamais été, non seulement en France, mais en Europe. La nation était d'autant plus portée à l'aimer, qu'il avait autant de vertus que quelques uns de ses prédécesseurs avaient eu de vices. Louis XVI était juste, bon, ses intentions étaient pures; il devait être heureux et faire le bonheur de la France. Il ne lui fallait que de bons conseillers, il n'avait que des courtisans.

Mais tous les Français n'étaient pas courtisans; comment donc ne s'est-il trouvé personne qui osât porter jusqu'au trône les vœux et les besoins du peuple? c'est qu'alors comme aujourd'hui, le pouvoir n'aimait que la flatterie; c'est que le ministère n'aimait que l'apologie de ses actes, et qu'il repoussait les conseils et punissait les conseillers; c'est qu'alors on avait la Bastille, comme aujourd'hui l'on a Sainte-Pélagie; c'est qu'alors comme aujourd'hui, le ministère faisait une guerre à mort à toutes les opinions qui n'étaient pas les siennes ; c'est qu'alors on voyait un perturbateur, un criminel, comme on voit aujourd'hui un conspirateur, un séditieux dans celui qui élève la voix. Cependant celui-là qui emploie ses moyens grands ou petits à éclairer, à conseiller même le pouvoir, n'est point un mauvais citoyen ni un homme dangereux, cet homme ne manque ni à la société dont il est membre, ni à la majesté du trône : il fait son devoir.

Les affaires de l'état seraient mieux gouvernées si les ministres comptaient pour quelque chose l'opinion publique ; ils s'occuperaient moins de ce qui leur est personnel, si, à leur sortie du ministère, ils devaient rendre compte de leur gestion et subir un jugement[1]. Si les

---

[1] Lorsque Samuel cessa de gouverner Israel, il assembla le peuple et lui dit :

« Je suis vieux et déjà tout blanc, et mes enfants sont avec » vous. Ayant donc vécu parmi vous depuis ma jeunesse jus- » qu'à ce jour, me voici en votre présence.

» Déclarez devant Dieu et devant son christ, si j'ai pris le

récompenses n'étaient données qu'aux bons services, si les fautes, l'impéritie étaient punies, on ne verrait pas tant d'individus courir après le pouvoir, sans s'enquérir si leurs forces sont proportionnées à la tâche. Mais il suffit de toucher un portefeuille pour avoir droit aux faveurs; aussi n'est-il pas un ambitieux, quelle que soit son incapacité, qui ne mesure de l'œil le temps de son élévation.

» bœuf ou l'âne de personne; si j'ai imputé à quelqu'un de
» faux crimes; si j'en ai opprimé par violence; si j'ai reçu
» des présents de qui que ce soit, et je vous satisferai, et
» vous les rendrai présentement. »

Ils lui répondirent : « Vous ne nous avez point opprimés
» ni par de faux crimes, ni par violence, et vous n'avez rien
» pris à personne. »

Samuel ajouta : « Le Seigneur m'est donc témoin aujour-
» d'hui contre vous, et son christ m'est aussi témoin que vous
» n'avez rien trouvé à redire à ma conduite. »

Le peuple lui répondit : « Oui, ils en sont témoins. »

Samuel dit au peuple : « Le Seigneur qui a fait Moïse et
» Aaron, et qui a tiré nos pères de la terre d'Égypte, m'est
» donc témoin.

» Venez maintenant en sa présence, afin que je vous ap-
» pelle en jugement devant lui sur toutes les miséricordes
» qu'il vous a faites, à vous et à vos pères, etc., etc. »

Les Rois, liv. I, ch. XII.

Une proclamation du roi avait indiqué le jour de la réunion des députés. Le tiers-état obéit, mais les deux premiers ordres se séparèrent, sous le prétexte que chaque ordre devait procéder en particulier à la vérification de ses pouvoirs.

Le tiers-état soutint que les pouvoirs de tous les membres devaient être vérifiés en commun; il avait raison, mais il ne put triompher de l'obstination des hommes à priviléges.

Et comme le tiers-état était égal en nombre aux deux autres ordres, qu'il était uni, et que ses adversaires ne l'étaient pas, il prit une mesure vigoureuse qui devait enfin trancher toutes les difficultés. Il se constitua en assemblée nationale et vota une adresse au roi.

Cette résolution ébranla plusieurs membres des premiers ordres, qui proposèrent de se joindre à l'assemblée. Mais cette proposition fut rejetée, et l'on obtint du roi l'ordre de suspendre la tenue des états. La salle fut fermée.

L'assemblée ne se découragea pas, elle se rendit au jeu de paume, et y prêta à l'unanimité,

moins une voix, le serment solennel « de ne ja-
» mais se séparer, et de se rassembler partout où
» les circonstances l'exigeraient, jusqu'à ce que
» la constitution du royaume fût établie et affer-
» mie sur des fondements solides, et que ce ser-
» ment étant prêté, tous les membres, et chacun
» d'eux en particulier, confirmeraient par leurs
» signatures cette résolution inébranlable. »

Cette démarche hardie ne produisit aucun effet, la cour voulait éloigner le tiers-état à force
de dégoûts ; elle persista dans ses projets.

On fit prévenir le maître du jeu de paume
qu'il eût à réserver sa salle pour le comte d'Artois. Mais le tiers-état, fidèle à son serment, alla
s'établir dans l'église Saint-Louis, et y reçut la
plus grande partie des membres du clergé.

Cependant une séance royale avait été indiquée. L'usage était de répondre au discours du
roi ; mais, aigrie par tous les mauvais procédés
que l'on avait pour elle, l'assemblée nationale décida qu'elle ne répondrait pas. Cette détermination devait éclairer la cour ; elle ne l'éclaira pas.

Le garde des sceaux crut mettre l'honneur de la couronne à couvert en faisant dire au président que le roi désirait que l'assemblée ne fît aucune réponse à son discours.

Cette séance royale n'eut pour résultat que de resserrer les liens qui unissaient les membres de l'assemblée nationale entre eux. On commença d'abord par lire une déclaration qui frappait de nullité tout ce qu'ils avaient fait ; puis une autre déclaration des intentions du roi sur les réformes à faire. Mais ces réformes étaient loin de satisfaire les vœux et les besoins de la France. On conservait les dîmes, les cens, rentes, droits et devoirs féodaux et seigneuriaux, et généralement tous les droits et prérogatives utiles et honorifiques attachés aux terres et aux fiefs ou appartenant aux personnes. On continuait *aux deux ordres de l'état* l'exemption des charges personnelles, qui seulement pourraient être converties en une contribution pécuniaire.[1]

---

[1] Les déclarations du roi se trouvent au commencement des procès-verbaux de l'assemblée constituante.

Ces concessions étaient trop légères, elles ne pouvaient apaiser les cris de la France. On ne résiste pas à un peuple devenu fort, en ne lui accordant rien ou en lui accordant peu [1]. Il fallait trancher au vif et faire soi-même ce que l'assemblée voulait et pouvait faire.

En terminant cette séance, le roi ordonna aux députés de se séparer de suite. La noblesse et une partie du clergé obéirent, le surplus de l'assemblée demeura. Le grand-maître des cérémonies répéta l'ordre du roi. Alors Mirabeau : « Allez dire à ceux qui vous envoient que nous » sommes ici par la volonté du peuple, et que » nous n'en sortirons que par la puissance des » baïonnettes. »

On n'envoya pas de baïonnettes, mais des tapissiers, pour étourdir l'assemblée.

La conduite du gouvernement, dans ces circonstances, a été un mélange de hauteur et de faiblesse : de hauteur, parceque le discours de la

---

[1] *Non enim facile valenti populo resistitur, si nihil impertias juris, aut parum.*   Cic. *De republ.*

couronne ressemblait plus à un ordre donné aux états, qu'au désir de discuter les intérêts de la nation; de faiblesse, parcequ'après avoir parlé en maître, il fallait agir en maître; le roi dans ses déclarations et dans ses discours avait dit: *Je veux, j'ordonne,* et c'est l'assemblée qui a fait ce qu'elle a voulu.

Le ministère ayant échoué dans toutes ses tentatives, prit le parti de solliciter la réunion des ordres; mais il ne s'unit pas de volonté avec l'assemblée, il ne fit qu'une pause pour chercher d'autres moyens de division.

La fermeté de l'assemblée lui acquit l'affection de la France, et l'opinion publique se manifesta par des adhésions à ses actes.

Des sociétés populaires, sans institution légale, portèrent aussi leur approbation jusque dans le sein de l'assemblée.

Les citoyens ont sans doute le droit de louer ou de critiquer les actes du gouvernement, en se renfermant dans les bornes que commande le respect; mais le pouvoir qui reçoit des félicitations, doit aussi recevoir des remontrances, la conséquence est juste. Les sociétés populaires ont suivi ce précepte; elles se sont arrogé le droit d'opposition, dont elles ont largement usé.

En recevant les citoyens à sa barre, l'assemblée nationale commit une imprudence qui eut des suites fâcheuses: une première députation admise, il fallut en admettre une seconde, une troisième, et ainsi de suite. Après les députations sont venus, dans les autres assemblées, les citoyens en masse, d'abord sans armes, puis armés, et avec eux le rebut de la nation et les scélérats payés pour bouleverser la France. Les délibérations furent troublées, forcées même, par une populace qu'aucun frein ne pouvait plus retenir, et le sang des députés a coulé dans les tribunes.

Si les assemblées n'eussent pas souffert que le peuple, admis aux séances, prît pour ainsi dire part aux discussions, par son approbation ou sa désapprobation, les ennemis du trône et de la patrie ne se seraient pas servis d'un peuple égaré, jusque dans le sein des assemblées, pour faire adopter leurs lois sanguinaires.

Le gouvernement n'avait pris aucune précaution pour sa sûreté; ce n'est que lorsque la mésintelligence eut éclaté entre lui et l'assemblée, et que la méfiance eut gagné le peuple et les députés, qu'il rassembla des troupes. L'assemblée en fut choquée, elle demanda leur éloignement. Le roi répondit qu'il ne les avait appelées que pour maintenir l'ordre; que cependant, si leur présence causait de l'ombrage, il se porterait à transférer les états généraux à Soissons ou à Noyon, et que de sa personne il se rendrait à Compiègne. Mais l'assemblée resta à Versailles, et les troupes gardèrent leurs positions.

Le peuple s'était d'abord méfié du soldat, mais il le flatta, et le persuada bientôt que leur cause était commune; que, loin de se combattre, il fallait s'unir, et marcher d'accord pour reconquérir leurs droits. Les gardes françaises signèrent l'alliance les premiers, leur exemple ne manqua pas d'imitateurs.

Le régiment de cavalerie royal allemand fut le dernier qui voulut charger. Il tua un soldat des gardes. L'alarme se répandit aussitôt dans le Palais-Royal, où le peuple se rendit en tumulte, en criant aux armes!

Ce régiment passa, en faisant sa retraite, devant le dépôt des gardes françaises, et fut salué d'un feu de file. Il riposta, mais un coup de canon le mit en fuite. Les gardes prirent position sur la place Louis XV; le peuple les soutint. On voulut les faire débusquer, la troupe refusa, il fallut ordonner la retraite.

Ces évènements se passèrent le 12 juillet 1789.

L'exaspération du peuple était extrême. Il fut en mouvement le reste du jour et toute la nuit. Le lendemain il se réunit à l'hôtel-de-ville, et fit sonner le tocsin et battre la générale. Les places publiques et les rues furent bientôt encombrées d'hommes et de femmes armés de toutes pièces.

L'effervescence s'accrut encore dans la nuit du 13; et le 14, dès la pointe du jour, le peuple se mit en marche, enleva les armes des Invalides, et fit tomber la Bastille.

Que fait la cour dans ces graves circonstances ? Rien. Un voile épais lui dérobe le danger, la fatalité la conduit. Si une bonne idée vient à quelques conseillers, elle passe et disparaît comme un éclair, pour faire place aux extravagances des autres. La royauté avait de grands ennemis dans le peuple, que l'on avait égaré, et, il faut le dire aussi, vexé pendant des siècles; mais les plus grands ennemis du roi étaient autour de sa personne.

L'assemblée avait proposé au roi de renvoyer les troupes, et de laisser établir une garde bourgeoise; le roi refusa, et voici pourquoi.

Foulon avait fait deux propositions : l'une de s'emparer de la révolution pour la conduire, l'autre de faire arrêter les députés soupçonnés d'être les plus chauds partisans des réformes. Dans ce dernier cas, le roi ne devait pas se séparer de l'armée.

La première proposition sauvait le trône, elle

fut rejetée : la seconde était d'une exécution difficile, et ne pouvait amener aucun résultat; elle fut adoptée.

Pour s'assurer des troupes, il fallait les caresser, les fêter : on leur donna un festin et un bal dans les appartements du château de Versailles. L'espérance était grande, on ne doutait pas du succès. Les courtisans renfermés dans l'enceinte du palais, entourés de soldats, se croyaient les maîtres de la France. Ils triomphaient sans dangers; mais tandis qu'ils dansaient, le peuple s'armait et touchait à l'indépendance, le soleil éclairait le 14 juillet.

La prise de la Bastille répandit l'alarme à Versailles, tous les plans furent dérangés, on ne sut quel parti prendre. Rendu à lui-même, le roi suivit les impulsions de son cœur; il sentit qu'on l'avait mis dans une fausse voie. Il se rendit à l'assemblée, et l'assura de ses bonnes dispositions, dont assurément personne ne doutait; mais à la cour on savait bien les déranger.

A la suite d'un banquet, les gardes du corps

foulèrent aux pieds la cocarde aux trois couleurs, que la nation avait adoptée et que le roi avait acceptée. Des femmes établies dans les galeries du château distribuèrent aux militaires des cocardes blanches.

Le peuple de Paris en fut bientôt instruit. Il marcha de suite à Versailles, envahit les appartements, et se fût porté aux plus violents excès, s'il n'eût été maintenu par des patriotes courageux. Quelques jours après, ce même peuple, qui se plaignait de manquer de pain, comme si l'absence du roi eût causé la disette, contraignit la famille royale à venir habiter Paris.

A cette époque l'autorité du gouvernement était nulle, la royauté n'existait plus que de nom; le pouvoir était dans l'assemblée, mais bientôt il passa dans la commune de Paris et dans les clubs. L'anarchie montrait sa tête hideuse et grandissait d'heure en heure. Toute la France était soumise aux réformateurs et inondée d'ennemis secrets.

La commune de Paris avait fait adopter ses

principes à presque toute la France; mais ce n'était pas assez, il fallait un pacte qui liât, pour ainsi dire, tous les hommes entre eux, et fît de toute la nation une seule famille. On imagina une fédération générale qui se tiendrait à Paris, et où toutes les gardes nationales de l'empire enverraient une députation. Cette fédération fut demandée par les districts de Paris et décrétée par l'assemblée nationale, sur le rapport de l'évêque d'Autun.

Si cette fédération n'avait pour objet que d'unir plus intimement les Français entre eux, et de s'opposer aux ennemis du dehors et de l'intérieur, de maintenir la liberté légale du peuple et d'empêcher le retour des abus, elle avait une grande utilité et son but était noble. Mais si elle était imaginée pour fanatiser le peuple pour une liberté illimitée, source certaine de désordre et d'anarchie; si elle était imaginée pour répandre dans les provinces l'esprit destructeur des agents des factions occultes et de l'étranger; si elle était imaginée pour former un fil conducteur à l'incendie qu'on allumait à Paris, elle cachait un piége honteux et son but était infâme.

Quoi qu'il en soit, jamais spectacle plus grand, plus sublime, n'avait frappé les regards d'une nation; c'étaient les enfants de la France qui faisaient alliance et qui juraient, sur l'autel de la patrie, de mourir l'un pour l'autre, et de verser leur sang pour la défense de la liberté.

Cette fédération eut lieu au Champ-de-Mars, le 14 juillet 1790, jour anniversaire de la prise de la Bastille. Le roi, l'assemblée nationale, les députés des départements, les gardes nationales et les troupes de ligne, s'y rendirent. Après la cérémonie, les députations et l'assemblée jurèrent fidélité à la nation, à la loi et au roi; le roi jura d'employer tout son pouvoir au maintien de la constitution.

La révolution était achevée, la fédération lui donna la force de se maintenir. Ainsi le peuple avait employé toutes les voies pour redevenir libre, l'assemblée l'avait secondé de son pouvoir; la cour seule ne fit rien pour conserver la royauté, qui était si vivement menacée; elle ne prit que de fausses mesures, elle échoua toujours, et si ses projets mal conçus eussent réussi, la révolution n'eût été que retardée pour recommencer avec plus de violence.

La première démarche que l'on devait conseiller au roi était de s'unir franchement avec l'assemblée; il devait venir dans son sein, seul avec sa famille, y déclarer ses intentions, sceller son union avec le peuple et se confier à lui; il devait abandonner cette nuée de courtisans qui arrêtaient la vérité sur son passage, ou qui n'avaient pas assez de pénétration pour la découvrir; il devait, dis-je, les abandonner jusqu'à ce qu'eux-mêmes fussent entrés franchement et loyalement dans la nouvelle route que le prince aurait tracée. Alors le peuple eût cessé toutes manœuvres hostiles, il eût environné le trône de son amour, et les instigateurs de troubles eussent été condamnés au silence.

Si le roi répugnait à s'allier avec l'assemblée, il fallait qu'il rendît sa réunion inutile, il fallait qu'il accordât à la nation tout ce qu'elle avait droit d'attendre; alors cette assemblée n'eût plus eu de soutien, car le peuple ne l'eût considérée que comme l'ennemie de sa tranquillité, et sa dispersion eût été facile.

Le dernier parti qu'avait à prendre le roi était de se retirer avec son armée sur les frontières, où il avait un refuge tout prêt.

On ne chercha donc ni à sauver le trône, ni à sauver le roi. Lorsque tout espoir fut perdu pour la monarchie, on songea au monarque, mais toujours avec la même présomption, la même imprévoyance.

On voulut enlever le roi de vive force, au milieu de la population parisienne, dont les dix-neuf vingtièmes avaient ou croyaient avoir intérêt à ce que le roi restât. Qui donc tentait ce coup de main? Environ quatre cents hommes de tous les âges, nobles ou se disant tels, armés de couteaux et de vieux sabres... Ce dévouement était beau sans doute, mais quelle folie!

Cette ridicule tentative ayant échoué, l'on s'arrêta au seul parti raisonnable dans de telles conjonctures, une évasion.

M. de Bouillé devait préparer des escortes sur la route de Montmédi, où la famille royale voulait se rendre: mais pour gagner Montmédi, il fallait de l'adresse et de la prudence; on n'en avait pas à la cour.

Au lieu de partir séparément et dans des voitures simples et modestes, toute la famille royale partit ensemble et dans une même voiture, d'une taille et d'une forme extraordinaires. Une autre voiture suivait, des domestiques inutiles grossissaient le bagage, l'étiquette était de rigueur. On n'avait rien omis de ce qui pouvait attirer les regards et piquer la curiosité, précisément ce qu'il fallait éviter dans ces temps orageux. Les premières heures de marche furent heureuses; mais il y avait eu de l'indécision sur le moment du départ, on avait perdu du temps à Paris, on en perdit en route. Les postes qu'avait échelonnés M. de Bouillé, fatigués d'attendre et craignant d'ailleurs de porter de l'ombrage aux habitants, se retirèrent, et les voyageurs, arrivant quand on ne les attendait plus, se trouvèrent abandonnés à eux-mêmes. La famille royale, partie de Paris dans la nuit du 20 au 21 juin, fut arrêtée à Varennes le 22. Tel devait être le résultat d'un voyage entrepris avec si peu d'ensemble et tant d'imprudence.

Cette tentative échauffa les esprits et mit en garde contre d'autres projets; mais elle n'eut aucune influence sur les évènements subséquents, que rien de ce qui venait de la cour ne pouvait arrêter alors. Toutefois les agitateurs en tirèrent parti pour pousser le peuple à la révolte.

Au milieu de tous ces évènements, l'assemblée allait toujours à son but, qui était de donner une constitution à la France. Cette constitution achevée fut présentée au roi, qui l'adopta, et indiqua le 14 septembre 1791 pour confirmer solennellement son acceptation.

L'assemblée décida qu'elle serait assise pendant que le roi prêterait son serment, parcequ'elle représentait la nation. Mais le roi fut vivement affecté de cette résolution, qu'il appelait une humiliation. Il se retira fort triste et se plaignant que tout était perdu. Oui, tout était perdu pour la monarchie; mais ce n'était pas parceque l'assemblée s'était assise pendant le discours du roi; c'est parceque la royauté n'était plus qu'un vain nom, c'est parceque Louis XVI n'était plus que le simple mandataire du peuple français, que son mandat était très limité; c'est qu'enfin l'assemblée constituante avait, autant qu'il était en elle, descendu la royauté, et qu'en marchant sur ses traces, l'assemblée suivante ne pouvait que l'anéantir en faisant autant qu'elle.

Pendant tout le temps qui s'est écoulé depuis la réunion des états généraux jusqu'à la clôture de la session, des désordres graves ont eu lieu. Des gens dont le but était la désorganisation du corps social excitaient à la révolte dans toute la France, et notamment à Paris, qui servait de fanal aux provinces.

Les corps constitués n'ignoraient pas la présence des perturbateurs. Ils les ont souvent signalés, et, chose incroyable, ils n'ont rien fait pour les arrêter. On n'a exercé la police sur les personnes et imaginé les cartes civiques, que lorsque ces précautions étaient à peu près inutiles, ou plutôt n'étaient bonnes qu'à servir les vengeances particulières, et à tourmenter les citoyens. D'où vient donc que pendant tant de temps on a laissé les ennemis de la France s'agiter à leur aise et souffler le feu de la guerre civile? ne serait-ce pas parceque la cour croyait que ces désordres effraieraient l'assemblée et la feraient renoncer à ses projets de réforme? ne serait-ce pas parceque l'assemblée croyait en tirer parti pour intimider la cour, et venir plus facilement à bout de l'asservir? ne serait-ce pas parceque les chefs des factions, soit dans la cour, soit dans l'assemblée, croyaient en profiter pour conduire et la cour et l'assemblée, et parvenir au pouvoir? Ces questions, qui peuvent paraître hasardées, devraient peut-être se résoudre toutes affirmativement.

Au milieu de cette tourmente il n'y eut d'accord dans aucun des pouvoirs. Cependant l'assemblée marchait avec une majorité suffisante; mais la cour errait au hasard. La confiance entre les corps de l'état, si nécessaire à toute époque, et si indispensable en temps de troubles, n'existait pas. Le cour craignait l'assemblée, et l'assemblée se méfiait de la cour. La majorité de l'assemblée allait au but qu'elle s'était proposé, le gouvernement suivait l'impulsion, approuvait même les actes législatifs, mais sans croire à leur force, et sans l'intention bien formelle de les maintenir. Il n'avait pas d'opinion déterminée; ce n'est qu'après l'acceptation de la constitution, que le gouvernement paraît être franchement entré dans la nouvelle route qui lui était tracée. C'est ce que dit le roi dans sa lettre à l'assemblée constituante, sur son acceptation de la constitution: « Je voulus m'isoler de tous » les partis, et savoir quel était véritablement le » vœu de la nation. » Ainsi le roi attendit qu'il eût connu le vœu de la nation, pour se décider sur le parti qu'il devait adopter; jusque là il a flotté dans l'incertitude, et près de trois années se sont écoulées dans cet état d'irrésolution ; trois années pendant lesquelles la révolution a grandi, et s'est fortifiée de manière à braver tous les coups des partis et toutes les foudres de l'Europe. Que de fautes on a commises! Pourquoi, dès le commencement, n'avoir pas combattu ouvertement la révolution avec toutes les forces possibles, ou n'en avoir pas franchement suivi le torrent et adopté toutes les conséquences? Pourquoi? c'est que le gouvernement était livré à des hommes ignorants et présomptueux, à des hommes qui ne voyaient dans les formes nouvelles que la perte de leurs prérogatives, à des hommes qui s'aimaient mieux que le trône qu'ils devaient défendre, et dont la devise était : *Périsse tout plutôt que nos priviléges.*

Jusqu'ici les évènements se sont succédé avec une effrayante rapidité, cependant ils vont marcher plus rapidement encore. Le respect qu'inspirait une monarchie de huit siècles va disparaître, les factions qui s'agitaient sourdement vont lever le masque, la guerre civile va commencer, les émigrés rassemblés aux frontières vont attaquer la mère patrie, et les puissances étrangères, jusqu'alors tranquilles spectatrices de la révolution française, ou n'y prenant de part qu'avec le secours d'agents secrets, vont la combattre ostensiblement et par la force des armes.

§ IV.

L'assemblée législative succéda à la constituante; elle ouvrit sa session le 1ᵉʳ octobre 1791. Dans son discours à cette nouvelle assemblée, le roi donnait l'espérance qu'on ne serait troublé par aucune agression du dehors; mais il cachait ou il ignorait les traités de Mantoue et de Pilnitz, et la coalition contre la France de plusieurs puissances du Nord; il cachait ou il ignorait ce qui se passait à Coblentz, centre de tous les mouvements qui se préparaient pour anéantir la régénération française.

Monsieur, parti le même jour que le roi son

frère, mais plus prudent ou plus heureux, gagna tranquillement les frontières ; le comte d'Artois s'était retiré déjà. Réunis à Coblentz, les princes publièrent une protestation contre l'acceptation de la constitution, que, disaient-ils, le roi avait été forcé d'accepter, et qu'il n'avait pas le droit d'accepter s'il eût été libre, parcequ'il ne pouvait pas consentir au changement de l'ancien gouvernement.

En réclamant les droits dont ils jouissaient depuis long-temps, disent les publicistes, les princes héritiers du trône ont fait ce qu'ils devaient comme princes, de même que le peuple, en réclamant les droits qui lui appartenaient naturellement, a fait aussi ce qu'il devait comme peuple.

Ce n'est pas ici le lieu d'examiner ces questions tant controversées, il s'agit seulement de savoir si l'émigration des princes, leur protestation contre la nouvelle forme de gouvernement, l'émigration de la noblesse, son attitude contre la France et les hostilités des puissances voisines, ont aidé ou déterminé la chute du trône et de l'infortuné Louis XVI.

Il y avait sans doute en France, grâce au secours de l'étranger et aux guinées de certains pays, les éléments nécessaires à l'anéantissement de la monarchie. Mais le parti régicide n'eût rien entrepris contre la vie du roi s'il eût toujours été retenu par la crainte d'une invasion dont il ne pouvait calculer les suites. Il est vrai que les hostilités étaient commencées, que la coalition avait eu les premiers avantages et occupait une partie de nos places du nord, lorsque les plus rudes coups furent portés au trône; mais les alliés avaient fait assez pour exaspérer les esprits, et trop peu pour les intimider. Il était d'ailleurs facile de voir qu'il n'y avait pas d'ensemble dans leur marche, qu'ils travaillaient plus dans leur intérêt que dans l'intérêt de la monarchie française. L'invasion, entreprise avec trop de présomption, conduite avec trop de mollesse, n'effraya personne. Seulement elle fut le prétexte de nouvelles humiliations pour la cour.

Louis XVI souffrit, et de l'abandon dans lequel on le laissait, et des secours qu'on lui donnait. L'armée française s'organisait, tandis que les alliés s'amusaient à faire des siéges. Cette hésitation détruisit l'effet qu'aurait pu produire la crainte d'une guerre extérieure, affaiblit encore l'autorité du roi, et augmenta les espérances et l'audace de ses ennemis, qui rendirent au trône les coups qu'ils recevaient aux frontières. Ils en voulaient au pouvoir. Mais quand les armées françaises eurent vaincu à Valmy, à Jemmapes, quand elles eurent pris position sur le sol étranger, quand la France répondit à l'imprudent manifeste du duc de Brunswick en prenant fait et cause pour la révolution, et que les meneurs eurent connu leurs forces, ils purent impunément devenir régicides.

L'on a dit que si au commencement des hostilités il y avait eu de l'harmonie entre les puissances coalisées, et qu'elles eussent pris à cette époque l'attitude de 1814, la révolution eût été étouffée à son berceau. C'est une opinion très hasardée. Je crois qu'aucune puissance humaine ne peut empêcher un peuple de devenir libre quand il le veut bien, et, selon moi, toutes les forces de l'Europe réunies n'eussent point arrêté l'élan de 1792. La France n'est pas une puissance qu'on ait pu traiter comme un royaume de Judée. Ce n'était pas des armées qui pouvaient la réduire, il fallait amonceler sur elle la population entière de l'Europe; mais comme les forces d'un homme qui défend sa liberté sont quintuplées, en supposant aux assaillants le désir de vaincre, le combat eût fini faute de combattants, et les rois de l'Europe, s'ils fussent restés debout, auraient régné sur des cadavres disputés aux corbeaux et aux loups.

Tout ce que les puissances pouvaient faire en marchant rapidement était de délivrer le roi, et encore ne sait-on pas ce qu'eussent fait ceux qui plus tard l'ont sacrifié s'ils avaient vu leur proie prête à s'échapper.

L'émigration, qui de jour en jour devenait plus nombreuse, occupa l'assemblée législative; diverses propositions furent faites sur ce sujet; les uns voulaient laisser l'émigration libre, les autres voulaient l'arrêter et la punir. Enfin, l'assemblée déclara les émigrés suspects de conspiration. Elle leur donna jusqu'au 1ᵉʳ janvier 1792 pour se disperser, qu'autrement ils seraient déclarés coupables, poursuivis et punis de mort. Les revenus de leurs biens furent d'abord saisis, puis la vente de ces biens ordonnée, pour indemniser la nation des dépenses que nécessitaient leurs démarches hostiles.

Je n'aurais pas dit un mot de plus sur l'émigration, si je ne me trouvais forcé, par le sujet que je traite, de répondre à un ouvrage rempli de paradoxes, et où les principes du droit naturel sont défigurés de la plus étrange manière[1]. Les questions que je vais soulever ne sont donc pas de mon fait.

C'est en se fondant sur le droit naturel que les émigrés font l'apologie de l'émigration; mais en même temps qu'ils trouvent le droit d'émigrer

[1] Voir pour tout ce qui va être dit l'ouvrage intitulé : *De la révolution, dans ses rapports avec ses victimes*.

dans la nature, ils y trouvent aussi le servage, les priviléges et les droits féodaux, comme si la nature avait divisé les hommes en plusieurs classes, et donné plus à l'un qu'à l'autre.

Ils disent : « Le droit de fixer sa demeure où
» il veut, de respirer l'air qui lui convient, est
» un droit évidemment naturel. Dieu, en créant
» l'homme, lui a fait don de la terre entière; et
» s'il l'entoure de gouffres et de barrières, il en-
» seigne l'art de les franchir.

» L'homme a le droit divin ou naturel d'émi-
» grer à volonté. Il a bien autrement le droit de
» le faire lorsqu'il y est forcé par le sentiment de
» son existence physique et morale. »

Tels sont les principes invoqués par les émigrés. Ces principes sont vrais; ils sont puisés dans la nature, cette mère commune qui traite et protège également ses enfants. Si les hommes n'eussent jamais suivi d'autres lois que les lois naturelles, si des méchants, des ambitieux, des despotes, n'eussent pas profité de la faiblesse ou abusé de la confiance de leurs frères pour renverser ces lois divines et leur donner des fers, les fureurs de la guerre n'eussent pas désolé la terre.

Mais si la loi naturelle donnait à certains hommes le droit d'abandonner leur patrie pour fuir le danger, elle donnait à certains hommes le droit de secouer le joug sous lequel on les avait courbés. Si en France la noblesse avait le droit naturel d'émigrer, le peuple avait le droit naturel de reprendre sa liberté; c'est une conséquence du même principe.

Mais on peut renoncer à un droit. Oui, en thèse générale; voyons les exceptions. La liberté est inhérente à l'homme, elle fait partie intégrante de son être, il l'a reçue du créateur; elle est de sa nature inaliénable et imprescriptible, elle ne peut faire la matière d'une convention. Aussi n'y eut-il jamais de pacte entre les maîtres et les serfs, il n'y eut que des oppresseurs et des opprimés. Le droit n'était que dans la force; la force qui s'empare des libertés d'un peuple ne constitue pas un droit, mais une usurpation : la force qui reconquiert un droit est l'exercice d'une action naturelle, et légitime, pour parler le langage de la politique.

En supposant même un pacte possible sur un tel objet, il faudrait que chacune des parties contractantes retirât un profit du traité; si donc toutes les charges sont d'un côté et tous les avantages de l'autre côté, le contrat est nul en équité et d'après toutes les lois divines et humaines.

La fraction d'un peuple qui supporte toutes les charges de l'état sans compensation n'est pas tenue à continuer l'exécution de son contrat, si elle en a un; à plus forte raison n'est-elle pas tenue de supporter ces charges si elle ne s'y est point obligée. Tout repose donc sur sa volonté.

Eh! qu'on ne vienne pas dire que, les uns étant les gouvernants et les autres les gouvernés, il s'établit une réciprocité de services qui fait compensation.

L'objection ne serait fondée que si les soins donnés à l'état profitaient également à tous, et si les charges imposées par l'état frappaient également sur tous.

Mais le serf attaché à la glèbe, qui ne peut rien posséder, qui appartient lui et sa famille à un autre homme, à qui toutes les voies sont fermées, et qui doit mourir serf, parcequ'il est né serf, quel profit retire-t-il? On veille sur lui, mais que lui importe et que peut-il craindre? de changer de maître? mais que ce soit celui-ci ou celui-là, il ne sera pas moins serf; tout est donc pour lui peines sans profit, et s'il avait l'espérance d'un meilleur sort, ce serait dans le changement de gouvernement, car il pourrait devenir libre [1].

Ce que l'on appelle peuple dans un gouvernement absolu et féodal ne participe point aux avantages du gouvernement, il n'a donc point d'obligation à remplir vis-à-vis de ce gouvernement, auquel il peut toujours redemander ses droits.

[1] Il est aisé de voir que je sous-entends ici un gouvernement absolu et féodal. Ce raisonnement ne peut jamais trouver d'application dans un gouvernement constitutionnel.

Mais il n'en est pas de même de la noblesse, celle-ci s'est mise en dehors du droit naturel à l'égard du chef de l'état. Elle a fait cause commune avec lui lorsqu'il a envahi le pouvoir, en s'emparant elle-même d'une portion des droits usurpés sur le peuple, ou bien elle tient ces droits du prince lui-même. Elle est son obligée dans les deux cas, car, ayant la toute-puissance, le prince peut reprendre ce que l'on a pris, ou ce qu'il a donné. Si le peuple ne doit rien au prince, parcequ'il ne reçoit rien de lui, la noblesse lui doit tout, parcequ'elle tient tout de lui. De la noblesse au prince le pacte existe, sinon réellement, au moins tacitement, sinon de droit, au moins de fait.

La noblesse est donc obligée d'obéir aux ordres du prince, elle doit vivre et mourir pour lui, elle doit tout lui sacrifier, tout, jusqu'à sa liberté; car elle le reconnaît pour maître, et cela volontairement et de plein gré, tandis que le peuple n'a de maîtres que ceux que la force lui donne. Le sacrifice que la noblesse doit au prince est commandé par les lois de la reconnaissance et par les lois de l'honneur.

Mais ce pacte qui existe nécessairement entre la noblesse et le prince ne peut-il pas être rompu? Tout individu qui usurpe des droits ou des priviléges sur d'autres individus, ou qui se fait admettre dans une classe qui jouit de ces priviléges, enfreint la loi naturelle.

La violation de la loi naturelle ne peut jamais constituer un droit, et il ne peut jamais résulter de cette violation d'obligation irrévocable. Le pacte n'est donc valable qu'autant que le veulent les parties obligées, qui rentrent dans leur condition primitive par le seul effet de leur volonté.

Ainsi la noblesse ne peut réclamer et ses prérogatives, et la loi naturelle ; il faut qu'elle fasse option : ou elle conserve ses titres, et alors elle n'est plus protégée par la loi naturelle; ou elle invoque cette loi, et alors elle cesse d'être noblesse, parcequ'elle rentre dans la classe commune.

« J'admets la défense d'émigrer par le roi, ou

» l'ordre de rentrer émané de lui : qu'importent
» ses volontés, s'il est vrai que le droit d'émigrer
» soit toujours un droit naturel et même néces-
» saire[1]? »

Sans doute le droit d'émigrer est toujous un droit naturel, parceque sous l'empire de ce droit l'homme peut user de sa liberté comme il veut, et ce mot de liberté renferme tout. Mais la loi naturelle, sied-il bien à une classe privilégiée de l'invoquer? n'est-ce pas un contre-sens?

Si l'ordre du roi n'était rien et ne devait avoir aucune force sur l'homme réclamant la loi naturelle, il devait être tout-puissant sur l'homme qui voulait se dire noble.

Est-ce dans l'intérêt de la monarchie qu'eut lieu l'émigration? Les nobles ont émigré pour eux, pour mettre leur vie à couvert, *par le sentiment de leur existence physique et morale*[2], et non pour être utiles à la monarchie. Lorsqu'ils ont pris les armes contre la France, c'était plutôt

---

[1] Voyez l'ouvrage précité.
[2] *Idem.*

pour reconquérir leurs biens et leurs priviléges que pour relever le trône des Bourbons; et s'ils voulaient reconstruire l'ancienne monarchie, c'est qu'ils savaient bien qu'ils travaillaient pour eux.

Si quelques émigrés ont cru servir le roi, ils se sont étrangement trompés. Les faits parlent. Leur agglomération dans les armées étrangères a servi aux démocrates pour exaspérer le peuple et amener le 21 janvier.

« La politique aussi bien que l'équité faisaient
» à Louis XVI un devoir de tolérer, d'enjoindre
» même l'émigration : s'il y avait un moyen de
» sauver l'état et de se sauver soi-même, c'était
» celui-là [1]. »

La politique qui tolérait ou enjoignait l'émigration était une mauvaise politique, car ce n'était pas à Coblentz ou en Suisse qu'on pouvait arrêter le fer qui menaçait la tête du roi à Paris. C'est comme si un jour de bataille un général congédiait son armée pour s'assurer la victoire.

Quoi! messieurs les émigrés, pour être équi-

[1] Voyez l'ouvrage précité.

table à votre égard l'infortuné Louis XVI devait vous laisser partir, vous l'enjoindre même; que vous devait-il donc? Quoi! c'était un devoir que le roi avait à remplir vis-à-vis de vous, de vous faire émigrer? Le devoir d'un roi vis-à-vis de sa noblesse! C'était pour sauver l'état et le trône? Si l'on vous disait que pour sauver l'état et le trône il faut renvoyer la noblesse, que répondriez-vous? mais à l'époque où nous sommes, c'était en entourant Louis XVI qu'on pouvait le sauver, non parcequ'on était noble, mais parcequ'on était homme. Louis XVI était assez bon, assez généreux, pour vouloir être seul victime des évènements, pour vouloir sauver ceux qui par leur position devaient être ses défenseurs; mais alors il eût été beau de lui désobéir, c'était un devoir même. Mais la noblesse était *la seconde majesté*[1]. La seconde majesté ne devait sans doute pas défendre la première, c'eût été compromettre sa dignité... Mais qu'est-ce que la seconde majesté?

[1] Voyez l'ouvrage précité.

§ V.

Quels que soient les sentiments qui aient animé les nobles, ils avaient presque tous quitté la France. Privée de leur appui, la famille royale ne savait plus à qui se confier, toutes les voies lui étaient fermées. On était parvenu à persuader au roi que les patriotes étaient ses ennemis personnels; et, du moment que la confiance a manqué, il ne pouvait plus y avoir d'ensemble dans la marche du gouvernement.

Cette fois, il faut le dire, le roi avait raison de craindre, car il était environné d'assassins ; et la marche de l'assemblée n'était pas propre à le rassurer. Les députés avaient des vues différentes. Les uns voulaient la liberté et le bonheur de la France; les autres, en plus grand nombre, voulaient l'anarchie. Les uns s'appuyaient sur la partie saine de la nation; les autres sur ce qu'un peuple a de plus ignoble et sur l'étranger. Parmi les monstres qu'enfanta cette époque on distingue le suisse Marat, ce hideux compagnon du farouche Robespierre : poussées par eux et leurs sicaires, des troupes de cannibales ont désolé la France [1].

Les buveurs de sang ne manquèrent pas de prétexte pour assouvir leur soif. La guerre avait éclaté entre la France, la Prusse et l'Autriche ; les prêtres refusèrent de prêter serment à la constitution, et se joignirent aux mécontents pour exciter le peuple à la révolte.

L'assemblée décréta la formation d'un camp devant Paris pour se garder de l'invasion étrangère. Elle prit des mesures contre les prêtres réfractaires. Le roi refusa de sanctionner ces décrets.

Ce veto amena la journée du 20 juin. Environ huit mille hommes rassemblés aux faubourgs, armés de toutes pièces, et dans le plus hideux costume, vinrent présenter à l'assemblée nationale une pétition menaçante contre le pouvoir exécutif. Ces hommes se portèrent ensuite aux Tuileries, envahirent les appartements, et dictant des ordres au chef de l'état : Sanctionnez les décrets,

---

[1] C'était Rome au temps des Tibère, des Néron, des Vitellius, etc.

disent-ils, rappelez les ministres patriotes... chassez vos prêtres... choisissez entre Coblentz et Paris... à bas le veto... vive la nation! Le roi fut coiffé du bonnet rouge et but à la santé de la nation. Cette horde sanguinaire défila ensuite dans les appartements où se trouvaient la reine et le dauphin.

Cependant, plusieurs villes, profitant de la résistance du roi, envoyèrent à l'assemblée des adresses par lesquelles elles demandaient que la conduite du roi fût examinée et qu'on agitât la question de déchéance. Deux députés, Brissot et Duhesme, firent le même proposition; et quarante-sept sections de Paris, sur quarante-huit, votèrent pour la déchéance.

Le 3 août 1792, le maire de Paris, Pétion, au nom de la commune, présenta à l'assemblée le tableau de la conduite du roi, demanda sa déchéance et la nomination d'un ministère responsable jusqu'à la convocation d'une convention nationale.

La cour n'ignorait pas les attaques dont elle

était l'objet. Loin de redouter les évènements, elle les appelait et les attendait avec confiance, espérant en tirer parti pour ressaisir le pouvoir. Quel aveuglement!... En effet, comment concevoir l'idée de résister à une aussi grande masse de peuple que tant de mains faisaient mouvoir, avec quelques soldats et quelques gardes nationales que l'on croyait dévoués ? Telles étaient cependant toutes les ressources de la cour. Il faut le répéter, elle était indignement trompée par des conseillers perfides ou ignorants.

Cette confiance ne fut pas de longue durée. Le 10 août le château des Tuileries fut investi par les Marseillais, les Bretons, et différents bataillons de Paris. Les gendarmes et les gardes nationales, sur lesquels la cour avait compté, quittèrent leur poste et furent se joindre aux assaillants. Il ne restait plus que les Suisses. Dans ces conjonctures, Rœderer, procureur général de la commune, proposa de conduire la famille royale dans le sein de l'assemblée, pour la soustraire au danger. Cette proposition, d'abord mal

reçue et rejetée, fut acceptée. La famille royale se rendit donc à l'assemblée nationale. « Mes-
»sieurs, » dit en entrant le roi, « je viens ici pour
»éviter un grand crime qui pouvait se commet-
»tre. Je me croirai toujours en sûreté, moi, ma
»famille et mes enfants, lorsque je serai au mi-
»lieu des représentants de la nation. J'y resterai
»avec mes ministres jusqu'à ce que le calme soit
»rétabli. »

Vergniaud, qui présidait, répondit : « Sire,
»vous pouvez compter sur la fermeté de l'assem-
»blée nationale; ses membres ont juré de mou-
»rir en soutenant les droits du peuple et les au-
»torités constituées.»

Cependant les troupes étaient en présence, et tout annonçait qu'elles allaient en venir aux mains. Ce qui serait incroyable dans tout autre temps, c'est qu'on ne fit rien pour prévenir le combat. Il est évident que les assaillants n'en voulaient qu'à la famille royale, et tout le monde s'accorde sur ce point, que si la retraite du roi dans le sein de l'assemblée eût été connue des troupes, elles se fussent retirées, puisque leur attaque n'avait plus d'objet. On les laissa dans l'ignorance. A qui doit-on imputer cette grande faute? à l'assemblée et aux ministres, car si l'assemblée devait prendre des mesures pour rétablir l'ordre, les ministres devaient provoquer ces mesures. Si c'est oubli de la part de l'assemblée, elle est blâmable; car, lorsqu'on est chargé de si grands intérêts, on doit penser à tout. Si ce n'est qu'oubli de la part du ministère, il n'en est pas moins impardonnable; car, dans ce moment, il n'avait pas d'autres devoirs à remplir que de veiller à la sûreté du trône.

Les assiégeants croyaient attaquer le roi en attaquant le château, et les assiégés croyaient le défendre; la lutte fut terrible, et le massacre épouvantable. Le 10 août fera époque dans l'histoire des rois.

L'assemblée était en séance; les projectiles pénétraient jusque dans la salle. Loin d'être intimidés, les députés, exaltés par le feu, se levèrent spontanément en criant *vive la liberté, vive l'égalité!* ensuite chaque membre prêta le serment suivant : *Au nom de la nation, je jure de maintenir la liberté et l'égalité, ou de mourir à mon poste.*

De suite Vergniaud, au nom d'une commission extraordinaire, présenta un projet de décret qui fut adopté. Il portait la suspension provisoire du pouvoir exécutif[1], la convocation d'une convention nationale, et la nomination d'un gouverneur pour le dauphin. Le roi et la famille royale devaient demeurer dans l'enceinte du corps législatif, jusqu'à ce que le département eût fait préparer au Luxembourg un appartement pour les loger.

Le lendemain, 11 août, l'assemblée décréta,

---

[1] C'est souvent par des intrigues que les peuples sont poussés à la révolte et les rois détrônés..... Si le prince n'est pas méchant on sait bien le faire passer pour tel ou pour esclave d'un méchant conseil. Les prétextes ne manquent jamais, et pourvu qu'on les soutienne habilement, ils passent pour une raison légitime, quelque faibles qu'ils soient dans le fond. Voyez *Bayle*, art. David.

sur la motion de Thuriot, que toutes les statues des rois seraient renversées, et ce décret fut aussitôt exécuté.

Le 12 il fut décidé que la famille royale serait logée au ministère de la justice, place Vendôme; mais ce nouveau décret fut remplacé par un autre qui, sur la demande de la commune de Paris, assigna pour demeure au roi et à sa famille, la tour du Temple, avec une garde formée par toutes les sections.

Le roi et la reine ne devaient quitter cette prison que pour aller à l'échafaud; le dauphin devait y mourir, et Madame ne devait en sortir que pour aller rejoindre ses oncles errants sur le sol étranger.

§ VI.

Le 10 août fut diversement accueilli dans les départements et à l'armée; les habitants de la Vendée, qui antérieurement avaient pris les armes pour protéger l'évêque de Vannes, que l'on voulait forcer de prêter serment, n'eurent pas plus tôt connaissance des derniers évènements, qu'ils s'insurgèrent et se portèrent sur Châtillon, qu'ils prirent et dévastèrent. C'est ainsi que fut commencée, pour défendre l'autel et le trône, cette guerre de la Vendée, si fertile en actions héroïques et barbares. .

Le soldat, zélé pour la cause de la liberté, fit tout ce que l'assemblée voulut. Lafayette, fidèle à la constitution qu'il avait jurée, refusa de prêter le nouveau serment; mais n'ayant point trouvé d'appui dans les troupes qu'il commandait, il fut obligé d'émigrer. Arrêté à Rochefort, il fut traîné pendant cinq ans de prison en prison.

Victor de Broglie, Desaix et le maire de Strasbourg Diétrick, voulurent aussi résister; ils furent abandonnés de l'armée. De Broglie et Diétrick périrent sur l'échafaud. Desaix fut acquitté : il s'éleva bientôt au rang des plus illustres capitaines, et mourut de la mort des braves, aux champs de Marengo.

Les autres chefs, Dumouriez, Kellermann, Luckner, Biron, etc., prêtèrent le serment.

La commune de Paris, où siégeaient les plus profonds scélérats qui aient jamais souillé la terre, mettant à profit l'espèce de stupeur produite par les évènements, se rendit indépendante et usurpa le pouvoir. Elle avait pour aide son peuple et l'or de l'étranger. Toute-puissante, elle eut bientôt organisé le régime de la terreur et les massacres.

Le 2 septembre elle fit afficher une proclamation où, prétextant la prise de Verdun, elle appelait les citoyens au Champ-de-Mars pour y former une armée de soixante mille hommes, destinée à marcher contre l'ennemi.

Après cette proclamation, qui avait un tout autre but, le canon d'alarme, le tocsin et la générale se firent entendre. Les citoyens se rendirent au Champ-de-Mars, et la ville fut livrée aux ordonnateurs du crime, aux égorgeurs; le sang coula à grands flots, et pour comble de honte et d'horreur, les assassins furent payés[1].

[1] Losque Othon conspira contre Galba, le peuple de Rome demanda à hauts cris le supplice d'Othon ; il se prosterna aux

Dévoilerai-je les excitateurs de ces épouvantables massacres, ma plume ne tracera-t-elle pas des lettres de sang? nommerai-je Billaud-Varennes, Robespierre, Danton, Marat, Tallien, Duplan, Panis, Sergent, Lefort, Jourdeuil, etc., etc.?

Ces cinq derniers, comme administrateurs du comité de salut public institué à la mairie, engagèrent les autres communes de France à les imiter, par une circulaire où se lisent ces mots: « La » commune se hâte d'informer ses frères de tous » les départements qu'une partie des conspira- » teurs féroces détenus dans les prisons ont été mis » à mort par le peuple; actes de justice qui lui » ont paru indispensables... Sans doute la nation » s'empressera d'adopter ce moyen si utile et si » nécessaire... »

Plusieurs villes de provinces imitèrent les frè-

---

pieds d'Othon lorsqu'il fut césar, et tomba sur Galba et ses amis. Leurs têtes furent portées en triomphe. C'était à qui justifierait avoir commis le plus d'assassinats. Othon fut accablé de mémoires et de placets de gens qui demandaient des récompenses pour le sang qu'ils avaient versé; mais Othon fit punir ces misérables, et ne les paya pas.

res de Paris, et les égorgeurs répondirent à l'appel qui leur était fait.

Lisez, fauteurs des révolutions, et vous hommes à priviléges qui avez réduit au désespoir un peuple paisible, lisez !

Mais les armées françaises, animées du feu sacré, étaient loin de participer aux désordres et d'approuver la conduite des lâches brigands qui se baignaient dans le sang. Elles avaient pris une attitude formidable; le moment de la victoire était arrivé. Kellermann fut vainqueur à Valmy; Custine, franchissant la frontière, s'empara de Spire, Worms, Mayence et Francfort; Montesquiou envahit la Savoie et prit Chambéry; Dumouriez battit l'ennemi à Jemmapes. Mons, Tournay, Bruxelles, ouvrirent leurs portes. Le théâtre de la guerre était changé; mais ces succès, qui pouvaient être un motif d'union pour tous les Français, ne firent qu'enfler l'orgueil des dominateurs et les mettre à même de frapper de nouveaux coups.

Louis XVI était toujours au Temple, et personne ne pensait à prendre franchement sa défense. L'assemblée était contre lui; la commune, cette féroce autorité, voulait sa tête. La portion du peuple qui désirait le maintien de la monarchie était trop faible, et n'osait pas faire connaître ses vœux. La noblesse n'était plus là, et s'inquiétait plus d'elle que de son maître. Les grands calculaient la somme de pouvoir qu'ils acquerraient dans la monarchie reconstituée, sans penser au monarque. Les souverains étrangers agissaient dans leurs intérêts, et non pour sauver la royauté et le roi. L'empereur faisait acte de propriété dans les places qu'il occupait momentanément; il dépensait ses trésors à relever des fortifications qui devaient assurer sa possession. Il prenait dans ses propres troupes des gouverneurs, tandis qu'il avait avec lui des Français; il faisait rendre la justice en son nom et attacher ses armes aux portes. Ce n'est pas là agir en voisin secourable, c'est agir en conquérant. Dans l'intérieur, le roi n'avait donc pas de défenseurs, et au dehors ce n'était pas pour lui personnellement qu'on agissait.

Après l'humiliante journée du 20 juin, Louis XVI ne devait plus espérer de se maintenir sur le trône. Si à cette époque il eût pris le parti de résigner la couronne, son sort eût-il été adouci? Cela n'est pas probable: simple citoyen, il eût péri comme il a péri roi. Cependant comme on en voulait encore plus à la royauté qu'au roi, on doit regretter que Louis XVI n'ait rien fait pour se débarrasser d'un fardeau qu'il était devenu dangereux de porter; il est vrai que l'arrestation de Varennes pouvait faire croire qu'une abdication n'eût pas donné la liberté au roi, puisqu'on l'avait arrêté précisément en état d'abdication; car quitter le sol de la patrie, c'était abdiquer. Mais cette arrestation eut lieu sous l'assemblée constituante, dont le but était bien de rétablir les libertés du peuple, mais non de détruire la monarchie; elle devait croire, et elle était autorisée à croire, d'après la déclaration du roi, qu'il ne quittait la France que pour chercher les moyens d'y rentrer, et de ressaisir la portion de pouvoir dont on l'avait dépouillé. Si au lieu de protester contre les actes de l'assemblée constituante, Louis XVI eût donné son abdication, peut-être n'eût-on pas cherché à l'empêcher de sortir de France. A cette époque, il existait encore des lois protectrices de la liberté, qu'on n'eût sans doute pas violées à l'égard du roi, devenu simple citoyen. Mais il était possible aussi que l'assemblée ne vît dans une abdication qu'un moyen d'évasion; car le roi, en lieu de sûreté, n'eût pas manqué de protester contre son abdication et de revendiquer ses droits. Il aurait invoqué les lois de la nécessité, la force majeure et l'état de péril dans lequel il se trouvait et auquel il devait se soustraire. Il aurait bien fait, car il n'aurait réellement obéi qu'à la force, et s'il avait des droits, la force ne pouvait les lui ravir. C'était une question à décider entre le roi devenu libre d'une part, et la France d'une autre part. C'est encore la force qui eût décidé. C'est une terrible chose que la force, depuis qu'on l'a mise à la place de la raison!

§ VII.

Le décret qui appelait une convention nationale reçut son exécution. Cette nouvelle assemblée se réunit, et le 21 septembre 1792, sur la motion de Collot d'Herbois, elle décréta à l'unanimité que la royauté était abolie en France. Voilà un grand acte, quel que soit le rapport sous lequel on l'envisage. Cet acte était-il valable? était-il d'accord avec les droits du prince et les droits du peuple? telle est la question qu'il s'agit d'examiner. Mais il est une autre question qui doit la précéder. Avant de savoir si une assemblée peut détruire le gouvernement, il faut savoir si le peuple a ce droit; car l'assemblée ne peut tenir son mandat que du peuple.

« Les rois ont été établis pour régner sur les
» peuples, et la royauté est d'institution divine. Les
» peuples ne peuvent donc rien faire qui porte
» atteinte à cette suprême puissance, qui existe
» indépendamment de leur volonté. Le droit divin
» ne peut être changé ni modifié par les hommes.

» Aucune modification apportée à l'exercice de la
» royauté ne peut constituer un droit, mais un
» fait, et ce fait est un crime, puisqu'il tend à dé-
» truire ce qui a été établi par Dieu. Les rois eux-
» mêmes sont soumis à ces lois. Un roi qui con-
» sent à donner des bornes à son pouvoir n'éta-
» blit pas un droit qui puisse être invoqué contre
» lui à aucune époque. C'est une concession de
» fait, temporaire, dépendante de sa propre vo-
» lonté, et qu'il est maître de retirer. En cela il
» agit volontairement, par sa pleine puissance,
» sa science certaine et l'exercice de son autorité,
» sous son bon plaisir enfin. L'abolition de la
» royauté est donc un acte qui excède le pouvoir
» des hommes. » Voilà ce qu'on fait dire aux uns.

Voici ce qu'on fait dire aux autres. « Les
» hommes, qui sont tous égaux d'après les lois
» divines et naturelles, étant devenus nom-
» breux et s'étant attachés au sol, ont formé des
» états séparés. Ils ont institué des gouverne-
» ments et choisi des gouvernants, auxquels ils
» ont délégué leurs pouvoirs. Ces gouvernants,

» quels que soient les noms qu'on leur donne, ne » sont que les représentants, les mandataires du » peuple. Le peuple est toujours le maître de » changer son gouvernement, soit quant au fond, » soit quant à la forme, et de retirer les pouvoirs » qu'il a donnés. Les gouvernants ne sont donc » que de simples administrateurs à la nomination » du peuple, et révocables à sa volonté. S'il en était » autrement, les hommes ne seraient plus libres, » et la liberté est inaliénable et imprescriptible; » ce n'est qu'en violant ces lois qu'on a établi la » sujétion, la servitude. Si des chefs ont abusé » de la confiance et de la faiblesse des peuples » pour leur donner des fers et perpétuer le pou- » voir entre leurs mains, ce n'est qu'une usur- » pation. »

Mais c'est ici une thèse générale: je reviens au cas particulier qui m'occupe, à l'abolition de la royauté en France.

Si l'on s'arrête à la première opinion, la royauté ne pouvait être abolie, et tout examen ultérieur devient inutile; si l'on adopte au contraire le second avis, le peuple ayant alors le droit de changer son gouvernement, il faut examiner l'acte de la convention et celui de l'assemblée nationale du 10 août.

Si un gouvernement ne peut être établi et ne peut subsister que du consentement du peuple, le gouvernement établi ne peut être détruit que du consentement du peuple. Les états généraux ont été convoqués pour remédier au désordre qui s'était introduit dans les différentes branches d'administration, et notamment dans les finances; leur but était d'affranchir le gouvernement de toute entrave, de donner plus d'action à sa marche et d'établir une constitution, c'est-à-dire de faire un pacte entre le peuple et le roi, qui fixât les attributions du pouvoir. C'est ce qu'ils ont fait, sous la dénomination d'assemblée constituante. Les députés avaient reçu des cahiers, c'est-à-dire des pouvoirs des états provinciaux ou des bailliages; en donnant une constitution à la France, ils sont restés dans les bornes de leur mandat.

« Par la constitution de 1791, la souveraineté
» est une, indivisible, inaliénable et imprescrip-
» tible ; elle appartient à la nation.

» Le pouvoir est divisé en pouvoir législatif et
» en pouvoir exécutif: l'un délégué à une assem-
» blée composée de représentants temporaires li-
» brement élus par le peuple, l'autre délégué au
» roi.

» Les représentants de la nation doivent prêter
» le serment de vivre libres ou de mourir, de
» maintenir de tout leur pouvoir la constitution,
» de ne rien proposer, ni consentir dans le cours
» de leur législation, qui puisse y porter atteinte,
» et d'être en tout fidèles à la nation, à la loi et
» au roi.

» *La personne du roi est inviolable et sacrée; il*
» *ne peut être jugé qu'après abdication expresse*
» *ou légale, et pour des actes postérieurs à son*
» *abdication.*

» Un des cas d'abdication légale, prévu par la
» constitution, est si le roi se met à la tête d'une
» armée et en dirige les forces contre la nation,

» ou s'il ne s'oppose pas par un acte formel à
» une telle entreprise qui s'exécuterait en son
» nom.

» Nul ordre du roi ne peut être exécuté que
» contre-signé par les ministres, qui sont respon-
» sables.

» La constitution déclare que la nation a le
» droit imprescriptible de changer sa constitu-
» tion, mais elle défend expressément à la nouvelle
» législation (l'assemblée nationale législative)
» et à la suivante de proposer la réforme d'aucun
» article constitutionnel. »

Les députés à l'assemblée nationale législative étaient les mandataires du peuple, mais les bornes de leur mandat étaient fixées par la constitution.

Au 10 août, le roi n'avait abdiqué ni de droit ni de fait. On ne regardera sans doute pas la défense du château comme une entreprise contre la nation, qui doive, aux termes de la constitution, être assimilée à une abdication légale ; car la constitution n'a pas dit que le roi ne repousserait pas par la force les attaques qui seraient dirigées contre le trône ; elle lui a au contraire confié le soin de veiller au maintien de l'ordre et de la tranquillité publique.

Si la nation française voulait changer son gouvernement, elle devait librement manifester sa volonté, et chaque citoyen individuellement. Ce n'est qu'après avoir recueilli les suffrages de tout le peuple que la déchéance pouvait être prononcée, si telle était l'intention de la majorité. L'assemblée législative était sans mission à cet égard.

Si Louis XVI se fût mis dans un des cas d'abdication légale prévus par la constitution, encore aurait-il fallu un examen contradictoire. D'abord constater le fait, entendre le roi sur les motifs qui l'avaient déterminé à agir, puis, si ce fait était de nature à porter atteinte à ses droits, l'entendre encore sur l'application de la loi. Pour constater une abdication légale, il fallait agir légalement : tel était le devoir de l'assemblée législative envers la nation, la loi et le roi.

La suspension du pouvoir exécutif est illégale, elle n'est autorisée ni par le peuple ni par la constitution. Dans ces circonstances l'assemblée a violé les lois de l'état, elle a méconnu les droits de la nation et du trône : car, ou la constitution existait dans toute sa force, et alors la suspension du pouvoir exécutif ne pouvait être prononcée qu'en observant les formes qui étaient, sinon expressément, au moins virtuellement indiquées par cette constitution ; ou la constitution n'existait plus, et alors l'assemblée n'avait plus d'institution légale.

On dira que le peuple a confirmé les actes de l'assemblée législative, puisqu'il n'en a pas contesté la validité, que son silence a été une adhésion suffisante. Le silence du peuple n'est pas une preuve qu'il approuve les actes du gouvernement. C'est une erreur malheureusement trop commune de prendre ce silence pour une approbation. Le peuple n'a pas toujours les moyens de faire connaître sa pensée, et quand il le veut on sait bien l'en empêcher. Ce n'est pas après qu'une chose est faite qu'il faut demander au peuple ce qu'il en pense; cette chose faite est souvent sans remède : l'opposition du peuple ne réparerait pas le mal; il se tait donc, et gémit en silence.

Mais un gouvernement qui ne marche pas avec les lois, qui se met tout entier à la place du peuple, ne peut être d'une longue durée ; il périt lui-même dans une révolution qu'il a préparée.

L'assemblée du 10 août savait bien que sa démarche était hors de ses pouvoirs, hors de la constitution; mais elle voulut lui donner une apparence de légalité, et la couvrir du manteau de la nécessité. Vain subterfuge, inutile pour les vrais amis de la patrie, qui ne pouvaient rien ; inutile pour les ennemis de la France et du trône, qui ne demandaient que le mal, s'embarrassant peu des motifs qui le faisaient commettre. Le décret de suspension porte que :

« L'assemblée nationale, considérant que les

» maux (les maux de la patrie) dérivent princi-
» palement des défiances qu'a inspirées la con-
» duite du chef du pouvoir exécutif dans une
» guerre entreprise en son nom contre la consti-
» tution et l'indépendance nationale... »

Mais qui prouve que la guerre ait été entreprise au nom du roi; et si effectivement cette guerre se faisait en son nom, qui prouve que c'était de son consentement?

Ce fait cependant était toute la question, d'après la constitution; il fallait le vérifier et le constater.

Mais l'assemblée l'a avancé, elle l'a accueilli, admis toute seule, sans avoir entendu le roi.

« Ces défiances, inspirées par la conduite du
» roi, ont provoqué des diverses parties de l'em-
» pire un vœu tendant à la révocation de l'auto-
» rité déléguée à Louis XVI... »

Il est vrai que quelques individus de certaines villes avaient par des adresses demandé la déchéance de Louis XVI. Mais était-ce là le vœu de la majorité de la nation, et l'assemblée osait-elle bien se fonder sur de telles demandes pour changer le gouvernement? Ces adresses, en très petit nombre, n'étaient que l'ouvrage des séditieux et ne pouvaient trouver d'écho que dans une assemblée séditieuse.

« Considérant néanmoins que le corps légis-
» latif ne doit ni ne veut agrandir la sienne (son
» autorité) par aucune usurpation... »

Quelle considération, quel déplorable mépris de toutes les convenances! Quoi, le corps législatif ne veut pas agrandir son autorité, et il foule aux pieds toutes les lois, il renverse la constitution qui l'a institué, il usurpe les droits de la nation!

« Que, dans les circonstances extraordinaires
» où l'ont placé des évènements imprévus par
» toutes les lois, il ne peut (le corps législatif)
» concilier ce qu'il doit à sa fidélité inébranlable
» à la constitution, avec la ferme résolution de
» s'ensevelir sous les ruines du temple de la li-
» berté plutôt que de la laisser périr, qu'en re-
» courant à la souveraineté du peuple et en pre-

» nant en même temps les précautions indispen-
» sables pour que ce recours ne soit pas rendu
» illusoire par des trahisons... »

Mais quels évènements étaient imprévus par les lois, et qui n'existassent pas lorsque la constitution fut faite ? L'émigration ? elle durait depuis plus de trois ans. La guerre civile ? il y avait long-temps qu'elle avait éclaté. La journée du 10 août ? qui l'a provoquée ? La guerre extérieure ? qui l'ordonnait : si c'était le roi, il fallait non seulement le dire, mais le prouver.

Si les lois manquaient, si les cas étaient imprévus, il fallait demander des pouvoirs au peuple et ne pas usurper ses droits en agissant sans son consentement et à son insu.

L'assemblée proteste d'une fidélité inébranlable à la constitution, tout en la détruisant; elle veut s'ensevelir sous les ruines du temple de la liberté, et elle enchaîne cette liberté, puisqu'elle s'empare de toute l'autorité sans mandat; elle recourt à la souveraineté du peuple, et elle commence par agir en souveraine, sans l'aveu du peuple.

Les évènements ne commandaient pas plus à l'assemblée de suspendre le pouvoir exécutif, qu'au roi de suspendre le pouvoir législatif. Il fallait réunir les deux pouvoirs pour résister aux factieux, prévenir les évènements, les arrêter, ou mourir en défendant la constitution : voilà ce qui eût été noble, généreux, et digne des représentants d'un peuple libre.

§ VIII.

Ce n'est que le 13 août que l'assemblée législative exposa les motifs qui l'avaient déterminée à suspendre le pouvoir exécutif et à convoquer une convention nationale.

Cet exposé est une longue énumération des évènements que l'on impute au roi, toujours sans l'entendre.

On lui reproche le rassemblement des émigrés sur la frontière, leur correspondance avec les ennemis de la liberté et les prêtres fanatiques;

La ligue des rois conjurés contre la France;

Des traités et des emprunts faits en son nom,; des levées de troupes à l'étranger;

Son refus de sanctionner les décrets.

« En prononçant la suspension » dit-on dans cet exposé « l'assemblée n'a pas excédé ses pou-
» voirs. La constitution l'autorise à la prononcer
» dans le cas d'absence du roi, lorsque le terme
» de cette absence qui entraîne une abdication
» légale n'est pas encore arrivé... Ici les cas se
» réunissent, ils sont prévus par la constitu-
» tion. »

C'est un impudent mensonge : le cas dans lequel on a mis le roi n'est nullement prévu par la constitution.

L'article sept dit: « Si le roi étant sorti du
» royaume n'y rentrait pas après l'invitation qui
» lui en serait faite par le corps législatif, et dans
» le délai qui sera fixé par la proclamation, le-
» quel ne pourra être moindre de deux mois, il
» serait censé avoir abdiqué la royauté. »

« Le délai commencera à courir du jour où la

» proclamation du corps législatif aura été pu-
» bliée dans le lieu de ses séances, et les minis-
» tres seront tenus sous leur responsabilité de
» faire tous les actes du pouvoir exécutif, *dont*
» *l'exercice sera suspendu* dans la main du roi
» absent. »

Rien de tout cela n'est arrivé.

La constitution a été violée. L'assemblée nationale n'avait point de pouvoirs du peuple, auquel elle eût dû recourir dans des cas imprévus. L'acte de suspension est une usurpation sur les droits du peuple et sur les droits de la royauté.

L'exposé des motifs dit que l'intérêt public exige que le peuple manifeste sa volonté par le vœu d'une convention nationale formée de représentants revêtus d'un pouvoir illimité.

Le décret du 10 août dit seulement que le peuple français *est invité à former une convention*.

Mais ce décret eût-il porté lui-même que les députés à la convention seraient revêtus d'un pouvoir illimité, que cette décision eût été nulle, parcequ'elle n'avait pour base ni les dispositions de la loi constitutionnelle, ni l'autorisation du peuple.

Pour que le mandat des députés à la convention fût illimité, il aurait fallu que le peuple manifestât sa volonté à cet égard d'une manière certaine et authentique, ce qui n'a pas eu lieu [1].

L'appel et la nomination de cette convention étaient déjà une violation du pacte constitutionnel dans une de ses dispositions principales; mais en procédant aux élections, le peuple a en tant que de besoin ratifié ces mesures.

Les nouveaux députés devaient suivre sans déviation la ligne qui était tracée par la constitution, car le peuple n'avait point annulé cette constitution, il avait seulement substitué une assemblée à une assemblée.

La constitution ayant établi deux pouvoirs, la

[1] Le mandat illimité ne peut s'entendre que des actes relatifs à l'administration des affaires de l'état, mais jamais au changement des gouvernements, soit quant au fond, soit quant à la forme.

première opération de la convention était de réunir ces deux pouvoirs, puisque constitutionnellement le pouvoir législatif ne pouvait agir sans le pouvoir exécutif.

En examinant la cause de la suspension du pouvoir exécutif, la convention eût reconnu que l'assemblée nationale avait violé l'acte constitutionnel : son devoir était de rétablir le pouvoir exécutif; et, si elle ne s'en croyait pas le droit, elle devait consulter le peuple.

Mais la convention, méconnaissant les droits du peuple, les droits accordés au roi et la constitution elle-même, a usurpé le pouvoir suprême.

Le premier acte de cette assemblée usurpatrice, l'abolition de la royauté, a été un acte de fureur; et cette mesure violente devait changer la face de la France et de l'Europe.

La convention a agi de son propre mouvement. Les députés n'étaient plus les représentants du peuple, mais des séditieux, des anarchistes, qui, foulant aux pieds toutes les lois sociales, méritaient d'être mis au ban de la France[1].

Dans ces temps de bouleversements, et trop souvent depuis, les assemblées ont agi d'après leurs vues personnelles et leurs intérêts privés, plutôt que d'après les lois et les intérêts de la nation. Mais si le peuple, moins généreux ou plus jaloux de ses droits, eût appelé devant son tribunal les députés infidèles, et les eût punis, il eût mis un terme aux usurpations, et n'eût point été la proie de l'intrigue, de la bassesse et de la lâcheté.

La conséquence immédiate de l'abolition de la royauté était le rétablissement du gouvernement populaire : la force avait mis le gouvernement dans les mains d'un seul, la force le remit dans les mains de tous. La monarchie fut établie par la partie du peuple qui devait former l'aristocratie; la république fut reconstituée par la partie du peuple qui voulait dominer la dé-

[1] Il faut excepter dans la convention, comme dans les autres assemblées, les députés qui n'avaient en vue que le bonheur de la France, et qui n'ont pas voté les lois subversives et sanguinaires.

mocratie : dans l'un et l'autre cas la masse de la nation ne fut point consultée.

Le peuple, toujours avide de nouveauté, et sentant encore le poids des chaînes qu'il avait si long-temps portées, salua la république avec les plus vives démonstrations de joie. Le cri de liberté électrisa toutes les têtes, et bientôt la France fut un vaste camp d'où s'échappèrent ces colonnes audacieuses qui assurèrent son indépendance et dictèrent des lois à l'Europe.

Mais le peuple ne s'aperçut pas qu'en sanctionnant les résolutions de ses représentants il les encourageait à agir constamment sans sa participation, comme si à eux seuls ils eussent formé toute la nation : accepter une mesure qui pouvait plaire c'était se soumettre d'avance aux actes spoliateurs, c'était créer des antécédents, des exemples fâcheux, et reconnaître tacitement l'omnipotence des assemblées. Le résultat de cette faiblesse du peuple devait être et a été de se voir le jouet des assemblées qui, au gré de leurs caprices, ont maintenu ou changé le régime et la forme du gouvernement et fini par attacher le peuple à de nouveaux liens.

La convention, qui avait débuté brutalement par l'abolition de la royauté, ne devait pas arrêter là sa marche fougueuse.

La monarchie n'existait plus, mais Louis XVI existait encore, sinon comme roi, au moins comme homme pouvant redevenir roi ; il paraissait un obstacle à l'affermissement de la république et à la paix du dehors et de l'intérieur.

Le roi dans les fers ou errant sur un sol étranger demanderait des secours et l'appui des rois ; son infortune pouvait leur devenir commune ; il fallait donc qu'ils l'aidassent, s'ils voulaient être aidés.

La convention, suivant les principes de Machiavel, jugea que l'extinction de la famille royale était utile à ses projets, en ôtant toute espérance à l'aristocratie, et toute chance de succès aux puissances étrangères.

La mort de Louis XVI était donc résolue ; sa conduite pendant les évènements, et qu'on lui reprocha, ne fut qu'un prétexte, le procès qu'une simple forme. Louis XVI périt parcequ'il était roi, comme ses frères eussent péri parcequ'ils étaient princes.

Lorsqu'en 1646 l'Angleterre renversa le trône et donna au monde le premier exemple d'un roi décapité par la main d'un bourreau, la France se trouvait dans la position la plus critique. Les mêmes causes qui amenèrent les évènements de 1793 existaient ; mais les mœurs anglaises n'avaient point encore passé les mers.

La chambre anglaise commença par proclamer la déchéance de Charles Ier. Elle fit abattre toutes les statues des rois ; elle data ses actes de l'an du salut 1646 et le premier de la liberté de toute la nation.

Les statues des rois furent brisées en France, la convention abolit la royauté ; elle data ses actes de l'an 1er de la république, comme l'assemblée législative avait daté de l'an de la liberté.

Charles Ier fut enfermé à Windsor, Louis XVI fut enfermé au Temple.

La chambre anglaise nomma des commissaires pour juger le roi, la convention ne voulut s'en rapporter qu'à elle-même. Mais les ministres de la religion ne montèrent pas en chaire en France, comme en Angleterre, pour prêcher *que le temps était venu auquel l'œuvre du Seigneur allait s'accomplir* [1].

Charles parut devant le tribunal du commissaire, comme Louis parut devant le tribunal conventionnel.

Les commissaires anglais appelèrent leur roi

---

[1] Nous n'eûmes pas non plus un Jean Milton. Ce Milton fit une apologie du supplice de Charles Ier. Pour soutenir sa thèse il mit à contribution les œuvres des *théologiens*. Ce fut lui qui répondit à l'*Icon regia* que l'on attribuait au roi, et à l'ouvrage que Saumaise avait publié contre le parlement anglais; ce fut aussi lui qui réfuta le livre de Pierre Dumoulin, *Regii sanguinis clamor ad cœlum.*

Ce Pierre Dumoulin était un ministre protestant et le plus fameux disputeur de son temps. Il a fait un ouvrage intitulé *Anatomie de la messe*, où la communion romaine est horriblement diffamée, et où se trouvent les termes les plus obscènes. Ce qui est curieux, c'est que cet ouvrage est dédié à la princesse mademoiselle de Bouillon, à qui *la religion* [*] ne devait pas ôter la pudeur.

[*] Elle était protestante.

Charles Stuart; les conventionnels appelèrent Louis XVI, Louis Capet.

La populace applaudit à Paris comme à Londres.

La convention ayant posé ces questions : Louis XVI peut-il être jugé? par qui doit-il être jugé? décréta, le 3 décembre 1792, que Louis Capet serait jugé et le serait par elle.

Les termes formels de la constitution sont : « Après l'abdication expresse ou légale, le roi » sera dans la classe des citoyens et pourra être » accusé et jugé comme eux pour les actes *postérieurs* à l'abdication. »

Il n'y avait point eu d'abdication, des assemblées insurrectionnelles avaient seules détruit la royauté; mais en supposant une abdication, le roi devenu simple citoyen était encore sous la protection du pacte fait avec lui.

Le peuple même, duquel la convention eût dû tenir ses pouvoirs, n'eût pas pu juger le roi; s'il a le droit de changer sa constitution, ce n'est que pour l'avenir. La loi qu'il réforme ou modifie doit recevoir son exécution jusqu'au jour du changement. Louis XVI roi ne pouvait qu'être privé de la couronne; simple citoyen, ce n'était que pour des faits postérieurs à la cessation de ses fonctions royales qu'il eût été comme les autres citoyens soumis à la loi commune.

La loi naturelle sous laquelle le peuple était rentré ne lui permettait pas d'attenter aux jours de Louis XVI, la loi des hommes le lui défendait [1].

La convention n'était donc autorisée ni par la loi naturelle, ni par les lois de l'état, ni par le peuple.

Elle a tué Louis XVI, parceque sa mort était utile à ses projets, comme un brigand assassine un homme pour avoir sa bourse.

Si le peuple eût été consulté comme le demandait le roi, sa réponse n'eût pas été douteuse. La populace des villes, les anarchistes, les scélérats que l'étranger avait vomis sur notre ter-

---

[1] C'est une question de savoir si sous la loi naturelle on a le droit de retrancher un membre de la société. Dans tous les cas la loi naturelle ne pouvait être appliquée que du jour où on l'avait fait revivre.

ritoire, auraient poussé le cri de mort; mais les républicains, mille fois plus nombreux, lui eussent tendu les bras.

Le roi devait se borner à demander l'appel au peuple, que Vergniaud avait soutenu et voté. Il se défendit et eut tort. Sa défense était inutile; c'était reconnaître qu'il pouvait être jugé, et que ses accusateurs pouvaient être ses juges.

Les questions furent ainsi posées: 1° Louis XVI est-il coupable? 2° Son jugement sera-t-il soumis à la ratification du peuple? 3° Quelle peine Louis XVI a-t-il encourue[1]?

La première question fut résolue affirmativement, la seconde négativement; et sur la troisième question, la peine de mort fut appliquée.

La majorité absolue était de trois cent soixante-une voix; il y en eut trois cent quatre-vingt-sept seulement pour la mort : ainsi vingt-sept voix de moins, et Louis XVI n'eût pas péri en vertu du jugement de la convention.

Après cette sentence de mort rien ne pouvait

[1] Dans ces actes le roi est toujours nommé Louis Capet.

INTRODUCTION.

plus sauver le roi. Les montagnards avaient soif de son sang; la proposition qui fut faite de surseoir à l'exécution fut rejetée, ainsi que la demande du roi d'un délai de trois jours pour se préparer à paraître devant Dieu.

Le 21 janvier 1793, à dix heures du matin, Louis XVI fut conduit sur la place de la révolution et y reçut la couronne du martyre.

Ainsi périt, à trente-neuf ans, le meilleur roi qu'ait eu la France [1]...

Après cette terrible journée, la convention n'en fut pas plus unie : le conflit des opinions, des vues et des intérêts y fit éclater une guerre d'extermination.

Les Girondins avaient accepté la république, mais ils voulaient s'isoler de la foule et gouverner avec la classe intermédiaire. La montagne, plus fougueuse, s'appuya au contraire sur la masse du peuple; elle terrassa tous les partis jusqu'à

---

[1] Je ne peux que m'étonner de ce que Louis XVI n'a pas encore une statue; beaucoup d'autres moins pressantes ont été élevées. Cependant l'érection d'un monument à Louis XVI devrait être une œuvre nationale.

ce que, divisée elle-même, elle périt de ses propres coups.

Après la trahison de Dumouriez, la convention institua le fameux comité de salut public et bannit tous les Bourbons du territoire de la république, et tandis que toute l'Europe était en armes contre elle et que la guerre civile la menaçait de tous côtés, les deux principaux partis, la gironde et la montagne, cherchaient à s'anéantir : après une assez longue lutte, la montagne triompha; la gironde disparut de la scène politique. Alors les démocrates s'occupèrent d'une constitution, et décrétèrent celle de 1793, qu'ils abandonnèrent bientôt pour continuer le gouvernement révolutionnaire qui avait commencé avec la suspension du roi.

La terreur régnait déjà. La loi des suspects et le tribunal révolutionnaire frappèrent de mort tous les âges, toutes les conditions. Les députés vaincus, les citoyens modérés, tous ceux enfin qui n'affichaient pas le sans-culottisme, ou la démocratie populaire, furent envoyés à l'échafaud;

les généraux eux-mêmes, qui, loin des partis, combattaient pour la défense de la patrie, furent livrés aux bourreaux.

Maîtres absolus, les démocrates ne voulurent rien conserver de ce qui tenait à l'ancien ordre de choses. Ils changèrent le calendrier, et fixèrent le commencement de l'année au 22 septembre, jour où le soleil arrive à l'équinoxe vrai d'automne; ils abolirent le culte catholique, et lui substituèrent le culte à la raison.

Cependant les dominateurs ne restèrent pas long-temps unis; les plus fougueux en trouvèrent de plus fougueux encore. Robespierre, Marat, Hébert, Billaud-Varennes, etc., furent à la tête du parti extrême, que l'on peut appeler le parti des massacreurs. Danton, ce fier montagnard, ce Mirabeau des sans-culottes, devint le chef du parti modéré.

Mais la grande force était dans les comités: il fallait avoir leur appui ou les abattre. Le parti qui s'était formé sous le nom d'hébertistes lutta contre le comité de salut public, et fut vaincu ; le parti de Danton voulut aussi tenter la fortune, il fut terrassé.

La terreur était à l'ordre du jour ; la mort était le moyen des gouvernants, comme la loi serait le moyen d'un gouvernement légal. De farouches proconsuls représentaient le comité de salut public dans les départements. La guillotine y était en permanence ; mais elle fut remplacée, comme trop lente, par la mitraille à Lyon, et les noyades à Nantes. On suivait cette maxime de Barrère : « Il n'y a que les morts qui ne reviennent pas. »

Robespierre était le chef des terroristes ; et parmi ses satellites, deux lui vouaient une espèce de culte, c'étaient Saint-Just et Couthon. Marat n'était plus, Charlotte Corday venait de délivrer la terre de ce monstre. Les terroristes obtinrent la réorganisation du tribunal révolutionnaire. Alors les membres du comité de salut public se divisèrent : Robespierre resta avec ses deux suppôts ; Barrère, Collot-d'Herbois et Billaud-Varennes s'appuyèrent sur le comité de sûreté générale. Robespierre, qui aspirait à la dictature, abandonna les comités, et se rapprocha des jacobins et de la commune. Il voulut faire renouveler les comités, et échoua. Alors Saint-Just dénonça ces comités; Tallien les défendit; Billaud-Varennes se déchaîna contre Robespierre, et entraîna toute la convention. Robespierre et ses affidés furent arrêtés, mais la commune les délivra et menaça la convention; celle-ci, soutenue par les sections, marcha contre la commune et la vainquit. Robespierre et les siens périrent de leurs propres mains, ou par la main du bourreau.

Cette journée (du 9 thermidor) mit fin au règne de la terreur. Le parti modéré, qui s'était de nouveau formé, prit le dessus, poursuivit les restes du parti vaincu, rappela les députés proscrits par le comité de salut public, et rechercha l'appui de la classe moyenne et des sections contre les jacobins.

Le tribunal révolutionnaire fut maintenu, mais privé de Fouquier-Tinville et de ses membres les plus féroces. Le comité de salut public et le comité de sûreté générale furent aussi recomposés.

Les jacobins cherchèrent à venger leur défaite et à ressaisir le pouvoir; la convention leur opposa les sections et la jeunesse parisienne, et les arrêta. Leur club fut fermé. Les démocrates extrêmes furent décrétés d'accusation, les uns déportés et les autres envoyés au supplice. Enfin le parti jacobin tenta un dernier coup, le 1er prairial; mais, encore défait, la convention ordonna son désarmement, et il ne reparut plus.

Cette victoire ne fut pas la seule; les armées avaient forcé le roi de Prusse et le roi d'Espagne à faire la paix, et la malheureuse affaire de Quiberon anéantit le parti royaliste dans les départements de l'ouest. Ce parti, trahi par le sort des armes, chercha, dans des moments plus calmes, à s'emparer du pouvoir dans la convention; il arma même les sections contre elle; mais il succomba au 13 vendémiaire. C'est pendant ces tentatives des royalistes que furent organisées dans le midi les compagnies de Jésus et du Soleil qui firent leur 2 septembre en égorgeant les prisonniers et les révolutionnaires.

A la fin de sa carrière sanglante, la convention fit la constitution de l'an III, qui confia le gouvernement de la république à deux conseils et à cinq directeurs.

FRAGMENTS HISTORIQUES SUR NAPOLÉON ET L'EUROPE.

LIVRE PREMIER.

CHAPITRE I.

Le gouvernement de la France fut confié, par la constitution de l'an III, à cinq directeurs et à deux conseils, l'un, dit des anciens, composé de deux cent cinquante membres, et l'autre, dit des cinq cents, composé de cinq cents membres.

Le pouvoir exécutif résidait dans le directoire, et le pouvoir législatif dans les conseils.

Les directeurs étaient Lareveillère-Lepeaux, Letourneur de la Manche, Rewbel, Barras et Carnot.

Ce nouveau gouvernement, qui devait ramener le calme, fut installé le 13 brumaire an IV; mais les espérances qu'il avait fait concevoir furent bientôt évanouies. Le plus grand désordre régnait dans les finances, parceque les gouvernements précédents croyaient avoir tout fait en proclamant la liberté et en établissant une constitution. Ils ne savaient pas que l'état financier est un centre d'où partent toutes les forces qui soutiennent un gouvernement, et d'où s'échappent tous les maux qui l'accablent.

Le directoire se contenta de pallier le mal, il ne pensa qu'au présent. Quant à l'avenir, c'est un mot qui n'est pas écrit dans le dictionnaire de tous les hommes. Il engagea les effets du garde-meuble; il imagina l'emprunt forcé et les mandats territoriaux, qui se joignirent au papier-monnaie, pour opérer, par leur dépréciation, une véritable banqueroute. Quant aux armées, n'étant pas soumises à une volonté ferme et unique, elles ne pouvaient, malgré leur courage, que flotter entre des succès et des revers.

Pichegru et Jourdan commandaient les armées du Rhin et de Sambre-et-Meuse; Pichegru trahit sa patrie, il se fit battre à Heidelberg et évacua Manheim; le siége de Mayence fut levé; Jourdan, se trouvant compromis, quitta ses positions, et la frontière du Rhin fut découverte.

L'Angleterre menaçait et la Hollande et la Vendée, où la guerre civile s'était rallumée; Schérer ne pouvait plus se soutenir en Italie. Malgré nos premières victoires, c'était encore à recommencer, et une guerre nouvelle allait décider entre la république et l'ancien régime.

Mais une poignée d'hommes, juchés sur le haut des Alpes, excédés de fatigue, mal vêtus, sans pain, et un général de vingt-six ans, vont proclamer le triomphe de la France par une longue suite de victoires et dans une campagne qui n'a pas d'exemple.

Le directoire conserva à Jourdan le commandement de l'armée de Sambre-et-Meuse; Moreau remplaça Pichegru à l'armée de Rhin-et-Moselle; et Bonaparte, jeune officier d'artillerie, qui s'était fait remarquer au siége de Toulon, fut nommé général en chef de l'armée d'Italie.

Les armées de Sambre-et-Meuse et de Rhin-et-Moselle passèrent le Rhin en juin 1796, et repoussèrent l'ennemi; mais elles furent bientôt obligées de battre en retraite et de se retirer sur la rive gauche du Rhin, poursuivies par les Autrichiens, qui s'emparèrent de Kell et de la tête de pont d'Huningue.

Ces armées restèrent dans l'inaction jusqu'au 18 avril 1797, qu'elles repassèrent de nouveau le fleuve; l'armée de Sambre-et-Meuse, sous les ordres de Hoche, qui avait remplacé Jourdan, à

Neuwied, et l'armée du Rhin-et-Moselle à Kilstett, sous Strasbourg; mais ce même jour, 18 avril, avait lieu la signature du traité de Léoben.

Bonaparte, arrivé à Nice le 27 mars 1796, eut bientôt franchi les barrières qui le séparaient de l'Italie.

Il avait à combattre Beaulieu, Argenteau, Colli, et une armée de quatre-vingt-dix à cent mille hommes bien approvisionnés : mais que fait le nombre contre l'audace et le génie? Le centre de l'armée autrichienne fut écrasé à Montenotte, l'armée sarde fut séparée des Autrichiens à Millesimo, Mondovi décida du Piémont, et le roi de Sardaigne fut forcé de demander la paix.

L'armée française, poursuivant sa marche rapide, passa le Pô à Plaisance, l'Adda à Lodi; la Lombardie fut conquise, Beaulieu fut rejeté dans les gorges du Tyrol, et Bonaparte mit le siége devant Mantoue.

Cependant les succès momentanés que l'Autriche avait obtenus en Allemagne lui donnaient l'espoir de sortir victorieuse de la nouvelle lutte qui s'était engagée; elle croyait les Français retenus pour long-temps derrière le Rhin, et qu'il ne lui fallait plus que vaincre en Italie. Tous ses soins se tournèrent de ce côté. Wurmser marcha à la tête d'une nouvelle armée; mais il n'eut pas plus tôt paru qu'il fut écrasé et poursuivi jusque dans Mantoue.

L'Autriche ne se lasse pas, la constance est une de ses vertus principale; elle attachait une haute importance à la conservation de l'Italie, et était persuadée qu'en battant Bonaparte, elle finissait la guerre et terrassait la révolution. Le conseil aulique et ses vieux généraux ne concevaient d'ailleurs pas comment ils pouvaient être vaincus par un jeune homme qui n'était pas issu de quarante quartiers de noblesse, et qui ne connaissait pas les vrais principes de la guerre, puisqu'il ne suivait pas l'ancienne méthode. Une troisième armée fut donc donnée à Alvinzy; mais Alvinzy ne fut pas plus heureux que ses prédécesseurs, il fut défait. Mantoue ouvrit ses portes, l'Italie fut conquise; et, franchissant les montagnes du Tyrol, l'armée française, après avoir battu le prince Charles, dernier espoir de l'Autriche, déployait ses drapeaux dans les plaines de l'Allemagne, lorsque le traité de Léoben vint arrêter le cours de ses immortels triomphes.

Bonaparte, en une seule campagne, a défait quatre armées triples de la sienne, vaincu les meilleurs généraux de l'empire, et conquis l'Italie et la paix à la république. Dans cette immense moisson de lauriers, le jeune général a sans contredit la meilleure part, mais il ne faut pas oublier que chaque général, chaque officier, chaque soldat était un héros. Avec un autre chef, l'armée d'Italie n'eût certainement pas fait d'aussi grandes choses, mais avec de mauvais soldats, s'il en était parmi les Français, et si un homme tel que Bonaparte pouvait en trouver jamais, Bonaparte n'eût pas tant de fois, en si peu de temps, terrassé les aigles autrichiennes.

Mais tandis que les armées françaises se couvraient de gloire et assuraient la paix extérieure, le gouvernement était, comme ceux qui l'avaient précédé, tourmenté par des conspirations; le parti démocrate, qui avait été renversé sous la convention, voulait se relever et faire revivre la constitution de 93; le parti royaliste, dont aucun des gouvernements jusqu'alors établis n'avait rempli les vues, n'attendait que le moment où il aurait réuni assez de monde pour mettre à exécution ses projets liberticides.

Les démocrates avaient pour chef Gracchus-Babeuf, qui se donnait le titre de tribun du peuple. Les royalistes étaient guidés par Brottier, Lavilleheurnois et Duverne; Brottier et consorts voulaient rétablir l'ancien régime; Babeuf voulait la république avec la démocratie de la commune et du comité de salut public.

Babeuf échoua et fut condamné au dernier supplice; Brottier échoua aussi, mais, plus heureux dans ses juges, il ne fut que déporté.

Les directeurs n'étaient ni assez intelligents, ni assez fermes, ni assez unis pour conduire à bon port le vaisseau de l'état. Le peuple s'aperçut de leur faiblesse, et les abandonna. Le directoire chercha son appui dans l'armée, et dès lors il fut à la merci du premier chef militaire qui aurait assez d'influence sur les troupes pour s'en faire obéir. C'est le sort de tout gouvernement qui n'a de force que dans les baïonnettes.

Le peuple d'ailleurs était las de voir sans cesse les partis aux prises. Il voulait la république, mais il voulait un gouvernement stable, bien constitué, et exempt des oscillations qui depuis tant d'années fatiguaient le corps social; il voulait vivre libre et tranquille, sous la protection des lois; il voulait enfin tout ce qu'il ne trouvait pas sous le directoire.

L'union qui parut exister au commencement entre les directeurs et les conseils était moins l'effet de la sympathie qu'un état de faiblesse. Les partis ne se trouvaient pas assez forts pour lever la tête. L'opposition se forma néanmoins: Pastoret, Portalis, Siméon, Barbé-Marbois, et autres, furent recherchés par les députés des élections de l'an V.

Ces élections, faites avec toute liberté et influencées par le parti royaliste, amenèrent au conseil des hommes naturellement mal disposés à servir la cause du gouvernement, ou plutôt qui voulaient gouverner eux-mêmes; car, dans toute notre révolution, les plus grands ennemis du gouvernement auraient été ses plus fermes soutiens, s'ils avaient été appelés à la direction suprême des affaires. Il n'y a de conspirateurs que ceux qui gagnent personnellement au renversement de la chose établie.

Les meneurs du parti, croyant leur triomphe assuré, ne cachaient plus leurs projets contre-révolutionnaires. Pichegru, dont les faits et gestes sont connus, fut porté à la présidence du conseil des cinq-cents; Barbé-Marbois, à la présidence des anciens; et Barthélemy remplaça comme directeur Letourneur, que le scrutin avait désigné comme membre sortant. Ce premier pas fait, le directoire fut attaqué sur tous les points; on lui reprocha la guerre, le mauvais état des finances, et tous les maux, vrais ou feints, qui pesaient sur la France. Le rappel des déportés et des prêtres dit réfractaires donna un nouvel appui à l'opposition. Les provinces furent travaillées. L'on méprisa le directoire pour faire haïr la république et proscrire la révolution ; mais pour trop compter sur le succès, ce parti perdit tout : le peuple aperçut le piége qui lui était tendu et se retourna du côté du directoire, qui avait déjà appelé les troupes à son secours.

Les factions étaient encore aux prises, et aussi fanatiques l'une que l'autre, elles se disposaient à agir contre leurs adversaires avec toute la rigueur dont on avait eu tant d'exemples dans les années précédentes. Un parti mitoyen et constitutionnel interposa en vain ses bons offices, les directeurs eux-mêmes n'étaient pas d'accord. Carnot, constitutionnel et républicain, ne put s'entendre avec Barras et Rewbel. Ces deux derniers et Lareveillère voulaient un coup d'état et finir violemment avec les conseils. Carnot se retranchait derrière la loi et voulait agir constitutionnellement ; Barthélemy appuyait Carnot, soit qu'il voulût réellement le règne légal de la loi, soit, ce qui est plus vrai, qu'il craignît qu'un coup d'état ne détruisît l'espoir du parti qui l'avait élu et avec lequel il était d'intelligence.

Cependant les conseils, après de plus mûres réflexions, craignant de succomber, firent des propositions au directoire, et demandèrent, en signe de paix, le renvoi d'une partie du ministère. Mais le directoire congédia les ministres protégés par les conseils, et garda les autres. C'est à cette époque que M. de Talleyrand, rentré en France, reparut sur la scène politique.

Tout espoir d'accommodement étant évanoui, le directoire se recommanda vivement à l'armée, et des adresses où se peignait le dévouement à l'ordre de choses établi, et des menaces contre les conspirateurs, arrivèrent de toutes parts. Les troupes que le directoire avait précédemment demandées vinrent camper sous Paris.

Le parti contre-révolutionnaire organisa aussi ses moyens d'attaque ; il nomma Pichegru et Villot adjoints aux inspecteurs de la salle ; il chercha à gagner les grenadiers du corps législatif, le 21ᵉ chasseurs et la garde nationale de Paris.

Les mouvements contre-révolutionnaires devaient commencer par un décret d'accusation contre Barras, Rewbel et Lareveillère ; au contraire, Barthélemy et Carnot, que sa constitutionnalité faisait assimiler à son collègue pour les intentions, devaient être appelés dans le sein du corps législatif. En cas de résistance, on devait sonner le tocsin et marcher contre le directoire ; c'était renouveler les anciennes saturnales des montagnards.

En comparant les forces, il était aisé de voir que le directoire serait victorieux, s'il se décidait à agir vigoureusement, c'est ce qu'il fit. Barras, Rewbel et Lareveillère, réunis à la minorité des conseils, concertèrent un coup d'état qui fut promptement exécuté. Augereau, qui avait été envoyé à Paris par Bonaparte porter l'adresse de l'armée d'Italie, et que le directoire venait de nommer commandant de Paris, s'avança dans la nuit du 17 au 18 fructidor, avec environ 12,000 hommes et du canon, sur le palais du corps législatif et l'investit. Toute résistance de la part des contre-révolutionnaires et adhérents fut impossible; les principaux chefs de ce parti furent déportés, ainsi que Barthélemy et Carnot. Le directoire usa de sa victoire pour atteindre partout les fauteurs de la conspiration. Il cassa les élections de plusieurs départements, qui avaient été faites sous l'influence du parti abattu, et rapporta les lois en faveur des émigrés et des prêtres; les conseils furent dissous.

Le directoire a agi légalement et constitutionnellement en déjouant les manœuvres des factieux et en les combattant par la force des armes; car la constitution ne voulait pas que la constitution et la république fussent détruites. Mais, en cassant les conseils, le directoire a outre-passé ses pouvoirs et violé la constitution. Cette époque était encore soumise à la violence et à l'arbitraire.

Les directeurs, vainqueurs au dedans comme ils l'avaient été au dehors, se croyaient fermement établis et indispensables. Tout leur souriait; l'armée d'Italie avait abattu la seule puissance qui luttât encore contre la fortune de la France. Les préliminaires de Léoben amenèrent le traité de Campo-Formio, et le congrès de Rastadt. La France ayant agrandi son territoire et affranchi différents peuples de l'esclavage, se trouvait en paix avec toutes les puissances du continent. Ainsi se termina glorieusement pour la république la première guerre liberticide, dite de la première coalition.

Mais il ne fallait pas laisser reposer les esprits; il fallait distraire l'attention des affaires intérieures et la reporter au loin. L'état de paix ne convenait pas précisément à un gouvernement qui ne se soutenait que par l'appui de l'armée: la conquête de l'Égypte fut décidée. C'était atteindre l'Angleterre, remplacer nos colonies et donner de l'essor à notre commerce.

Ce n'était pas assez pour le directoire: la Suisse était restée paisible pendant notre grande querelle avec l'Europe; mais cette neutralité ne pouvait détourner le directoire de son projet de lui faire adopter les principes de notre révolution; il savait d'ailleurs que le cri de liberté avait trouvé de l'écho dans les montagnes. Les patriciens seuls redoutaient la présence des Français; aussi la résistance ne fut-elle pas longue. Genève fut réunie à la France, et les cantons confédérés se soumirent à la constitution de l'an III. Rome, qui dans la première guerre avait prêté son secours aux Autrichiens, fut affranchie de la domination pontificale et érigée en république, tant pour satisfaire l'ambition du directoire, que pour punir le saint-siége de l'assassinat du général français Duphot, massacré par la populace.

La république française étendait ainsi sa domination au dehors, et se créait des armes contre la puissance des rois. Elle était comme la métropole des républiques fondées sur son modèle, telles que la batave, l'helvétique, la ligurienne, la cisalpine, la romaine, etc.

Cependant l'époque du renouvellement des conseils approchait, et le directoire n'était pas tranquille. Il avait échappé aux royalistes, il craignait les démocrates. Les républicains purs avaient rétabli les clubs sous la dénomination de cercles constitutionnels, et dominèrent avec cette aide dans les élections. Les nouveaux élus, d'une opinion diamétralement opposée à ceux de l'an V, ne portaient pas moins d'ombrage au directoire. Il usa des pouvoirs qui lui avaient été accordés après le 18 fructidor, et nomma une commission pour juger les élections de l'an VI, qui furent en grande partie cassées par la loi du 22 floréal, comme celles de l'an V l'avaient été par la loi du 19 fructidor.

En abusant ainsi du pouvoir, le directoire perdit le peu de popularité qui l'avait entouré à l'époque du 18 fructidor. Il allait cependant se trouver dans des circonstances telles, que le peuple seul pourrait le soutenir.

Le traité de Campo-Formio, que la nation française avait regardé comme une paix réelle, n'était pour le cabinet de Vienne qu'une suspension d'armes. L'Angleterre, semblable au serpent qui se cache dans l'ombre pour mieux répandre son venin, s'introduisit chez tous les princes de l'Europe, et parvint à rallumer les feux de la guerre, comme si déjà la terre n'avait pas assez bu de sang.

La Russie, qui n'avait rien à démêler avec la France et rien à craindre d'elle, entra dans la coalition, et vint bien gratuitement remplir les gorges du Tyrol et les précipices de la Suisse des cadavres de ses soldats. Depuis lors, quatre ou cinq cent mille hommes, que les rives de la Newa, du Borysthène et du Don vomirent sur nos climats, ont péri pour une cause qui leur était étrangère. Qui pensait aux Moscovites? O rois, qui vous dites les amis des peuples!

A l'exception de la Prusse et de l'Espagne, qui cette fois furent sourdes aux insinuations des brouillons politiques, la France eut à soutenir de nouveau les efforts de tous les princes de l'Europe et de l'empire du croissant.

Tandis que, par suite du traité de Campo-Formio, on discutait à Rastadt sur la navigation du Rhin et sur la démolition de quelques forteresses, l'armée russe s'ébranla, et pénétra en Allemagne à l'instant où les Autrichiens reprenaient les armes. Les plénipotentiaires français au congrès de Rastadt, placés sous la protection du droit des gens, sous la foi et l'honneur des nations, après avoir reçu l'ordre de partir immédiatement, munis de passe-ports des généraux ennemis, furent lâchement assassinés par des hussards [1], qui ne prirent d'autres précautions que de s'assurer de l'identité. Cette action atroce

---

[1] C'étaient des hussards de Szecklers, les mêmes qui maltraitèrent, en 1809, l'officier parlementaire qui portait une sommation à l'archiduc Maximilien, commandant à Vienne.

n'avait pas d'exemple, même chez les peuples barbares; les sauvages les plus cruels respectent l'ennemi qui présente le calumet ou qui tient une branche de verdure; il était réservé aux hommes qui avaient déjà violé le droit des gens, en jetant dans des cachots les ambassadeurs de la république[1], de se souiller d'un tel crime. La France fut indignée et cria vengeance : la guerre fut déclarée.

Déjà Championnet avait occupé Naples et créé la république parthénopéenne, et Joubert pénétré dans Turin, lorsque les alliés, débouchant en masse en Italie, en Suisse et en Hollande, menacèrent la France d'une prochaine invasion.

Les armées françaises ne purent soutenir le premier choc. Schérer fut battu sur l'Adige ; Moreau, qui le remplaça, eut le même sort ; Macdonald perdit la bataille de la Trebbia ; Jourdan fut battu par le prince Charles. Les Anglais étaient en Hollande; les Moscovites avaient ren-

---

[1] On sait qu'après leur expulsion les Tarquins envoyèrent à Rome des ambassadeurs pour réclamer leurs biens. Ces ambassadeurs conspirèrent à Rome même contre la république, et ils furent découverts : cependant, quoique leur crime parût autoriser à les traiter en ennemis, le respect pour le droit des gens l'emporta; ils furent renvoyés libres. *Tite-Live*, liv. II, n° 4.

forcé toutes les armées ennemies. Souvarow, le massacreur d'Ismaïlow et de Praga, commandait en chef l'armée d'Italie; il comptait arriver bientôt à Paris; mais il apprit à ses dépens qu'on ne mène pas les Français comme des Tartares.

Masséna, déjà surnommé l'enfant gâté de la victoire, rétablit à Zurich la supériorité des armes françaises. Il battit les Russes; mais plus généreux que le chef barbare, il ne dit point à ses soldats, comme celui-ci à la Trebbia : « Point » de quartier, ce n'est pas mon habitude. Com- » battez, attaquez avec le sabre et la baïonnette, » taillez en pièces, égorgez vos ennemis. »

Brune chassa le duc d'Yorck de Hollande, et la défaite de Novi, où périt le brave général Joubert, fut la dernière de l'armée d'Italie. Les armées restèrent en présence; mais la France avait perdu l'Italie et la grande prépondérance qu'elle avait acquise dans les campagnes précédentes. Avec de nouveaux efforts, l'ennemi pouvait franchir la barrière qui le séparait du sol de la patrie. Nous verrons qui l'arrêta. Mais revenons au directoire.

Le gouvernement directorial avait décidément perdu sa popularité et sa force; il était entouré d'ennemis de toutes les nuances, et la loi des otages, la réduction de la dette au tiers, les revers des armées, en augmentèrent le nombre. C'est dans cette disposition des esprits qu'eurent lieu les élections de l'an VII. Le parti républicain pur n'eut pas de peine à triompher. Le directoire était alors composé de Barras et de Lareveillère, de Merlin et de Treilhard, qui avaient remplacé Carnot et Barthélemy, chassé au 18 fructidor, et de Sieyes, qui remplaçait légalement Rewbel.

Les conseils évincèrent Treilhard, sous le prétexte qu'il n'y avait pas eu une année d'intervalle entre ses fonctions législatives et directoriales. Gohier le remplaça. La guerre fut ouverte entre les conseils et le directoire. Le directoire fit à son tour des propositions d'accommodement; elles furent rejetées. Vous êtes dans l'impuissance de faire le bien, disait-on aux directeurs que l'on voulait évincer, Merlin et Lareveillère; vous n'aurez jamais, ni la confiance de vos collègues, ni celle du peuple, ni celle des représentants. Ainsi, la division existait, non seulement entre le directoire et les conseils, mais encore entre les directeurs eux-mêmes. Merlin et Lareveillère donnèrent leur démission; ils furent remplacés par le général Moulin, du parti républicain, et par Roger Ducos, du parti modéré qui s'était de nouveau formé dans les conseils. Dans tous ces débats, la constitution était violée, et le parti le plus fort suivait toujours sa marche, sans s'inquiéter s'il agissait légalement.

Sieyes se souciait peu de la constitution de l'an III; il comptait sur la fatigue des partis pour construire un nouvel édifice social. Il rêvait la perfection des lois fondamentales et d'un gouvernement dont on n'avait pas eu d'idées jusque là. Il s'appuyait sur Roger-Ducos, le conseil des anciens et les modérés. Gohier et Moulins voulaient toujours la constitution; ils étaient soutenus par le conseil des cinq-cents et le parti du Manége. Barras, neutre de moyens et d'opinion, recherchait le parti qui lui offrait le plus d'avantages certains; il traitait avec les royalistes, et attendait comme directeur la fin du drame qui allait se jouer.

Les factions étaient donc encore une fois formées et en présence; une nouvelle révolution, peut-être plus terrible dans ses conséquences que celle dont on avait été témoin, était sur le point d'éclater, et la France eût encore été livrée aux horreurs de l'anarchie, si le génie qui l'avait déjà délivrée de ses ennemis ne fût venu à son secours.

CHAPITRE II.

Après la signature du traité de Campio-Formio, le héros d'Italie revint à Paris; il y fut reçu comme devait l'être un grand homme. Le directoire, malgré sa jalousie, fut contraint de céder au vœu du peuple et de lui offrir les honneurs du triomphe, que nul n'avait obtenu, et que nul n'obtint après lui. Un autel fut élevé dans le Luxembourg, et le général passa, pour se rendre à la fête qui lui était destinée, sous un faisceau de drapeaux conquis par l'armée d'Italie. Le président du directoire le harangua. M. de Talleyrand, ministre des relations extérieures, ne laissa pas échapper cette occasion de faire sa cour à l'homme sur qui paraissaient reposer les destins de la France. « Ah ! s'écria-t-il après l'a-
» voir loué, loin de redouter ce qu'on voudrait
» appeler son ambition, je sens qu'il nous faudra
» peut-être un jour le solliciter, pour l'arracher
» aux douceurs de sa studieuse retraite. La France
» entière sera libre: peut-être lui seul ne le sera
» jamais ; telle est sa destinée. » Mais la destinée

de Bonaparte était de régner sur les peuples et de mourir dans les fers.

Bonaparte ne devait pas jouir long-temps du repos. Pendant sa conquête de l'Italie, il avait conçu le hardi projet d'atteindre les Anglais en subjuguant l'Égypte. Soit conviction, soit crainte de celui qui réunissait les vœux universels, le directoire se hâta de mettre à sa disposition une flotte et une armée. Parti de Toulon le 30 floréal an VI (19 mai 1798), l'homme du siècle cingla vers cette plage tant de fois rougie du sang de nos ancêtres, qui voulaient arracher le tombeau de leur Dieu aux sectaires de Mahomet. Sur sa route il prit possession de Malte au nom du peuple français. Il débarqua le 1er juillet à Alexandrie, et le 23, il gagna la bataille des Pyramides. C'est là qu'il adressa à l'armée ces paroles mémorables : « Enfants, du haut de ces monuments, quarante siècles vous contemplent. » Au 1er août, il était maître du Caire; au 1er janvier suivant, il avait conquis l'Égypte tout entière, et six mois après, toutes les forces des Mameloucks et des Turcs avaient disparu. Le pavillon français flottait en Égypte, en Syrie, en Palestine; Bonaparte avait réalisé les rêves de saint Louis : la Terre-Sainte n'était plus aux infidèles.

Là, comme en Europe, il commandait à l'admiration. Les peuples étaient aux pieds du *sultan Kebir*[1]. Quelque temps encore, et l'empire du croissant avait existé : l'ancienne Bysance ne serait plus le séjour de l'ignorance et du fanatisme, et le plus beau pays du monde serait habité par des hommes.

Mais au milieu de ses succès, Bonaparte connut la situation de la France et les malheurs dont elle était menacée ; il confia son armée au général Kléber et partit. Il aborda les côtes de Provence, et descendit à Fréjus le 9 octobre 1799 (16 vendémiaire an VIII).

Le retour de celui qui semblait avoir emporté les espérances de la France se répandit avec la rapidité de l'éclair. Toute la population accourut sur son passage en poussant des cris de joie. Cet enthousiasme, ces chants d'allégresse, qui devaient tant de fois se renouveler, accompagnèrent Bonaparte jusqu'à Paris, où sa présence excita une ivresse, une admiration universelle.

Il avait ses projets. Sa résolution était prise d'en finir avec le directoire ; il voulait s'emparer de l'autorité, et rendre à la France ses jours de

---

[1] Lion du désert.

gloire [1]. Cette résolution était grande, louable; à cette époque une main ferme et exercée pouvait seule retirer la France de l'abîme dans lequel elle était précipitée.

Les regards de l'Europe étaient fixés sur Bonaparte, on attendait avec impatience ce qu'il ferait. En France, tous les partis voulaient un changement, et le voulaient faire avec lui. Avec ces dispositions unanimes, il devait arriver à la suprême puissance.

Cependant un mois s'était déjà écoulé depuis son retour, et il n'avait encore rien arrêté. Ce fut seulement le 15 brumaire que, dans une entrevue avec Sieyes, il fut convenu que le conseil des anciens, se fondant sur l'article 102 de la constitution, décrèterait la translation du corps législatif à Saint-Cloud, et nommerait Bonaparte général en chef de toutes les troupes de la division; ce projet fut exécuté le 18 brumaire.

Le 19, le corps législatif étant à Saint-Cloud, Bonaparte s'y rendit. La grande majorité du conseil des anciens et une portion des cinq cents approuvaient le changement qu'il s'agissait d'opérer. Cependant il y eut quelque opposition

---

[1] Voir les Mémoires de Napoléon écrits à Sainte-Hélène.

aux anciens, et une vraie résistance aux cinq-cents; mais le parti qui tenait pour la constitution de l'an III fut bientôt dispersé et forcé de fuir. Les autres membres restèrent à Saint-Cloud et reprirent leur séance, à onze heures du soir; ils rendirent une loi, qui établissait une commission consulaire provisoire, composée de Sieyes, Roger-Ducos et Bonaparte, ainsi que cela avait été convenu dans un conseil tenu la veille aux Tuileries.

Les consuls furent aussitôt installés, et Bonaparte nommé président par le suffrage de Roger-Ducos. Sieyes avait espéré qu'il ne se mêlerait que des affaires militaires et lui laisserait la conduite de tout le reste; mais il s'était trompé, comme il le dit lui-même aux partisans du coup d'état. « Messieurs, vous avez un maître : Bona-» parte veut tout faire, sait tout faire, et peut tout » faire. »

Le nouveau gouvernement s'occupa sans retard de l'administration, où le désordre était au comble. Les finances étaient si mal administrées, qu'il ne se trouvait pas dans le trésor de quoi expédier un courrier. A la guerre on n'avait pas d'état des troupes, qui n'étaient ni nourries, ni payées, ni habillées. Les armées étaient dans un état pitoyable : celle d'Italie, acculée à la rivière de Gênes, était sans pain et privée de tout; l'insubordination y était telle, que des corps entiers quittaient leurs positions, devant l'ennemi, pour aller chercher des vivres.

L'état provisoire du gouvernement cessa par la constitution de l'an VIII, qui nomma Bonaparte premier consul de la république, et deux autres consuls, Cambacérès et Lebrun. Les fonctions consulaires devaient durer dix ans.

Les partis abattus, le calme ne tarda pas de renaître. Cependant tout le monde n'était pas content; et c'était tout simple : il y avait des intérêts blessés, mais de ces intérêts monstrueux qui ne se trouvent que dans les calamités publiques. Les anarchistes, les démocrates, jetèrent les hauts cris; selon eux, Bonaparte avait ravi les libertés publiques et donné des fers à la nation. Mais pour ravir les libertés d'un peuple, il faut que ces libertés existent primitivement. Or, lorsque Bonaparte parvint au pouvoir, les Français étaient-ils libres? Ils étaient libres, si l'on fait consister la liberté à n'avoir pas de roi, à n'être pas soumis au gouvernement d'un seul; ils étaient libres, si l'on fait consister la liberté dans l'anarchie, la licence et le mépris des lois; ils étaient libres, si la liberté d'un état consiste à être gouverné par mille tyrans, rois ensemble, rois en particulier, disposant à leur gré de la chose publique; ils étaient libres, si la liberté consiste dans le renversement de toutes les convenances sociales, si le respect humain n'est plus qu'un vain mot, si le talent est proscrit, persécuté, si les services sont récompensés par la prison, les fers ou la mort; ils étaient libres, si la liberté consiste à n'avoir plus de dieux.

C'est cette liberté-là qui régnait en France; Bonaparte la détrôna, et il fit bien. Tout était en péril, il a tout réparé; car sans lui que serait la France? Peut-être que des antiquaires exploreraient des décombres sur les bords de la Seine, comme ils vont fouiller les anciens monuments dans les plaines du Nil, et qu'un nouveau Marius, sur une colonne du Panthéon, contemplerait les ruines d'une autre Carthage. Je puis parler de Bonaparte à mon aise : je ne suis pas de ceux qui le vantent parcequ'il les a comblés de ses bienfaits, je ne suis pas de ceux qui le déchirent parceque la reconnaissance les fatigue; je ne lui dois rien.

Mais Bonaparte eut le tort de s'emparer du pouvoir sans le consentement préalable du peuple, et le corps législatif qui le lui donna n'en avait pas le droit. L'établissement du consulat a été une violation des droits du peuple, comme l'avaient été la déchéance du roi et l'abolition de la royauté. Cependant les hommes qui ont fait le 18 brumaire s'excusent sur la nécessité et sur l'impossibilité de consulter la nation. L'assemblée législative et la convention, disent-ils, pouvaient convoquer le peuple pour lui demander son agrément; mais, sous le règne du directoire, quels étaient les moyens d'avoir l'avis du peuple? Qui aurait autorisé la réunion des citoyens? Était-ce le directoire et les conseils? Auraient-ils eux-mêmes prêté la main à une mesure qui tendait à les détrôner? Fallait-il une réunion spontanée du peuple? Mais le gouvernement aurait résisté, la force seule eût décidé. C'était par de longs et sanglants moyens arriver au résultat qu'a obtenu plus promptement et plus sûrement Bonaparte, en s'emparant de l'opinion publique et en agissant pour elle.

Bonaparte a détruit le directoire et les partis, comme le directoire a détruit les conseils au 18 fructidor, comme la convention a détruit la monarchie au 21 septembre, comme l'assemblée nationale a détruit le pouvoir exécutif au 10 août: mais l'assemblée législative, la convention, le directoire, avaient plongé la France dans l'anarchie, Bonaparte rétablit l'ordre; le directoire et les assemblées avaient détruit l'œuvre de la nation, le consulat détruisit l'œuvre des partis; la France sous les précédents gouvernements était dans un état violent et son indépendance en question, Bonaparte la rendit à la douceur, au respect qui lui était dû, et à sa prépondérance politique.

Quoi qu'il en soit, les résultats heureux du 18 brumaire ne doivent pas faire excuser pleinement cette violation des droits d'un peuple. La France a tout confirmé, elle a applaudi même; mais ce n'est pas une raison pour encourager jamais de semblables usurpations : car le premier ambitieux qui parviendrait à se former un parti pourrait renverser l'ordre de choses établi, et pour un gouvernement institué par la force qui ferait le bonheur de la nation, dix autres le conduiraient à la guerre civile et à sa perte.

Il ne suffisait pas à Bonaparte d'avoir rétabli la paix intérieure, il fallait arrêter l'ennemi qui menaçait la France depuis les côtes de la Baltique jusqu'à Gênes. Les armées françaises étaient ainsi cantonnées en janvier 1800 : l'armée dite d'Helvétie, en Suisse; l'armée dite de Hollande, en Hollande; celle du Bas-Rhin, sur la rive gauche du fleuve; celle d'Italie s'était ralliée en désordre sur le col des Apennins.

Par ses proclamations, le premier consul ramena la discipline et rétablit la confiance du soldat. Il ordonna la réunion des armées d'Helvétie et du Rhin, sous la seule dénomination d'armée du Rhin. Cette armée, la plus belle de toutes, et forte de cent cinquante mille hommes, fut confiée à Moreau; Masséna commanda l'armée d'Italie, Brune l'armée de l'ouest, et Augereau l'armée de Hollande.

D'après le plan du premier consul, l'armée de Moreau devait se réunir en Suisse et passer le Rhin à la hauteur de Schaffouse. Ce mouvement opéré, l'armée devait culbuter la gauche de l'ennemi et prendre par-derrière les corps placés entre la rive droite du Rhin et les défilés de la Forêt-Noire. Cette manœuvre devait conduire les Français sur Ulm, après avoir séparé les Autrichiens de cette ville, de Philisbourg et d'Ingolstad, et s'être rendus maîtres du Wurtemberg, de la Souabe et de la Bavière. Moreau ne put comprendre ce plan, il fallut qu'il en fît un autre. Il passa le Rhin sur trois points, à Brisach, Bâle et Schaffouse; aussi sa campagne, conduite mollement, n'eût-elle aucun résultat, malgré ses succès à Stockach, Moeskirck et Biberach. Moreau conclut, le 15 juillet, l'armistice de Parsdorf; mais dès le 24 juin avait eu lieu la mémorable bataille de Marengo.

L'Autriche avait porté ses meilleures et ses principales forces en Italie, et c'est là que la France avait le moins de troupes. Pour la France, le grand coup devait être frappé par Moreau en Allemagne; et pour l'Autriche, le grand effort devait être fait par Mélas en Italie.

L'effectif de l'armée du feld-maréchal Mélas était de cent quarante mille hommes, cent trente mille sous les armes. Il avait tout le pays de Rome à Milan, du Lisonzo aux Alpes Cottiennes; trente mille hommes gardaient les débouchés et toute la ligne des Alpes. Il s'approcha de l'Apennin Ligurien avec soixante-dix ou quatre-vingt mille hommes; l'escadre anglaise, dans la Méditerranée, notifia le blocus de la république de Gênes, de Vintimille à Sarzane.

L'armée française, forte seulement de trente-six mille hommes, sous les ordres du vainqueur de Zurich, était dans les environs de Gênes.

Les grandes opérations commencèrent le 6 avril 1800. A la première journée, la gauche des Français fut séparée du reste de l'armée, et, après plusieurs engagements glorieux pour les Français, le général en chef, ne se sentant pas assez fort pour tenir la campagne, se concentra dans Gênes. Il fit des sorties terribles contre les Autrichiens, mais enfin, bloqué partout, manquant de vivres, et n'attendant pas de secours si prompts de l'armée de réserve, il capitula. Mais sa capitulation fut digne de lui et de ses braves soldats; il ramena son armée. Cependant Mélas, enflé par un succès qu'il ne devait qu'au nombre, se porta sur Nice, et cherchait à passer le Var, lorsqu'il apprit l'arrivée en Italie de l'armée de réserve. Il partit aussitôt pour Coni, et de là pour Alexandrie, remettant à un autre temps la conquête de la Provence.

Le premier consul était à Paris, où les affaires de l'intérieur réclamaient sa présence; mais le peu de progrès de l'armée du Rhin et les succès de Mélas, qui menaçait le territoire de la république, le déterminèrent à marcher directement au secours de l'armée d'Italie. Berthier était supposé commander en chef, parceque les principes établis par la constitution s'opposaient à ce que le premier magistrat se mît à la tête des armées.

L'armée de réserve, qui s'était formée sur plusieurs points, comptait à peine trente-six mille hommes. Le plan du premier consul était de gravir les monts escarpés des Alpes, de tomber sur les derrières de Mélas, et de lui présenter la bataille, après l'avoir séparé de l'Autriche. Ce plan fut exécuté; les Français s'élancèrent sur le grand Saint-Bernard, et, s'élevant jusqu'au ciel, on eût dit qu'ils allaient dérober le tonnerre, pour foudroyer les ennemis de leur patrie.

L'armée descendit dans les belles plaines de la Lombardie, puis, exécutant les savantes manœuvres de son illustre chef, elle débusqua les impériaux de toutes leurs positions. Elle se trouva bientôt sur la Bormida, où Mélas avait concentré ses forces. Les deux armées étaient en présence, et le sort des armes allait encore une fois décider entre la république et les vieilles monarchies.

Les Autrichiens, fiers de leur supériorité numérique, commencèrent le feu à la pointe du jour, le 14 juin 1800. A dix heures ils avaient enlevé le village de Marengo; alors le premier consul arrivait sur le champ de bataille. La lutte fut sanglante. Un des corps de l'armée française dut faire un mouvement en arrière pour se reformer, tandis qu'un autre corps se portait à la gauche de l'ennemi. Ces manœuvres, sous une pluie de balles et de boulets, furent admirables. Cependant le moment décisif était arrivé, toute l'armée s'ébranla et marcha en avant à l'instant où Mélas, qui croyait avoir vaincu, lançait une colonne de six mille grenadiers pour achever la défaite des Français. L'immortel Desaix, qui venait d'arriver en ligne, s'élança sur cette colonne audacieuse et reçut la mort des braves; mais l'ennemi fut écrasé, ses grenadiers n'existent plus; les Autrichiens se replient et fuient de toutes parts, la déroute est épouvantable, et la victoire complète.

C'en était fait de Mélas et de son armée; cerné sur tous les points, il ne lui restait plus qu'à implorer la clémence du vainqueur. Le premier consul, toujours grand et généreux, ne voulut pas que de braves soldats fussent plus long-temps victimes de la politique de leur cour; il accorda un armistice en attendant la paix. Mélas et les débris de son armée se retirèrent sur Mantoue; Gênes fut remise aux troupes républicaines, et l'Italie conquise une seconde fois.

Le premier consul se déroba aux applaudissements des peuples d'Italie, il revint en France. Son voyage se fit au milieu d'une population ivre de joie. Lyon, dont il releva les ruines, le reçut en triomphe, Paris avec les plus vifs sentiments d'amour et de reconnaissance. Bonaparte était décidément un grand homme.

L'Autriche avait demandé la paix, et traitait avec la république; mais son intention n'était que de gagner du temps, pour se reposer et reprendre les armes. Il lui restait encore son armée du Rhin, et l'Autriche ne cède qu'à l'impérieuse nécessité. Le premier consul ordonna donc la reprise des hostilités, et la bataille de Hohenlinden convainquit enfin le cabinet de Vienne, que si les marchands de Londres donnaient des conseils et des guinées, ils ne donnaient pas la victoire.

La paix avec l'empire fut signée à Lunéville, le 9 février 1801. Elle fut suivie des traités avec Naples, le Portugal, la Russie et la Porte ottomane. La paix d'Amiens avec l'Angleterre compléta la pacification générale. Cette paix universelle fut due à la bravoure des Français, mais aussi elle fut due au chef qui savait si bien les commander.

Il ne restait plus au premier consul qu'à réconcilier la France avec le Saint-Siége, et avec les autres puissances, en ce sens qu'elles regardaient les Français comme des athées, malgré le déisme des théophilanthropes, le culte à la raison et la fête à l'Être suprême. Le concordat fut signé. Mais pour le sanctionner et lui donner force de loi, il fallait le concours de tous les pouvoirs. Le républicanisme de certains membres du corps législatif était en opposition avec les préceptes du catholicisme ; ils ne reconnaissaient qu'un Dieu suprême, et croyaient inutile toute espèce de culte. Avec de tels hommes et le chef de l'église il n'était point de transaction possible. Le tribunat et le corps législatif subirent en conséquence une épuration ; les membres qui inspiraient des inquiétudes furent éliminés, et le concordat adopté.

C'est ici que finit la première époque de Bonaparte. Il était arrivé au plus haut degré de gloire. Jamais homme n'avait tant fait pour sa patrie, et n'en avait été plus aimé. Il a vécu un siècle en quelques années, et s'est placé à la tête des plus grands hommes qui aient jamais paru sur la scène du monde.

CHAPITRE III.

Nous avons vu le pouvoir passer des mains d'un seul dans la multitude; nous allons le voir, par un mouvement contraire, sortir de la multitude et se concentrer dans une seule personne.

Dans le mois de floréal an X, mai 1802, un simple acte du sénat transforma le consulat décennal en pouvoir à vie. Cet acte fut soumis à la sanction du peuple et voté par trois millions cinq cent soixante-huit mille cent quatre-vingt-cinq individus. Napoléon Bonaparte fut proclamé consul à vie, de là le *sénatus-consulte* organique du 16 thermidor, qui changea la constitution de l'an VIII dans ses dispositions principales et en dénatura le caractère.

Les changements opérés par ce sénatus-consulte introduisirent dans le gouvernement une véritable oligarchie. Les électeurs furent choisis parmi les plus imposés, mais nommés à vie [1]. Le

---

[1] Quelques écrivains ont dit que le premier consul s'était donné le droit d'augmenter le nombre des électeurs. Ils au-

tribunat fut réduit, le sénat se donna le droit d'interpréter les constitutions, de dissoudre les assemblées législatives, de suspendre le jury, d'annuler les jugements des tribunaux, et de mettre les départements hors de la constitution.

Il faut ici distinguer deux choses : l'inamovibilité du premier consul, et les pouvoirs donnés au sénat.

Les fonctions consulaires, dans l'origine, ne devaient durer que dix ans : dix ans marquent dans la vie d'un homme, mais c'est un point imperceptible dans l'âge des peuples, et chez une nation où les passions et les ambitions sont si vives et s'agitent en tant de sens divers, c'était remettre sans cesse en question la tranquillité publique que de changer si souvent de gouvernant. L'inamovibilité du chef de l'état assurait le repos autant qu'il peut l'être sans l'hérédité.

Quant au sénat, nul doute que ses pouvoirs ne fussent exorbitants. Mais ces pouvoirs étaient utiles, indispensables même dans la situation

---

raient dû ajouter que cette faculté se réduisait à dix membres pour les colléges d'arrondissement, et à vingt pour les colléges de département, pris parmi les personnes qui avaient rendu des services à la patrie. Il semble qu'il n'y a ici rien à blâmer. Voudrait-on repousser la vertu quand elle n'a ni or, ni châteaux ?

actuelle des esprits ; et s'ils étaient dangereux pour les libertés publiques, ce n'était qu'en raison du moral des hommes qui étaient appelés à les exercer. L'autorité du sénat eût profité à la nation, si les sénateurs n'en eussent usé que pour maintenir la paix, au lieu de s'en servir pour satisfaire leur ambition personnelle.

Il ne faut donc pas, pour juger le sénatus-consulte du 16 thermidor, le tenir sur un plan isolé, mais le rapprocher des circonstances qui l'ont fait naître.

Les partis qui avaient agité la France étaient encore debout et prêts à rentrer en lice. Chacun de ces partis, divisés de vues et d'opinions, faisait ses efforts pour s'introduire dans les corps délibérants et les dominer. Ils avaient tour à tour régi l'assemblée législative, la convention et le directoire, et l'on sait le déplorable usage qu'ils ont fait de leur autorité. La chose publique périssait au milieu de la lutte: laisser encore la France à la discrétion des assemblées, et les assemblées sous l'influence des partis, c'était retourner au temps de désordres et d'anarchie; il fallait en finir avec les passions. Les circonstances impérieuses dans lesquelles on se trouvait pouvaient donc faire excuser l'exhérédation du peuple jusqu'à des temps plus calmes.

Mais les sénateurs n'avaient pas d'yeux pour la France. Leurs regards étaient fixés sur le distributeur des grâces. Les législateurs étaient passifs, muets. Les tribuns discutaient lorsqu'il s'agissait de lois civiles, mais lorsqu'il était question de lois politiques, quelles que fussent les atteintes qu'elles portassent aux libertés publiques, elles ne trouvaient de contradicteurs que dans un très petit nombre de citoyens qui faisaient encore entendre à la tribune les accents de la vérité.

Le sénat, en s'établissant architecte politique, se servait du corps législatif et du tribunat comme d'un instrument docile pour démolir l'édifice social et le reconstruire dans son propre intérêt. Si le chef de l'état ne se considérait que comme le dépositaire des libertés publiques, attendant d'en pouvoir faire la remise, le sénat se considérait comme à jamais nanti du droit de régir la France. Il n'y avait en lui ni principes, ni amour de la patrie, ni reconnaissance, car la reconnaissance est une charge pénible pour un cœur ingrat.

Cependant, dans un gouvernement constitutionnel, les assemblées législatives sont le soutien des droits du peuple; elles ne devraient pas oublier qu'elles se doivent à la patrie. Elles manquent à leur devoir, elles trahissent leur mandat, quand elles se soumettent aveuglément aux caprices du pouvoir ; elles commettent le crime de lèse-nation, quand elles se liguent avec l'autorité pour opprimer le peuple. En perdant le peuple, leur lâche condescendance perd aussi le souverain, car elle lui ravit l'affection des citoyens, et fait des gouvernants et des gouvernés, des ennemis irréconciliables. L'histoire de tous les temps a justement flétri la mémoire des traîtres ; elle flétrira ces renégats politiques, qui spéculent sur la confiance de leurs concitoyens et ne briguent leurs suffrages que pour arriver à l'autel de l'idole du jour où ils vont sacrifier. Leurs vœux sont accomplis, les trésors leur sont ouverts, les honneurs les attendent ; les honneurs... mais l'honneur est perdu ! que leur importe...

Les hommes passent, les empires croulent, le temps les dévore ; mais les peuples restent, leur mémoire est fidèle. Chez toutes les nations, l'homme qui se vend a été un objet de haine et de mépris, rien ne peut le soustraire à l'opprobre, sa fortune est une honte, ses distinctions autant de marques d'infamie. Mais quittons ces assemblées, que nous verrons bientôt détruire leur propre ouvrage, et disposer encore des destinées de la France, et occupons-nous du premier consul.

Tandis qu'après avoir vaincu au dehors, il mettait tous ses soins à calmer les passions et à rallier les Français sous la même bannière, sa vie était menacée par de lâches assassins. On en voulait à la république, on en voulait au premier consul, parcequ'il était à la tête du gouvernement; et, comme on ne pouvait détruire le gouvernement sans abattre le premier consul, sa perte avait été jurée. De là des complots, des conspirations; de là les missions des agents anglais Spencer Smidt à Stuttgard, Francis Drake à Munich, et de la baronne de Reich à Offenbourg. Déjà plusieurs tentatives avaient échoué; il fallait employer des moyens plus violents. Le premier consul devait aller à l'Opéra le 3 nivôse an IX (24 décembre 1800). Des monstres à face humaine, qui avaient été en Angleterre retremper leur âme féroce, placèrent dans la rue Saint-Nicaise un tonneau rempli de poudre, et y mirent le feu au moment où passait la voiture du premier consul. La course de cette voiture fut si rapide, qu'elle était déjà au détour de la rue lorsque l'explosion se fit. Le consul échappa, mais le quartier Saint-Nicaise fut couvert de ruines et de victimes.

Quelques années après la machine infernale, et lorsque le cabinet de Saint-James rompit le traité d'Amiens, les premières hostilités furent dirigées contre le premier consul. Des hommes qui presque tous avaient servi dans la Vendée ou dans les chouans, et qui s'étaient retirés en Angleterre, furent déposés sur les côtes de France, et se réunirent à Paris. George Cadoudal était leur chef. D'après ses propres aveux et les déclarations de ses complices, le but de la conspiration était l'assassinat du premier consul; mais l'attaque ne devait commencer que lorsqu'il y aurait un prince à Paris. C'est dans ce moment que l'on vint apprendre au premier consul que le duc d'Enghien était à Ettenheim, sur les bords du Rhin, et qu'on lui présenta ce prince comme le chef de la conspiration. On lui proposa de l'enlever. Encore tout étourdi de la hardiesse des conjurés et de leur assurance dans les débats, frappé de la coïncidence de la conspiration avec la présence du prince sur les frontières de France, il consentit à l'enlèvement. Le duc d'Enghien fut dirigé sur Paris, et les mêmes hommes qui avaient obtenu qu'il fût arrêté représentèrent au premier consul le danger qu'il y aurait de le faire juger avec George et ses complices, devant un public nombreux, sans doute composé de fauteurs de la conspiration, et le déterminèrent à le renvoyer devant une commission militaire qui se réunirait à Vincennes. L'ordre signé, la commission fut composée et réunie à Vincennes la nuit même, et le lendemain matin le duc d'Enghien n'existait plus. Lorsque le premier consul, qui était à la Malmaison, apprit ce résultat, il en fut vivement affecté, et déplora la mort du prince, en accusant ceux qui l'avaient précipitée.

« L'empereur, dit M. de Las-Cases, avait coutume de considérer cette affaire sous deux rapports bien distincts, celui du droit commun ou de la justice établie, et celui du droit naturel ou des écarts de la violence. Avec nous, il raisonnait volontiers et d'ordinaire d'après le droit commun, et l'on eût dit que c'était à cause de la familiarité existante, ou de sa supériorité sur nous, qu'il daignait y descendre; concluant d'ordinaire par son adage habituel, qu'on pourrait lui reprocher peut-être d'avoir été sévère, mais qu'on ne saurait l'accuser d'aucune violation de justice, parceque, bien qu'en eussent répandu la malveillance et la mauvaise foi, la calomnie et le mensonge, toutes les formes avaient été régulièrement et strictement observées [1].

---

[1] Napoléon n'a jamais su comment avait été rendu le jugement.

» Mais, avec les étrangers, l'empereur s'attachait presque exclusivement au droit naturel et à la haute politique; on voyait qu'il eût souffert de s'abaisser avec eux à trop faire valoir les droits de la justice ordinaire, c'eût été paraître se justifier. Si je n'avais pas eu pour moi, contre les torts du coupable, les lois du pays, leur disait-il, au défaut de condamnation légale, il me serait resté les droits de la loi naturelle, ceux de la légitime défense : lui et les siens n'avaient d'autre but journalier que de m'ôter la vie. J'étais assailli de toutes parts et à chaque instant; c'étaient des fusils à vent, des machines infernales, des complots, des embûches de toute espèce. Je m'en lassai, je saisis l'occasion de leur renvoyer la terreur jusque dedans Londres, et cela me réussit : à compter de ce jour, les conspirations cessèrent. Et qui pourrait y trouver à redire? quoi, journellement, à cent cinquante lieues de distance, on me portera des coups à mort! aucune puissance, aucun tribunal sur la terre, ne saurait m'en faire justice; et je ne rentrerais pas dans le droit naturel de rendre guerre pour guerre! quel est l'homme de sang-froid, de tant soit peu de jugement et de justice, qui oserait me condamner? de quel côté ne jetterait-il pas le blâme, l'odieux, le crime? Le sang appelle le sang, c'est la réaction naturelle, inévitable, infaillible; malheur à qui la provoque.... Quand on s'obstine à susciter des troubles civils et des commotions politiques, on s'expose à en tomber victime; il faudrait être niais ou forcené pour croire et imaginer, après tout, qu'une famille aurait l'étrange privilége d'attaquer journellement mon existence, sans me donner le droit de le lui rendre; elle ne saurait raisonnablement prétendre être au-dessus des lois, pour détruire autrui, et se réclamer d'elles pour sa propre conservation : les chances doivent être égales.

» Je n'avais personnellement jamais rien fait à aucun d'eux; une grande nation m'avait placé à sa tête, la presque totalité de l'Europe avait accédé à ce choix; mon sang, après tout, n'était pas de boue, il était temps de le mettre à l'égal du leur. Qu'eût-ce donc été si j'avais étendu plus loin mes représailles? Je le pouvais : j'eus plus d'une fois l'offre de leurs destinées; on m'a fait proposer leurs têtes depuis le premier jusqu'au dernier. Je l'ai repoussé avec horreur : ce n'est pas que je le crusse injuste dans la position où ils me réduisaient; mais je me trouvais si puissant, je me croyais si peu en danger, que je l'eusse regardé comme une basse et gratuite lâcheté; ma grande maxime a toujours été, qu'en politique comme en guerre, tout mal, fût-il dans les règles, n'est excusable qu'autant qu'il est absolument nécessaire : tout ce qui est au-delà est crime.

» On aurait mauvaise grâce à se rejeter sur le droit des gens, quand on le violait si manifestement soi même. La violation du territoire de Bade, sur laquelle on s'est tant récrié, demeure étrangère au fond de la question : l'inviolabilité du territoire n'a pas été imaginée dans l'intérêt des coupables, mais seulement dans celui de l'indépendance des peuples et de la dignité des princes. C'était donc au souverain de Bade seul à se plaindre, et il ne le fit pas. Qu'il ne cédât qu'à la violence et à son infériorité politique, nul doute : mais encore que faisait tout cela au mérite intrinsèque des machinations, des attentats dont j'avais à me plaindre, et dont je pouvais en tout droit me venger ? Et il concluait alors que les véritables auteurs, les seuls vrais et grands responsables de cette sanglante catastrophe, étaient au dehors précisément les auteurs, les fauteurs, les excitants des assassinats tramés contre la personne du consul. Car, disait-il, ou ils avaient fait tromper le malheureux prince, et par là ils avaient prononcé son sort ; ou, en ne lui en donnant pas connaissance, ils l'avaient laissé dormir imprudemment sur le bord du précipice, à deux pas de la frontière, quand on allait frapper un si grand coup dans les intérêts de sa famille.

» Avec nous et dans l'intimité, l'empereur disait que la faute au dedans pourrait en être attribuée à un excès de zèle autour de lui, *ou à des vues privées, ou enfin à des intrigues mystérieuses.* Il y avait été, disait-il, poussé inopinément; on avait, pour ainsi dire, surpris ses idées, on avait précipité ses mesures, enchaîné ses résultats. J'étais seul un jour, racontait-il, je me vois encore à demi-assis sur la table où j'avais dîné, achevant de prendre mon café; on accourt m'apprendre une trame nouvelle, on me démontre avec chaleur qu'il est temps de mettre un terme à de si horribles attentats, qu'il est temps enfin de donner une leçon à ceux qui se sont fait une habitude journalière de conspirer contre ma vie; qu'on n'en finira qu'en se lavant dans le sang d'un d'entre eux; que le duc d'Enghien devait être cette victime, puisqu'il pouvait être pris sur le fait, faisant partie de la conspiration actuelle; qu'il avait paru à Strasbourg, qu'on croyait même qu'il était venu jusqu'à Paris; qu'il devait pénétrer par l'est au moment de l'explosion, tandis que le duc de Berri débarquerait par l'ouest. Or, nous disait l'empereur, je ne savais pas même précisément qui était le duc d'Enghien : la révolution m'avait pris bien jeune, je n'allais point à la cour, j'ignorais où il se trouvait : on me satisfit sur tous ces points. Mais s'il en est ainsi, m'écriai-je, il faut s'en saisir, et donner des ordres en conséquence. Tout avait été prévu d'avance, les pièces se trouvèrent toutes prêtes, il n'y eut qu'à signer, et le sort du prince se trouva décidé. Il était depuis quelque temps à trois lieues du Rhin, dans les états de Bade. Si j'eusse connu plus tôt ce voisinage et son importance, je ne l'eusse pas souffert, et cet ombrage de ma part à l'évènement lui eût sauvé la vie.

» Quant aux diverses oppositions que je rencontrai aux nombreuses sollicitations qui me furent faites, a-t-on répandu dans le temps, rien de plus faux ; on ne les a imaginées que pour me rendre odieux : il en est de même des motifs si variés que l'on m'a prêtés ; ces motifs ont pu exister peut-être dans l'esprit et pour les vues particulières des acteurs subalternes qui y concoururent ; de ma part, il n'y eut que la nature du fait en lui-même, et l'énergie de mon naturel. Assurément, si j'eusse été instruit à temps de certaines particularités concernant les opinions et le naturel du prince, si surtout j'avais vu la lettre qu'il m'écrivit, et qu'on ne me remit, Dieu sait par quel motif, qu'après qu'il n'était plus, bien certainement j'eusse pardonné [1]. »

[1] Mémoires de M. de Las-Cases.

CHAPITRE IV.

Doué du génie le plus vaste, le premier consul saisit avec une admirable précision tout ce qui était à faire pour donner à la France le repos dont elle avait besoin. La discipline était rétablie dans l'armée, les chefs étaient dévoués à la chose publique, les soldats intrépides, nos frontières étaient en sûreté, le drapeau français flottait sur le sol étranger. Dans l'intérieur, les administrations étaient épurées, des lois délibérées dans un conseil de sages allaient éclairer la magistrature et rassurer les familles. L'industrie encouragée prenait un noble essor, l'agriculture une nouvelle vie ; les arts et les sciences florissaient à l'ombre des lauriers ; le mérite était honoré, récompensé ; les opinions paraissaient confondues ; le peuple abandonnait le forum pour ses ateliers et ses champs ; les ambitieux qui avaient convoité la suprême puissance la savaient en trop bonnes mains pour songer à la ravir, et, mieux inspirés, reportaient leur ardeur aux soins domestiques.

Mais pour plaire à tous les hommes il faudrait un dieu, un dieu d'or. Le premier consul, dont la devise était, *Oublie le mal, souviens-toi du bien*, voulut la réunion de la grande famille. Il voulut que les barrières de la France fussent ouvertes pour tous, même aux Français émigrés qui avaient porté les armes contre leur patrie. Les émigrés revinrent. Les républicains, chez qui dominait encore l'esprit de la pure démocratie, virent ce retour avec peine, avec humeur ; ils s'en plaignirent, et reprochèrent au premier consul sa condescendance et son imprévoyance. Ils prétendirent que les émigrés seraient en France les ennemis de la république, comme ils l'avaient été à Coblentz et dans les armées étrangères ; qu'ils formeraient l'avant-garde d'une nouvelle coalition, et saisiraient toujours, si elle se présentait, l'occasion d'attaquer le gouvernement.

Il fallut au premier consul toute l'énergie de son caractère pour résister à ces représentations, qui se changèrent en menaces lorsqu'il soulagea la misère des émigrés et leur rendit quelques biens dont la disposition était libre.

La rumeur fut plus grande encore lorsqu'il rétablit le culte ; les démocrates, et il y en avait partout, jetèrent les hauts cris. A les entendre, tout était perdu ; les prêtres allaient ramener les discordes civiles et opérer une nouvelle révolution. Ce n'était certes pas là ce que craignait la démocratie ; mais elle avait voué une haine éternelle au christianisme, elle l'avait abattu et voulait empêcher qu'il ne se relevât. Le premier consul, tolérant et sage, laissait à chacun sa doctrine et ses dogmes. Il tenait personnellement à la religion catholique, parcequ'elle était celle de ses pères et qu'il avait été élevé dans ses principes ; il voulait en faire la religion de l'état, parcequ'elle était celle de la majorité des Français.

On combattit sa résolution par des lieux communs répétés depuis des siècles, et les anciens prêtres qui l'approchaient ne furent pas les moins ardents ; nouveaux Mathan, ils sacrifiaient à Baal. Qu'attendez-vous, lui dit-on, de la religion catholique? D'abord faible et modeste, le catholicisme grandit et devint intolérant ; il voulut tout envahir et tout soumettre à son empire. Il ne marche pas à son but par la persuasion, mais par la force, le fer et le feu. Partout où il s'est établi, le sang a coulé. Si les autres communions vivent en paix, il est l'ennemi de toutes ; il faut le surveiller sans cesse si l'on ne veut pas voir renaître ces troubles et ces guerres de religion qui ont si long-temps désolé le monde.

La religion catholique, telle qu'elle existe,

ne convient qu'à un gouvernement théocratique. Ses ministres ne reconnaissent qu'un chef unique et lui doivent une obéissance aveugle. Le pape donne des ordres et commande dans un état qui n'est pas le sien; c'est introduire un gouvernement dans un autre gouvernement.

Le catholicisme est contraire à l'esprit républicain, puisqu'il forme une véritable aristocratie; il est contraire à tout gouvernement, même monarchique, puisqu'il soumet la population à une influence étrangère. Pour rétablir l'Église en France, il faut plus de cent mille prêtres, qui, répandus sur toute la surface du territoire, peuvent un même jour, à la même heure, exalter les esprits et compromettre la sûreté de l'état. Ils ont d'autant plus d'influence qu'ils parlent à des hommes moins éclairés. Objectera-t-on que les ministres des autels s'occupent de prières et non de politique? Mais ce qui vient de se passer prouve que ce n'est pas toujours à des exercices pieux qu'ils se livrent.

Faites mieux, établissez un nouveau culte, et, comme les Césars, ceignez la double couronne, et faites-vous pontife. Tout est possible maintenant, la France est sans autels, les idées neuves se propageront, et la génération actuelle s'élèvera avec une nouvelle croyance.

Et si vous persistez dans votre imprudent projet de rétablir le culte catholique, au moins affranchissez-vous de la cour de Rome, soyez le chef de la religion, que les ministres des autels soient soustraits à l'influence ultramontaine, qu'ils ne tiennent leur institution que du chef de l'état, et qu'ils ne gouvernent l'Église que d'après nos lois.

Le premier consul était persuadé que toutes les religions sont bonnes au fond, parceque toutes elles enseignent la morale, la vertu et l'amour de Dieu. Il était persuadé aussi que toute institution religieuse qui aura pour base ces trois points de doctrine ne peut qu'être utile à la société et agréable à la divinité. Mais les abus s'introduisent partout où l'homme met la main; en fait de religion, il est plus sage de garder ce qu'on a que de chercher un mieux incertain; il est plus sage et plus généreux de laisser à chacun son culte que de vouloir changer ses habitudes et ses idées. L'institution d'un nouveau culte serait intolérante ou impuissante : intolérante, si l'on voulait employer la force ; impuissante, si on laissait libre, car il n'est pas probable qu'un homme abandonne sa religion pour une autre, et qu'il élève ses enfants dans des principes qu'il n'a pas suivis. On ne gagnerait donc rien qu'une secte de plus, avec de nouvelles causes de discorde et de persécution.

Il ne serait pas plus prudent, dans ce moment, de séparer l'église de France de son chef spirituel; ce serait rechercher un schisme. Une partie des prêtres a renoncé au sacerdoce, une autre partie a refusé de prêter serment à la république; ce qui reste refuserait sans doute de se soumettre à la nouvelle organisation : les temples resteraient sans pasteurs. Attendre qu'un nouveau clergé, séparé de Rome, ait été formé, ce serait laisser l'Église dans une vacance dangereuse. Les libertés de l'église gallicane garantissent d'ailleurs de toute usurpation de la part du saint-siége, et les prêtres étant, comme les autres citoyens, soumis aux lois, ne sont pas à craindre. Ils sont sous la surveillance des agents administratifs et des tribunaux; ils ne peuvent exciter de mouvement qui ne soit à l'instant réprimé et puni. Dans les temps d'épreuve qui viennent de s'écouler, le clergé a été poussé hors de sa sphère comme la multitude; l'ordre est maintenant rétabli pour le clergé comme pour le peuple. Ne cherchons pas de nouveaux aliments de discorde, vivons comme nous avons vécu, gardons nos usages religieux, laissons à chacun sa croyance et au pape sa suprématie, mais conservons les libertés de notre église, et soyons amis.

Toute espérance étant ravie à ces hommes qui croyaient satisfaire à tous les devoirs de la société en affichant un républicanisme outré, et en ne niant pas l'existence de Dieu, ils se vengèrent par des quolibets, et traitèrent de pasquinades la cérémonie qui eut lieu à Notre-Dame, pour la réinstallation du clergé.

Quelque temps après, le premier consul, qui voulait exciter l'émulation et reconnaître tous les genres de services, proposa l'institution de la Légion-d'Honneur. Il trouva encore des contradicteurs, car où n'en trouverait-on pas? Les républicains virent dans cette proposition l'intention de porter atteinte à l'égalité des Français, et la combattirent comme contraire à l'esprit républicain. Ils se trompaient. Si l'esprit républicain exclut les distinctions, il n'exclut pas les récompenses; et la Légion-d'Honneur, telle qu'elle devait exister alors, n'établissait pas une distinction dans l'acception que l'on donne à ce mot.

La Légion-d'Honneur n'était qu'un signe qui annonçait publiquement que celui qui en était décoré avait rendu des services à sa patrie. La distinction ne se trouvait donc pas dans la décoration en elle-même, mais dans l'action qui l'avait fait obtenir. Il n'y a rien ici de contraire à l'esprit républicain ni à l'égalité. Sans doute il vaudrait mieux que l'homme se dévouât aux grandes actions, sans être mû par l'espoir d'une récompense quelconque, il vaudrait mieux qu'il se contentât de sa propre illustration; mais les hommes ne sont pas ou ne sont plus tels. Cependant une foule de héros sont morts pour leur patrie, sans attendre de faveurs : ce sont des soldats, des simples soldats. Les voyez-vous, seuls au milieu d'une forêt, n'ayant pour témoin de leur vaillance que l'écho qui répète leurs coups, combattre corps à corps l'ennemi de leur pays, le vaincre et courir à de nouveaux dangers? Couverts d'honorables blessures, chargés d'illustres dépouilles, ils peuvent se montrer aux chefs : la palme des braves les attend. Ils ont assez fait pour eux, pour la gloire; mais pour leur patrie, non... Ils meurent pour elle, ils meurent ignorés...

Il n'y a de distinctions réelles que celles qui se transmettent; de même que les priviléges ne sont réellement priviléges que lorsqu'ils passent aux successeurs. La distinction, l'exemption d'une charge ou le privilége accordé à un citoyen, ne sont que le prix ou la récompense de ses services; il n'y a rien là qui rappelle les distinctions féodales : tout le monde peut y prétendre et tant mieux pour l'état.

Parmi les faveurs qui, plus tard, ont été accordées à la Légion-d'Honneur, la plus importante était celle qui, dans de certains cas, donnait le droit de faire partie des colléges électoraux; et cette faveur, considérée comme un vrai privilége, a excité des murmures et des critiques.

Le droit de voter dans un collége électoral, de choisir les députés qui doivent concourir aux lois, est sans doute la plus belle prérogative qui appartienne à l'homme dans un gouvernement constitutionnel; ce droit se donne à la propriété.

Mais le militaire qui passe sa vie dans les bivouacs, au milieu des dangers, pour soutenir l'indépendance de son pays, n'amasse pas de richesses; mais le savant qui consacre ses veilles à des découvertes utiles ne songe pas à sa fortune. Le militaire qui veille pour que vous dormiez tranquille, pour que vous puissiez vous livrer avec sécurité à vos travaux, à vos spéculations; le savant qui a ouvert de nouvelles voies à l'industrie et qui vous a procuré de nouvelles sources de richesses; ce militaire, ce savant, dis-je, vieux, pauvres et infirmes, ne sont-ils plus citoyens, n'aiment-ils pas autant que vous cette patrie qu'ils ont illustrée, et pour laquelle ils ont tout sacrifié? n'ont-ils pas intérêt à ce qu'elle soit bien gouvernée? n'ont-ils pas le droit d'élever une voix modeste pour désigner le citoyen qui doit les représenter? Eh! que serait-ce donc, grand Dieu, si les hommes qui se dévouent pour leur patrie étaient relégués parmi les prolétaires, si leur honorable pauvreté était un motif d'exclusion?... Le spéculateur avide, l'âpre usurier, l'avare insensible, tiendraient dans leurs mains crochues l'urne électorale, et le guerrier mutilé, le savant accablé par les ans, ne pourraient y déposer leur suffrage!...

Les simples membres de la Légion-d'Honneur recevaient une modique pension; c'était leur assurer du pain, du pain seulement. Il ne fallait pas que le brave allât tendre une main mutilée par l'ennemi; on ne lui donnait pas de richesses, on ne lui donnait pas de terre comme au soldat romain, on lui disait: Tu es pauvre, mais comme le riche tu voteras dans les assemblées du peuple, tu veilleras encore sur cette patrie pour laquelle tu versas ton sang.

Était-ce pour le gouvernement un moyen de dominer dans les colléges? La Légion-d'Honneur étant instituée pour reconnaître tous les genres de services, il faut supposer, si elle est bien distribuée, qu'elle se trouvera dans l'élite de la nation, car ce ne sont pas les moins patriotes ni les moins recommandables qui se distinguent le plus. Si les hommes les plus utiles, les plus dignes, se laissent corrompre et vendent leurs suffrages, que sera-ce donc du reste? Si les plus dévoués sont les premiers ennemis de leur patrie, que deviendra la patrie? Mais ce ne serait pas la faute de l'institution, ce serait la faute des hommes. Serions-nous arrivés à cet état de dégradation, que les meilleurs citoyens se laissassent corrompre?

Quoi qu'on dise, tant qu'il y aura de l'amour-propre chez les hommes, ce qu'on appelle des hochets portera aux grandes actions ceux-là même qui ne seraient pas guidés par le bien public; dès lors, les hochets sont utiles. Nous savons tous quels dangers a fait affronter l'espérance seule d'avoir l'étoile de la légion d'honneur, et quels héros elle a enfantés dans tous les rangs de l'armée.

L'institution de la légion d'honneur n'a été bien accueillie par la nation que parcequ'elle était destinée à tous; mais la nation l'eût repoussée si elle eût été pour une seule classe. Ceux qui font dire au premier consul qu'il ne croyait pas que le peuple français aimât la liberté et l'égalité, lui font dire une absurdité; il n'est aucun peuple, il n'en fut pas, il n'en sera jamais qui ne chérisse la liberté, l'égalité.

Si le premier consul eût dit qu'il était des Français qui n'aimaient pas la liberté dans les autres, ni l'égalité, parcequ'ils étaient sortis de la foule, il aurait eu raison. Ces républicains scrupuleux qui prenaient pour modèles les Brutus, les Fabricius, les Aristide, ont été les premiers à s'agenouiller devant les cordons et à solliciter la noblesse que l'empereur fit si mal de créer.

Mais bientôt le premier consul allait avoir à combattre ailleurs que dans son conseil : l'Angleterre s'était reposée pendant un an.

CHAPITRE V.

Le traité d'Amiens ne fut qu'une trève pour le gouvernement anglais : en le signant, il pensait aux moyens de le rompre ; il en chercha les prétextes, en attendant qu'il en eût la force.

L'Angleterre exploitait à elle seule les mers et le sol fécond des îles, elle avait le monopole du commerce ; la paix lui donnait des concurrents, elle n'en voulait pas.

Le premier consul réunit à la France le Piémont et l'île d'Elbe ; quelques mois plus tard il occupa le duché de Parme, vacant par la mort du duc. Il envoya une armée en Suisse, et laissa des troupes en Hollande.

Cet agrandissement de territoire et ces précautions politiques furent les causes dont s'empara l'Angleterre pour recommencer la guerre.

L'occupation de la Suisse était toute naturelle : le premier consul s'était rendu médiateur de l'acte fédéral, il fallait bien qu'il pourvût à la sûreté des cantons pendant les changements qui allaient s'opérer dans leur constitution.

La Hollande avait besoin plus qu'aucune autre puissance d'être gardée, principalement contre les Anglais; la présence des troupes françaises dans ce pays était un gage de paix.

La possession de l'île d'Elbe, du Piémont et des états de Parme, était le résultat du droit de conquête et de leur position géographique. L'île d'Elbe ne pouvait sans doute pas être cédée à l'Angleterre : voisine des côtes de France, elle ne convenait qu'à cette puissance. Le Piémont, placé entre la république française et les républiques italiennes, eût été menacé d'une prochaine révolution; en faire une république indépendante, c'était toujours l'acquérir pour la France.

Les limites naturelles de la France sont marquées sur la crête des Alpes; c'est là qu'elle doit établir sa ligne de défense, pour se garder contre l'Italie et contre les puissances du nord, débouchant par le Tyrol, la Carinthie et la Carniole. L'Angleterre en eût fait autant dans une semblable position.

Quant à l'espèce de protectorat que le premier consul exerçait sur les républiques italiennes, il était en dehors de toutes stipulations. Le premier consul avait créé ces républiques, elles étaient trop reconnaissantes pour que leurs sentiments fussent subordonnés au traité de paix d'une puissance étrangère, et leur dévouement à la république française était naturel et inaltérable.

L'Angleterre ne courait aucun danger, et n'éprouvait aucun préjudice de l'extension de la république française. Cependant elle imagina de réclamer le *statu quo* politique, comme si un traité de paix pouvait enchaîner à jamais une des puissances qui l'ont signé, avec toutes les puissances à qui il est étranger.

Dans tous les cas, les plaintes de l'Angleterre n'eussent été fondées que si elle eût elle-même rempli les engagements qu'elle avait contractés par le traité d'Amiens, que le premier consul avait exécuté dans tous les points.

Elle devait remettre à la république batave le cap de Bonne-Espérance, elle le garda; elle devait restituer à l'ordre de Saint-Jean de Jérusalem les îles de Malte, de Gozo et de Comino, elle les retint; les territoire, possessions et droits de la Porte ottomane étaient maintenus dans leur intégrité, tels qu'ils étaient avant la guerre, les Anglais refusèrent d'évacuer l'Égypte, et s'enfermèrent dans Alexandrie.

Le cabinet anglais dira-t-il qu'il a gardé le cap de Bonne-Espérance et Malte parcequ'ils étaient à sa convenance, comme le premier consul a fait de l'île d'Elbe, du Piémont et de Parme? mais les états réunis à la France n'étaient point compris dans le traité d'Amiens, tandis que l'Anterre s'était formellement engagée à remettre ce qu'elle a gardé.

Suivant son usage, le cabinet anglais, sans aucune déclaration préalable, fit mettre embargo sur tous les vaisseaux français qui étaient dans ses ports, sous la foi des traités. Cette violation du droit des nations indigna la France. Le premier consul ordonna par représailles que tout sujet anglais, âgé de plus de vingt-un ans et de moins de soixante, qui se trouverait dans les pays soumis à la domination française, serait retenu comme otage, pour répondre du traitement qui serait fait aux prisonniers français. Mais le gouvernement anglais préféra la dépouille de nos navires à ses propres sujets. Il n'entassa pas moins nos malheureux prisonniers dans des pontons infects, où, manquant de tout, ils ne respiraient que l'air de la mort. Il était bien sûr cette fois que le gouvernement français ne l'imiterait pas.

Ce gouvernement, qui avait si manifestement violé le droit des gens, voulut pourtant en rejeter le blâme sur le premier magistrat de la république française. Il fallait qu'il comptât bien sur la crédulité des peuples pour penser qu'un si grossier mensonge prendrait la place de la vérité.

Mais enfin les Anglais étaient arrivés à leur but : la guerre était déclarée ; il ne s'agissait plus que de chercher à vaincre. On connaît les moyens qu'ils ont employés jusqu'ici; nous les verrons encore sous les mêmes armes. Quant à eux personnellement, enfermés dans leur île, comme une tortue dans son écaille, ils n'avaient rien à craindre de la fureur des combats ; ils se battaient par procuration, comme les moines d'autrefois. Sur le continent, on ne pouvait les atteindre que dans le vieux domaine de leurs rois, le Hanovre. Le duc de Cambridge y commandait; son armée était de vingt-un mille hommes ; il avait juré de périr les armes à la main, plutôt que de permettre aux Français de s'emparer des états de sa famille ; mais lorsqu'un corps de quinze mille républicains se mit en marche, le duc de Cambridge partit en poste et s'embarqua. Le Hanovre fut conquis sans brûler une amorce.

Le premier consul ayant alors conçu l'idée de fermer le continent à l'Angleterre, comme elle avait fermé la mer à la France, fit reprendre à ses troupes les positions qu'elles occupaient avant la paix. Les côtes de France et des pays soumis à son influence et à ses armes, depuis les bouches de l'Elbe jusqu'aux bouches du Pô, furent mises en état de blocus.

Mais pour les forcer à tenir leurs engagements, pour conquérir la paix avec les Anglais, il fallait les attaquer en Angleterre même. L'entreprise était grande; elle était digne du premier consul, elle était digne du grand peuple. Une descente en Angleterre fut résolue. La nation française reçut cette nouvelle avec transport; elle se leva spontanément et offrit avec le plus noble enthousiasme ses bras et ses biens.

Déjà l'armée et la flotte étaient réunies : un moment encore, et la Grande-Bretagne était forcée dans ses retranchements. Abandonnée à elle-même, elle était perdue; mais ce que la prochaine génération aura peine à croire, c'est que deux puissances du continent se chargèrent de sa défense et détournèrent l'orage qui grondait sur sa tête. La querelle de l'Angleterre et de la France fut vidée dans les plaines de la Moravie, où périt l'élite des armées russe et autrichienne.

Mais avant que le machiavélisme britannique ait eu le temps de former cette troisième coalition, l'état politique de la France a subi de grands changements.

La conspiration de George, dont le jugement se suivait au tribunal criminel de la Seine, avait frappé d'épouvante tous les citoyens, qui sentirent redoubler leur amour pour l'homme qui les avait délivrés de l'anarchie; chacun eût voulu le couvrir de son corps. C'est dans ce moment que fut prise une détermination qui devait avoir tant d'influence sur les destinées de la France.

Le tribun Curée proposa de proclamer le vœu général national, en donnant au chef de l'état le titre d'empereur. Le tribunat applaudit.

Le corps législatif exprima le même vœu. Quant au sénat, déjà parvenu au dernier degré d'adulation, il n'eût pas souffert d'être prévenu. Une députation, présidée par François de Neufchâteau, répondant à la communication qui lui avait été faite au sujet de la conspiration, avait dit : « Citoyen premier consul, vous fondez une ère nouvelle; mais vous devez l'éterniser. L'éclat n'est rien sans la durée. Nous ne saurions douter que cette grande idée ne vous ait occupé, car votre génie créateur embrasse tout et n'oublie rien.......... » Le premier consul invita le sénat à lui faire connaître sa pensée tout entière. Le sénat répondit qu'il pensait qu'il était du plus grand intérêt du peuple français de confier le gouvernement de la république à Napoléon Bonaparte, *empereur héréditaire.*

L'empire fut proclamé. Cambacérès, le premier, salua Napoléon du titre d'empereur, et Fontanes, le premier aussi, se qualifia de sujet.

Le 2 décembre 1804, l'empereur fut sacré et couronné dans l'église Notre-Dame par le pape Pie VII. Sa sainteté descendit de son trône au moment où l'empereur entra dans le chœur, et lui dit : « *Professez-vous, notre cher fils en Jésus-Christ, et promettez-vous, devant* Dieu *et les anges, de faire observer la loi, de rendre la justice à tous vos sujets, de maintenir la paix dans l'église de* Dieu, *avec le secours de la grâce, de la manière que vous jugerez le plus convenable, d'après l'avis de vos fidèles conseillers, et de veiller à ce que* les pontifes *de l'église jouissent du respect et des honneurs qui leur sont assurés par les saints canons.* »

L'empereur ayant répondu convenablement, le saint père lui fit une triple onction sur la tête et sur les deux mains, et prononça l'oraison suivante : « Dieu tout-puissant, qui avez établi Hazaël pour gouverner la Syrie, et Jéhu, roi d'Israel, en leur manifestant vos volontés par l'organe du prophète Élie[1], qui avez également répandu l'onction sainte des rois sur la tête de Saül et de David, par le ministère du prophète Samuel, répandez par nos mains les trésors de vos grâces et de vos bénédictions sur votre serviteur Napoléon, que, malgré notre indignité personnelle, nous consacrons aujourd'hui empereur en votre nom. »

Comme Charles XII, Napoléon mit lui-même la couronne sur sa tête. Le pape le ramena solennellement à son trône, et lui donna un baiser, en disant : « *Vivat imperator in æternum.* »

Napoléon prêta le serment prescrit par la constitution, après quoi le chef des hérauts d'armes cria à haute voix : « Le très glorieux et très auguste empereur des Français est couronné et intronisé : vive l'empereur ! » Ce cri, répété dans l'église, se prolongea au dehors, et fut pendant long-temps l'écho de la France.

---

[1] Quelques écrivains relèvent ici une prétendue inexactitude. Ils disent que Jéhu ne fut point sacré par Élie, mais par un délégué d'Élisée. Ils renvoient au livre XIV *des Rois*. C'est le livre IV qu'ils ont voulu dire.

Effectivement le chapitre IX du livre IV *des Rois* dit qu'Élisée envoya un des enfants des prophètes pour sacrer Jéhu, fils de Namsi.....; qu'il lui répandit l'huile sur la tête, en lui disant : Je vous ai sacré roi sur Israël.....

Mais le pape ne dit pas que Jéhu fut sacré par Élie; il dit

Ainsi finit la souveraineté du peuple, qui avait coûté tant de larmes et de sang.

Ce passage de la république à l'empire se fit avec calme. La nation était déjà habituée au gouvernement d'un seul; elle aimait Napoléon, et vit avec joie l'établissement d'un gouvernement stable et affranchi des dangers de l'élection.

Si l'on excepte quelques démocrates et cette classe d'hommes dont l'ambition ne pouvait être satisfaite, toute la France applaudit. Le clergé même, qui se rattache toujours à ce qu'il croit plus fort que lui, vit dans Napoléon un autre Moïse, un autre Mathatias, un autre Cyrus; le doigt de Dieu était dans son élévation; la soumission lui était due comme dominant sur tous, et à ses ministres comme envoyés par lui, parceque tel était l'ordre de la Providence.

Cependant le peuple ne fut pas consulté pour la création du trône impérial. Les assemblées se perpétuaient dans leur usurpation, et dispo-

---

seulement que les volontés de Dieu furent manifestées par l'organe d'Élie; il fait allusion au chapitre xix du livre III *des Rois*, le Seigneur dit à Élie...: *Cumque perveneris illuc, unges Hazaël regem super Syriam.... et Jehu, filium Namsi, unges regem super Israël....*

C'est l'an 3120 que Jéhu fut sacré par le fils des prophètes. Élie avait été enlevé au ciel l'an 3108, douze ans auparavant. *Rois*, liv. IV, ch. II.

saient du peuple sans sa permission. Il n'est pas douteux que le peuple, interrogé, n'eût répondu affirmativement; on ne sait donc pas pourquoi on ne lui donna pas cette marque de déférence et de soumission, si ce n'est que le sénat et le corps législatif voulurent l'habituer à les regarder comme les arbitres de ses destinées.

Néanmoins, par une espèce de retour sur elles, ces mêmes assemblées, qui s'étaient crues en droit de relever la couronne de France, et de la déposer sur la tête de Napoléon, demandèrent l'avis du peuple sur l'hérédité. Sur trois millions cinq cent vingt-quatre mille deux cent cinquante-quatre votes, trois millions cinq cent vingt-un mille six cent soixante-quinze furent affirmatifs[1].

Aucun prince du continent n'éleva la voix contre l'empire; tous, au contraire, le recon-

---

[1] Si l'on admet que la France était peuplée de............ 30,000,000 d'habitants,
Les enfants au-dessous de vingt-un ans forment à peu près la moitié de la population, reste...... 15,000,000
Il faut encore ôter la moitié pour les femmes, reste........... 7,500,000
Votants affirmativement........ 3,521,000
Reste................ 5,979,000
Mais si l'on considère le nombre de ceux qui n'ont pu

nurent. Le rétablissement de la monarchie en France devait les satisfaire; c'était remettre les choses sur l'ancien pied, et revenir aux formes qui gouvernaient l'Europe. Les souverains, ne redoutant rien tant que les grandes innovations politiques, devaient craindre la république, qui avait envahi l'Italie, la Suisse, la Hollande, et qui pouvait planter l'arbre de la liberté en Allemagne et sur les bords glacés de la Dwina et de la Bérézina.

Le régime monarchique en France était donc conforme aux vœux des rois de l'Europe; mais ce qu'ils craignaient, c'était la supériorité de l'homme qu'on venait de revêtir de la pourpre impériale, et la grande prépondérance qu'il avait donnée à la France. Si la couronne eût été remise à un homme ordinaire, à l'un de ces mille rois qui s'agitaient en tous sens, et que la vieille diplomatie eût conduit à son gré, la troisième coalition n'aurait pas eu lieu; et si la nation française n'eût désiré que la paix, quel qu'en fût le prix, peut-être devait-elle regretter d'avoir pris

---

voter parcequ'ils ne savaient pas signer, et c'est là que se trouvaient les plus portés pour Napoléon, on sera convaincu que la presque totalité des citoyens ont accepté l'empire. — La constitution qui établissait le directoire ne fut acceptée que par 1,057,330 individus.

pour chef celui dont le génie prodigieux faisait trembler les rois et les humiliait.

L'héritier des anciens rois de France, seul, protesta contre le titre d'empereur héréditaire, que venait de prendre Napoléon ; mais cette protestation n'eut pas d'écho. Il est faux, d'ailleurs, quoi qu'on ait dit, que Napoléon ait demandé à ce prince une renonciation à ses droits au trône de France. Cette proposition n'a jamais été faite ni par Napoléon, ni par personne autorisé par lui. Une telle maladresse n'était pas dans son esprit, et il avait trop bonne opinion du chef de la maison de Bourbon, pour en attendre cet acte de faiblesse[1].

Quelque enthousiaste que l'on soit pour les formes républicaines, on ne peut cependant refuser de se rendre à l'évidence. Le moral des Français à l'intérieur, la politique des cours à l'extérieur, ne permettaient pas de repos à un gouvernement républicain. Les rois eussent toujours été en armes ; il fallait les vaincre sans cesse, ou renverser tous les trônes ; la tâche était grande, mais on devait s'en charger si l'on voulait la paix. La monarchie réconciliait la France

---

[1] Il paraît que c'est le roi de Prusse qui a fait cette demande au nom de Napoléon.

avec les autres puissances, elle était donc un moyen de paix extérieure.

Dans l'intérieur, le gouvernement républicain était-il propre à assurer le bon ordre? Sous l'assemblée législative, les feux de la guerre civile ont été allumés sur tous les points; le désordre s'est accru sous la convention; le directoire avait concentré les partis qui cherchaient à s'écraser. Tantôt vainqueurs, tantôt vaincus, la France eût péri sous leurs coups. Le consulat ramena le calme, parcequ'il était dans une main ferme; mais les conspirations étaient permanentes, mais une durée de quatre ans n'est pas suffisante pour assurer qu'il se fût maintenu, mais les ambitions n'étaient pas éteintes, mais le premier consul n'était pas immortel. Après lui, chaque ville, chaque village eût envoyé un chef à l'état; les routes eussent été encombrées de décemvirs, de directeurs, de consuls, de dictateurs, de rois même; et, s'élançant tous après le pouvoir, on les eût vus, dans une nouvelle convention, jouer le gouvernement à coups de tête : qui eût débrouillé le chaos?

Mais ce n'était pas la république qui ne convenait pas aux hommes, c'étaient les hommes qui ne convenaient plus à la république.

La république exige du désintéressement, personne n'en avait; elle exige le sacrifice de l'amour-propre et de l'ambition, personne n'était disposé à obéir. Chacun se croyait au-dessus des autres, et voulait dominer sur tous, ce qui pourrait faire admettre l'idée que les Français n'aimaient ni la liberté ni l'égalité, si l'on ne considérait que l'esprit de liberté et d'égalité se trouve dans les masses, et l'esprit de domination chez les individus; c'est-à-dire que, individuellement, les Français aspirent à la suprématie; mais que, réunis, c'est la liberté et l'égalité qu'ils veulent. Les preuves sont nombreuses : dans notre révolution, tous les Français se sont levés pour l'indépendance, tous voulaient la liberté et l'égalité, tous seraient morts pour la défense de droits si chers; eh bien, dans les assemblées de la nation, chacun voulait saisir la première place; dans les départements, c'était à qui occuperait le premier rang; partout où se trouvaient deux hommes, l'un voulait dominer sur l'autre et le commander.

Avec un tel esprit, il était difficile de vivre en paix et de conserver un gouvernement où chacun voulait et pouvait aspirer.

Si vous vouliez une république, il fallait commencer par faire des républicains, il fallait réformer vos mœurs et vos usages. Il ne vous restait plus qu'à vous débarrasser de vos hommes d'état, car vous en aviez trop, et l'excès en tout est un défaut.

Les démocrates ont vivement regretté la république, ils la regrettent encore. Mais encore une fois, que serait-elle devenue, la république? Elle eût triomphé au dehors, elle eût triomphé à l'intérieur ; mais en s'élançant toute seule, et sans être soutenue par des républicains, elle eût été forcée d'introduire elle-même de nouvelles mœurs, et d'éteindre les ambitions en dévorant la moitié de ses enfants. Alors elle eût continué sa course, n'ayant plus personne pour l'arrêter. Il est vrai que l'empire pouvait s'élever sans détruire la république, c'est-à-dire que la couronne pouvait être héréditaire sans changer les formes républicaines. Sous ce régime mixte, un autre esprit se serait formé en France, et à l'évènement, la république eût pu, sans inconvénient, renaître dans toute sa pureté. Mais la monarchie ressaisit ses attributs aussi vite que la république l'en avait dépouillée.

CHAPITRE VI.

L'empire était une usurpation. Qu'est-ce que la légitimité ?

Légitime veut dire qui a les conditions, les qualités requises par la loi [1].

Ainsi, dans notre langue, une chose légitime est une chose conforme à la loi, un droit légitime est un droit qui naît des lois. Voilà pourquoi on appelle légitime les enfants nés dans le mariage, parceque les père et mère se sont soumis à la loi civile. Les enfants qui naissent hors mariage, de père et mère libres, ne sont pas légitimes, mais naturels, parcequ'ils proviennent d'une union indiquée par la nature, et non par la loi.

Et puisque, d'après ces principes, pour qu'une chose soit légitime, elle doit provenir de la loi, le roi qui ne serait pas reconnu par la loi ne serait pas légitime. Il ne serait pas naturel non plus, car la nature produit les individus et non les dignités.

Autrefois les rois disaient tenir leur cou-

[1] Voyez le *Dictionnaire de l'Académie*.

ronne de Dieu et de leur épée. De leur épée, c'était de la force : mais la force n'établit pas un droit, elle l'usurpe; de dieu, mais Dieu ne donna de rois qu'aux peuples d'Israël, et depuis bien des siècles Israël ne compte plus au rang des nations. Entendrait-on que la royauté est d'institution divine? Ce serait une erreur démontrée par l'Écriture sainte. Instituer veut dire établir quelque chose de nouveau, donner commencement, par exemple : Jésus-Christ institua le sacrement de l'eucharistie, Henri III institua l'ordre du Saint-Esprit[1]. On ne crée pas, on n'institue pas une chose qui existe déjà, on l'imite. La royauté est une institution des gentils. Lorsque les peuples d'Israël voulurent un roi, c'était par imitation des autres nations qui déjà avaient des rois. Le Seigneur n'institua donc pas une chose tout humaine, qui était l'œuvre des peuples qui ne marchaient pas dans ses voies. Non seulement Dieu n'institua pas la royauté, mais Israël lui déplut en demandant un roi. « Tous les anciens » d'Israël s'étant donc assemblés, vinrent trouver » Samuel à Ramatha.

» Et ils lui dirent : Vous voyez que vous êtes » devenu vieux, et que vos enfants ne marchent

---

[1] *Dictionnaire des sciences.*

» point dans vos voies. Établissez donc sur nous
» un roi *comme en ont toutes les nations*, afin
» qu'il nous juge.

» Cette proposition déplut à Samuel, voyant
» qu'ils lui disaient : Donnez-nous un roi, afin
» qu'il nous juge. Il offrit sa prière au Seigneur.

» Et le Seigneur lui dit : Écoutez la voix *de ce*
» *peuple* dans tout ce *qu'ils vous disent*, car ce
» n'est point vous, mais c'est moi qu'ils rejettent,
» afin que je ne règne point sur eux.

» C'est ainsi qu'ils ont toujours fait depuis
» le jour que je les ai tirés d'Égypte jusqu'aujour-
» d'hui. Comme ils m'ont abandonné et qu'ils ont
» servi des dieux étrangers, ils vous traitent aussi
» de même.

» Écoutez donc ce qu'ils vous disent, mais au-
» paravant faites-leur bien comprendre et décla-
» rez-leur quel sera le droit du roi qui doit régner
» sur eux.

» Samuel rapporta au peuple qui lui avait de-
» mandé un roi tout ce que le Seigneur lui avait
» dit.

» Et il ajouta, Voici quel sera le droit du roi
» qui vous gouvernera il prendra vos enfants
» pour conduire ses chariots, il s'en fera des gens
» de cheval, et les fera courir devant son char.

» Il en fera ses officiers pour commander, les

» uns à mille hommes, les autres à cent. Il pren-
» dra les uns pour labourer ses champs et pour
» recueillir ses blés, et les autres pour lui faire
» des armes et des chariots.

» Il fera de vos filles des parfumeuses, des
» cuisinières et des boulangères.

» Il prendra aussi ce qu'il y aura de meilleur
» dans vos champs, dans vos vignes et dans
» vos plants d'oliviers, et le donnera à ses servi-
» teurs.

» Il vous fera payer la dîme de vos blés et du
» revenu de vos vignes, pour avoir de quoi don-
» ner à ses eunuques et à ses officiers.

» Il prendra vos serviteurs, vos servantes et les
» jeunes gens les plus forts, avec vos ânes, et il les
» fera travailler pour lui.

» Il prendra aussi la dîme de vos troupeaux, et
» vous serez ses serviteurs.

» Vous crierez alors contre votre roi que vous
» vous serez élu, et le Seigneur ne vous exaucera
» point, parceque c'est vous-mêmes qui avez de-
» mandé d'avoir un roi.

» Le peuple ne voulut point écouter ce dis-
» cours de Samuel : Non, lui disent-ils, nous vou-
» lons avoir un roi qui nous gouverne.

» Nous voulons être comme toutes les na-
» tions...

» Samuel ayant entendu la réponse du peuple
» la rapporta au Seigneur.

» Et le Seigneur lui dit : Faites ce qu'ils vous
» disent et donnez-leur un roi qui les gouver-
» ne [1]...

» Samuel parla au peuple et lui dit : Prenez
» garde à vous maintenant, et considérez bien
» cette grande chose que le Seigneur va faire de-
» vant vos yeux.

» Ne fait-on pas aujourd'hui la moisson des
» froments ? cependant je vais invoquer le Sei-
» gneur, et il fera éclater le tonnerre et tomber
» les pluies, afin que vous sachiez et que vous
» voyiez combien est grand devant le Seigneur le
» mal que vous avez fait en demandant un roi.

» Samuel cria donc au Seigneur, et le Seigneur
» en ce jour-là fit éclater les tonnerres et tomber
» les pluies.

» Et tout le peuple redouta la puissance du
» Seigneur et de Samuel, et ils dirent tous en-
» semble à Samuel : Priez le Seigneur votre Dieu
» pour vos serviteurs, afin que nous ne mou-
» rions pas, car nous avons encore ajouté ce
» péché à tous les autres que nous avions faits,
» de demander un roi qui nous gouverne [1]. »

---

[1] *Les Rois,* liv. 1, ch. VIII. Vulgate; Liége, 1701.

Aujourd'hui on ne parle plus que de la légitimité, et la légitimité s'applique aux rois qui n'ont été nommés ni par le peuple ni par la loi, d'où il suit que ce qui, dans notre langue, serait usurpation, est la légitimité du langage monarchique : il est bon de s'expliquer.

Je dis que les rois légitimes sont ceux qui n'ont été couronnés ni par la volonté du peuple, ni par la loi : car si le peuple pouvait se donner un roi, il pourrait le changer ; si la loi pouvait appeler un homme au trône, elle pourrait l'en faire descendre ; qui a la puissance de faire a la puissance de défaire ; or, on sait que les peuples ni leurs lois ne peuvent rien contre la légitimité, donc la légitimité s'est établie sans les peuples et sans lois.

Il n'y a plus qu'une seule voie pour être roi : la force ; serait-ce là la légitimité ? mais non, la force n'est légitime nulle part.

Si la légitimité ne se donne ni par le peuple ni par la loi, si elle n'est pas d'institution divine, si elle ne s'acquiert pas par la force, qu'est-ce donc enfin que la légitimité ?

J'ai cru un instant que, pour être légitime, il fallait régner par soi ou par les siens, depuis

---

¹ *Les Rois*, liv. I, ch. xii.

l'origine du monde : mais j'ai jeté les yeux sur l'histoire connue de notre globe, et j'ai vu le commencement de toutes les monarchies trop rapproché de nous pour m'arrêter à cette idée.

La monarchie française, par exemple, quoique la plus ancienne, ne prit naissance que lorsque déjà les peuples avaient éprouvé mille bouleversements, et qu'une longue suite de gouvernements différents s'étaient succédé. Hugues Capet ou Capiton, tige de la dynastie capétienne, usurpa le trône sur les descendants de Charlemagne. Pepin ou Pipin, chef des Carlovingiens, usurpa le trône sur les descendants de Chlodovech, ou Clodvic, ou Hildovic, ou Clovis. Quant à ce Clovis, il s'établit dans notre Gaule malgré nos aïeux, qu'il dépouilla de leurs champs. Il est vrai que nous ne savons pas précisément si nous descendons de ces barbares ou des anciens Gaulois; mais ce qui est certain, c'est que Clovis prit la Gaule malgré les Gaulois, comme avaient fait les Romains, et qu'il la garda parcequ'il était le plus fort et le plus féroce.

J'ai cru aussi que la légitimité se donnait à l'ancienneté; mais cette opinion n'est pas soutenable, une usurpation ne peut jamais devenir légitime. Par exemple, Napoléon était usurpateur, puisqu'il tenait sa couronne du peuple; or, s'il fût resté sur le trône et qu'il eût transmis la couronne à ses descendants, ceux-ci, fussent-ils à la millième génération, ne seraient pas plus légitimes que lui, car il n'aurait pu transmettre plus de droits qu'il n'en avait lui-même.

Enfin, j'ai pensé qu'un souverain devenait légitime lorsque la famille dépossédée était éteinte; mais cette pensée m'a fait frémir, car il suffirait qu'un usurpateur, pour devenir légitime, fît tomber toutes les têtes de la famille dont il a pris la place, et l'amour de régner paraît si vif, qu'on ne manquerait pas, pour atteindre l'ancre de la légitimité, de mettre en pratique les maximes du publiciste florentin.

Il est clair que le gouvernement des peuples appartient aux rois en toute propriété, et qu'ils peuvent en disposer selon leur bon plaisir. Charles II, roi d'Espagne, n'ayant pas d'enfants, et sentant sa fin approcher, légua tous ses peuples par un testament. La succession était belle, car, outre l'Espagne, Charles possédait encore légitimement la plus grande partie de l'Amérique, que Fernand Cortès, Pizarre et autres fidèles sujets de leurs majestés catholiques, avaient conquise en exterminant les habitants.

Charles, moribond, ne savait à qui faire cadeau de ses vastes domaines; si l'empereur menaçait, il promettait de donner la couronne à l'archiduc Charles; si Louis XIV tournait ses bataillons vers les Pyrénées, Charles II promettait au duc d'Anjou. Mais comme le danger était plus imminent du côté de la France, le duc d'Anjou devint Philippe V. Cependant, malgré le testament, il fallut conquérir l'Espagne : si l'archiduc eût vaincu, il eût été légitime tout comme un autre, et il eût pu à son tour disposer du Pérou, du Chili, du Mexique, du Paraguay, etc.

Je crois cependant qu'il est des cas où les rois ne trouveraient pas très légitime qu'un de leurs frères donnât ainsi ses états. Je suppose, par exemple, qu'un roi des Pays-Bas fît cadeau de la Hollande à un empereur de Russie, et qu'un roi de Portugal lui léguât aussi son royaume; tout cela serait permis, puisque chacun est libre de disposer de sa succession. Mais je suis persuadé que, malgré la légitimité de telles dispositions, les autres rois s'y opposeraient par la force des armes, en sorte que les pauvres peuples donnés supporteraient toutes les horreurs de la guerre, avant que de savoir qui la victoire ferait légitime. Car le vainqueur resterait infailliblement possesseur, et le possesseur serait infailliblement légitime, au moins c'est ce qui s'est exactement observé jusqu'à ce jour.

Le Grand Turc est légitime possesseur de la Grèce, parceque ses prédécesseurs l'ont conquise, comme les Maures ont été légitimes maîtres de l'Espagne pendant plusieurs siècles, et comme ils seraient légitimes en France, si Charles Martel ne les eût chassés.

L'empereur d'Autriche est bien légitime souverain des états de Venise, l'empereur de Russie est bien légitime souverain de la Pologne, car ils n'ont été appelés à prendre possession ni par les Vénitiens, ni par les Polonais, ni par les lois du pays [1].

Autrefois l'Empire était légitime propriétaire de la Suisse, et l'Espagne de la Hollande, les Suisses et les Hollandais sont devenus légitimes propriétaires d'eux-mêmes. Les Suisses sont res-

---

[1] **Dans son discours sur M. de Montpezat, Brantome, après avoir parlé des droits de nos rois sur le duché de Milan, ajoute :** « Voilà en peu de paroles les droits de Milan de nos rois, que » disent les Espagnols ; mais nos Français chantent bien autre- » ment : le tout gît si ces ducs de Milan ont été légitimes ou » tyrans, pillards et vrais usurpateurs ; là gît le lièvre. Car » il faut venir à la première origine, savoir qui ont été le » plus tôt ou les empereurs ou les ducs. » Brantome aurait pu ajouter, ou les peuples.

tés Suisses, et les Hollandais sont passés sous la légitime possession de la maison d'Orange.

Qu'est-ce aujourd'hui que la légitimité en Suède? Gustave Adolphe IV était sans contredit roi légitime; les Suédois cependant le *détronisent* et l'exilent, ils nomment un autre roi. Si celui-ci était légitime, les peuples auraient donc le droit légitime de changer leur souverain, doctrine dangereuse, que cent millions de coups de canon ont démontrée fausse.

Toutefois, le nouveau roi que se donnèrent les Suédois était un prince de la famille royale; mais, pour lui succéder, ils appelèrent un étranger tout fraîchement sorti de la démocratie, le maréchal français Bernadotte, prince de Ponte-Corvo.

Dans ce temps-là Napoléon avait étendu sa main sur l'Europe; il n'était rien qu'on ne fît pour lui plaire; les plus grands princes briguaient son amitié, son alliance; et c'était bien naturel, car quand il fronçait le sourcil la terre tremblait, et quand on lui déplaisait.....

Le nouveau roi de Suède n'avait point d'héritier, il était vieux; il fallait assurer la succession au trône et la paix à la Suède; on se réfugia donc sous les ailes de l'aigle. On lui demanda un prince français. Les frères de Napoléon avaient mieux que la Suède, ou espéraient mieux. Eugène ne voulait pas échanger sa vice-royauté contre le trône des Scandinaves. Il ne restait plus que les princes du second ordre, parmi lesquels Bernadotte seul tenait par alliance à la famille impériale : sa femme était sœur de la reine d'Espagne, l'empereur était parrain de son fils, il fut choisi.

Le prince de Ponte-Corvo a pu dire tout ce qu'il a voulu sur les causes de son élévation, la vérité n'en restera pas moins.

Personne au monde ne croira qu'il ait été fait prince royal de Suède sans le consentement de Napoléon, et même malgré lui. Si la Suède a demandé un prince français, c'était pour plaire à l'empereur, c'était pour se mettre à l'abri d'un orage qui grondait sans cesse ; c'était parceque Napoléon était le maître de l'Europe, et que lui seul pouvait soutenir la Suède contre des voisins qui convoitaient une partie de son territoire. Si Bernadotte a été désigné, c'est parceque tel était le bon plaisir de l'empereur.

Il est absurde de dire que Napoléon a été bien aise de trouver cette occasion de se débarrasser d'un rival dont la popularité était suspecte. Les Lapons eux-mêmes riraient de ce conte.

Si Bernadotte a été suspect, ce n'est ni à cause

de sa popularité, ni à cause de ses talents, c'est lorsqu'il faisait partie de la société du Manége, composée des plus fougueux démocrates dont le règne a désolé la France ; c'est lorsqu'il provoquait une émeute et la guerre dans Vienne ; c'est lorsqu'il conspirait dans l'ouest.

Sous la république, on ne parlait pas de lui, lorsque Moreau, Hoche, Marceau, Joubert, Masséna, Brune, Augereau, etc., commandaient nos armées. Sous l'empire beaucoup de maréchaux et un grand nombre de généraux valaient mieux que lui et avaient fait plus que lui.

Bernadotte était un général distingué, mais il n'a jamais commandé en chef, il n'a jamais dirigé les opérations d'une campagne, ni remporté de victoires, ni forcé une puissance à la paix ; il n'a jamais fait de conquêtes. Il eut de la gloire sans doute, mais toute l'armée en avait.

Mais enfin Bernadotte est roi de Suède. Il ne reste plus que cette question ; est-il ou n'est-il pas légitime ?

La couronne de Suède a été tantôt élective, tantôt héréditaire. Les monarques ont été tour à tour, ou de simples magistrats, ou des rois absolus.

Gustave Adolphe IV était roi d'après son droit ou d'après le vœu de la nation suédoise. S'il était roi d'après son droit, il était ce que dans la langue monarchique on appelle légitime. Dès lors il ne pouvait être détrôné, car ses droits étaient inattaquables, imprescriptibles et à l'abri des volontés populaires.

Si Gustave-Adolphe n'était roi que par la volonté du peuple, les Suédois jouissent donc du droit de faire et défaire leurs rois; or ce qu'ils ont déjà fait ils peuvent le faire encore.

En résumé, je crois que l'important pour un roi, c'est qu'il règne; et que l'important pour le peuple, c'est que le roi gouverne conformément aux lois.

CHAPITRE VII.

Ce que j'ai dit de la légitimité dans le chapitre précédent n'est point une attaque contre les souverains *légitimes*. Mon but est d'établir, au contraire, que les rois ont des droits plus sûrs et d'une conception plus facile [1].

Lorsque l'illustre Condillac expliquait l'histoire au fils des rois, il lui disait, en parlant de Louis-d'Outre-Mer : « Quand on est au temps de ce malheureux prince, on trouve une si grande confusion dans la façon de penser et dans les usages, qu'on est presque aussi embarrassé que lui pour déterminer les droits de la maison de Charlemagne; car enfin, à qui appartient le trône quand les Carlovingiens sont déposés, qu'ils reconnaissent pouvoir l'être, et que la couronne

---

[1] Si l'on n'avait aucun mot pour exprimer le droit au trône, on pourrait se servir du mot légitime et en faire *un être de raison*. Mais nous avons le mot hérédité, qui comprend tout ce qui est légitime, et qui s'entend si bien : pourquoi ne pas l'adopter ?

passe dans d'autres familles? Voilà cependant les usages qui s'introduisent.

» D'un autre côté il n'y avait point de loi expresse qui réglât la succession. On dit bien encore aujourd'hui que la famille de Charlemagne avait seule droit à l'empire, parceque ce prince l'avait conquis; mais si c'était là une raison, pourquoi de nouveaux conquérants n'acquerraient-ils pas ce droit pour eux et pour leurs descendants? Il paraît que cet empereur lui-même ne se fondait pas uniquement sur le droit de conquête, et qu'au contraire il comptait pour quelque chose le consentement des peuples, car ayant fait le partage de ses états entre Charles, Pepin et Louis, il arrêta que si l'un des trois laissait un fils, les oncles conserveraient à cet enfant la succession de son père, *supposé* que les peuples du pays le voulussent pour roi.

» Il consulta même les principaux de la nation sur ce partage; et ses successeurs, à son exemple, leur firent agréer les dispositions qu'ils faisaient de leurs états. Il est vrai que cet agrément n'était pas une élection, mais il y ressemblait beaucoup; car le demander, c'était reconnaître qu'on pouvait le refuser. Il ne faudrait donc pas s'étonner si, sous les derniers Carlovingiens, où toutes les idées étaient confuses, on eût imaginé que la couronne était élective.

» Mon dessein n'est pas de prouver que Hugues-Capet n'a pas commencé par être usurpateur; je veux dire seulement que, de son temps, on ne se faisait pas là-dessus des notions bien exactes.

» La couronne ayant passé de Pepin à Charlemagne, et de Charlemagne à Louis-le-Débonnaire, le droit héréditaire est établi sur le consentement présumé de la nation; car il ne faut pas chercher de droit ailleurs que dans les usages qui tendent le plus à la tranquillité des peuples, et qui se sont introduits lorsque ces lois étaient en vigueur. Les usages contraires, survenus dans la suite, ne sont que des abus nés de l'anarchie, et par conséquent ils n'ont jamais pu enlever aux derniers Carlovingiens des droits transmis par leurs aïeux. Telles sont les idées que nous devons nous faire à ce sujet; mais si nous les jugions par celles qu'on avait au dixième siècle, il faudrait dire que la couronne n'était ni héréditaire, ni élective, et qu'elle appartenait au plus fort.

» ..... La maison de Charlemagne s'éteignit. Hugues et ses descendants acquirent seuls des droits à la couronne *par le consentement de la nation*[1], et ils devinrent des rois légitimes. »

Ce discours contient des vérités et des contradictions. Certainement si le conquérant avait des droits sur le peuple conquis, rien n'empêcherait que le plus fort ne devînt le souverain légitime de toute la terre. Les Romains auraient joui par droit de légitimité de toute l'Italie, des Gaules, de la Germanie, des Espagnes, de l'Afrique et de l'Asie mineure; et de notre temps Napoléon eût été légitime sur tous les pays qu'il avait conquis.

Condillac reconnaît que Hugues-Capet a commencé par être usurpateur; c'est une vérité historique: mais était-il usurpateur parcequ'il détrônait les descendants d'un autre usurpateur, ou bien parcequ'il s'emparait des droits des peuples? on n'usurpe pas sur un usurpateur, parcequ'on ne le prive point de sa chose; ici l'usurpation ne peut frapper que sur le peuple.

Si c'est par le consentement de la nation que Hugues-Capet et ses descendants acquirent des droits à la couronne et devinrent des rois légitimes, la nation pouvait donc refuser ce consentement d'après Condillac lui-même, puisqu'il a

---

[1] Par le consentement de la nation : c'était par la loi, car ce consentement était une loi. Voilà la vraie légitimité.

dit que demander l'agrément du peuple, c'était reconnaître qu'il pouvait le refuser : ceci rentre dans les idées que j'ai émises dans le chapitre précédent.

Ce n'est plus ainsi que l'on entend la légitimité : on dit que les rois sont légitimes sans le consentement des peuples, parcequ'on ne veut pas reconnaître de droits aux peuples.

Dans des siècles d'ignorance, l'on a cru que les rois ne tenaient leur couronne que de Dieu ; et les évêques, puis les papes, ont profité de cette croyance pour disposer des empires. Cela a duré jusqu'à ce que les rois éclairés ont su que la loi divine ne leur donnait pas toute seule le trône, qu'ils pouvaient se passer du consentement du chef de l'église et braver ses foudres. Cependant vis-à-vis des peuples on eut soin de maintenir les anciennes idées. Lorsqu'il fut question de faire opter Philippe V entre la couronne d'Espagne et son droit au trône de France, les avis étaient partagés. M. de Torcy, premier ministre, disait « que la renonciation au trône de France serait nulle suivant les lois fondamentales du royaume, d'après lesquelles le prince qui est le plus proche de la couronne en est héritier de toute nécessité ; que c'est un héritage qu'il ne reçoit ni du roi son prédécesseur, ni des peuples, mais en vertu de la loi ; de sorte que lorsqu'un roi vient à mourir, l'autre lui succède immédiatement sans demander le consentement à personne; qu'il succède non comme héritier, mais comme maître du royaume dont la seigneurie lui appartient; non par choix, mais seulement par le droit de sa naissance ; qu'il n'est obligé de sa couronne ni à la volonté de son prédécesseur, ni à aucun édit, ni à aucun décret, ni à la libéralité de qui que ce soit; qu'il ne l'est qu'à la loi ; que cette loi est estimée l'ouvrage de celui qui a établi la monarchie, et qu'on tient en France qu'il n'y a que Dieu seul qui puisse l'abolir, par conséquent qu'il n'y a aucune renonciation qui le détruise. »

M. de Torcy emprunte cette opinion à Jérôme Bignon, et sur cela Condillac remarque que « cet exemple prouve que les opinions d'un homme qui a un nom deviennent des préjugés qu'on adopte sans examen : car, ou je me trompe fort, ou cette doctrine ne porte que sur de grands mots; on croirait que Bignon parle du peuple juif. »

« Ce magistrat aurait-il soutenu que cette doctrine était bien établie et bien reconnue avant Philippe-Auguste ? Je demanderai donc pourquoi les souverains prenaient des mesures de leur vivant pour assurer la couronne à leur fils ? Si c'est depuis Philippe-Auguste que Dieu a établi cette loi fondamentale dont il parle, je demande sous quel règne elle a été révélée?

» Pour être affermis sur le trône, les Bourbons n'ont pas besoin que Dieu vienne dire aux Français : Voilà mon oint, voilà votre roi. Ils sont sûrs de régner par l'affection de leurs sujets ; ils en sont sûrs, parceque l'obéissance n'est pas moins due aux lois que les peuples se font, qu'aux lois que Dieu leur donne ; et que désobéir aux premières, c'est toujours désobéir à Dieu, à qui nous rendons compte de toutes nos actions. »

Et s'adressant au prince : « C'est la flatterie, monseigneur, » poursuit Condillac, « qui a fait cette loi fondamentale ; mais la flatterie tourne tôt ou tard contre le souverain. »

Qu'y a-t-il de plus beau pour un roi que de penser qu'il règne par l'amour du peuple, qu'il règne parceque le peuple a adopté sa famille, qu'il règne par les lois de son pays? Ce sont là des mots qui n'ont pas besoin d'interprétation, ce sont de ces vérités que le peuple trouve dans son cœur et dans son esprit.

Je ne doute nullement de ce qui flatterait le plus le prince qui est assis sur ce beau trône de France, si l'on venait lui dire : Sire, vous régnez parceque vous êtes légitime, et vous ne tenez pas votre légitimité du peuple. Et qu'un autre répondît : Non, sire, vous régnez parceque les Français vous aiment, et vous êtes légitime parcequ'ils ont fait un pacte avec votre famille.

La légitimité, comme on veut la faire comprendre, est un mot vide de sens. Les bons esprits le sentiront bien, mais ils diront qu'il faut conserver cette doctrine, parcequ'elle maintient la tranquillité des empires. C'est encore un faux raisonnement, car on n'élèvera jamais un édifice sans bases. Le meilleur moyen est d'abjurer franchement les erreurs, et d'embrasser la vérité qui ne laisse de doute à personne. La sûreté des trônes, la tranquillité des empires reposent sur l'hérédité ; et l'hérédité résulte des lois de l'état. Voilà la vraie légitimité, voilà tout pour les rois et pour les peuples [1].

C'est par le droit d'hérédité établi dans leur

---

[1] C'était l'hérédité que voulaient les Spartiates, lorsqu'ils enjoignirent à leur roi Anaxandride de répudier sa femme qui était stérile, pour en prendre une autre qui lui donnât des enfants.

C'était bien différent dans cette prétendue île découverte par un affranchi d'Annius Plocanus : les rois étaient élus par le peuple, et les titres pour obtenir son suffrage étaient l'âge et la bonté. Il ne fallait pas qu'ils eussent d'enfants, et l'abdication devait suivre la paternité. (Tacite, supp. ann., liv. X.)

famille que les Bourbons règnent en France. Ils règnent parcequ'ils descendent de Hugues-Capet; mais Hugues-Capet ne fut pas roi parcequ'il était Hugues-Capet seulement.

Il est tout-à-fait contraire à l'intérêt des rois et à leur tranquillité de les faire régner par un droit de légitimité qui n'a pas pris sa source dans le consentement de la nation [1]. Car, dans ce cas, ils n'ont pas besoin de l'amour des peuples, et c'est présupposer qu'ils ne l'ont pas, cet amour. Et pourquoi le rechercheraient-ils? il leur devient inutile. Et si, comme l'a dit La Rochefoucauld la clémence des princes n'est souvent qu'une politique pour gagner l'affection des peuples, les princes légitimes se passeront de cette politique-là. Trouveront-ils la clémence dans leur cœur, sans être mus par des considérations politiques? Mais quel sera le cœur d'un prince qui aura été élevé dans ces principes, savoir, qu'il n'a pas besoin de l'amour du peuple, c'est-à-dire qu'il peut se dispenser d'être bon, affable, économe, clément; qu'il peut se dispenser d'être

---

[1] Si le Grand Turc s'emparait de Vienne, il pourrait devenir légitime possesseur, mais il n'aurait jamais de droit héréditaire. L'hérédité est donc plus importante que la légitimité telle qu'on l'entend.

juste et de s'occuper des affaires de l'état? Et si le prince n'a pas assez de pénétration pour s'apercevoir qu'on le lance dans une fausse route, ou si son naturel la lui fait suivre, il faut que le peuple se résolve à souffrir, ou bien qu'il se fâche [1].

[1] On ne parle jamais des Bourbons sans y ajouter descendants de saint Louis, petits-fils de Henri IV. Tout le monde sait que les Bourbons descendent de Henri IV et de saint Louis; et quant à ceux qui l'ignoraient, peu leur importe. Mais est-il besoin de rappeler à tout bout de champ cette illustre origine? Les Bourbons actuels ne sont-ils rien par eux-mêmes? faut-il, pour leur donner du relief, répéter à chaque phrase qu'ils sont fils de saint Louis et de Henri IV? Ne saurait-on dire Louis XVIII et Charles X, cela ne s'entend-il pas assez? Une fois seulement cette filiation fut dignement rappelée; c'est lorsque le vénérable ecclésiastique qui accompagna Louis XVI à l'échafaud lui dit, au moment où il allait passer à une meilleure vie : *Fils de saint Louis, montez au ciel!*

NOTE

SUR

L'AFFAIRE DE VINCENNES.

Suum cuique......

§ I.

Depuis 1789, les conspirations avaient été permanentes contre les différents gouvernements français ; tous avaient succombé. Le consulat seul paraissait solidement établi ; il ne portait pas avec lui d'éléments de dissolution. Pour atteindre ce gouvernement, qui résidait dans un seul homme, il fallait renverser cet homme; et on ne le pouvait que par un assassinat. De là la machine infernale, et la tentative de George. Ce dernier attentat effraya tous les esprits, et ce moment de stupeur fut choisi pour frapper un grand coup.

Les papiers pris à Offenbourg, dans les fourgons du général Klinglin, et le portefeuille de d'Antraigues, trouvé à Venise, avaient appris au directoire que le général Pichegru trahissait la république. Mais déjà, lorsque ces preuves furent complètement acquises, Pichegru était frappé par le 18 fructidor et déporté à Cayenne. Il s'échappa et se retira en Angleterre, où il fit cause commune avec les ennemis de son pays.

Le gouvernement anglais, guidé par sa haine constante contre la France, usait de tous ses moyens pour la troubler. Le centre de toutes les conspirations était à Londres; c'est de là que partaient les ordres donnés aux ministres Spencer, Smidt à Stuttgard, Francis Drake à Munich et à la baronne de Reich à Offenbourg. Ces agents soutenaient les mécontents, les payaient et les excitaient au crime [1].

Au 3 nivôse, le premier consul échappa à la machine infernale.

Depuis, Drake et ses complices ourdirent plusieurs trames qui furent déjouées.

Dans le mois de pluviôse an XII, la police apprit que l'Angleterre avait jeté sur les côtes de France une nuée de conspirateurs. Toutes les précautions furent prises.

George, chef de la bande, fut arrêté, ainsi que Pichegru et adhérents. Pichegru prévint en se donnant la mort le châtiment que lui réser-

---

[1] Voyez le rapport du capitaine Roscy, du 23 germinal an XII. (Supplément au *Moniteur*.)

vait la loi. Le procès s'instruisit contre les autres.

L'instruction apprit que le but des conjurés était de se défaire du premier consul, et de rétablir la monarchie des Bourbons. Cependant Moreau avait d'autres vues ; il voulait se faire dictateur. Ce peu d'ensemble nuisit à l'exécution du complot.

George avoua franchement ses projets : « Il
» devait attaquer le premier consul, et rétablir
» les Bourbons. Le jour de l'attaque, il aurait
» rempli le rôle que lui aurait assigné un des prin-
» ces, qui devait se trouver à Paris. Le plan avait
» été conçu, et devait être exécuté d'accord avec
» les princes, avec lesquels il disait avoir conféré
» en Angleterre [1].

» Bouvet de Lozier, l'un des conjurés, déclara
» que *Monsieur* devait passer en France, pour se
» mettre à la tête d'un parti royaliste ; que Mo-
» reau promettait de se réunir à la cause des
» Bourbons ; mais que, les royalistes rendus en
» France, il se rétracta, leur proposa de travailler
» pour lui, et de le faire nommer dictateur, disant
» ne pouvoir agir que pour un dictateur, et non
» pour un roi [2].

---

[1] Interrogatoire de George Cadoudal du 18 ventôse an XII.
[2] Déclaration de Bouvet de Lozier à la suite de l'interrogatoire du 19 ventôse.

» Le prince ne devait arriver en France qu'a-
» près avoir connu le résultat des conférences
» entre les trois généraux (Moreau, Pichegru et
» George), et après une réunion complète et un
» accord parfait entre eux pour l'exécution. Et
» comme cet accord n'existait pas, je suis, dit
» Bouvet, persuadé qu'on n'a point envoyé au
» prince pour le faire arriver en France [1].

» Picot, autre conjuré, répondit aux ques-
» tions qui lui étaient faites, relativement au
» poignard dont il était porteur : J'aime bien
» mieux un roi que Bonaparte qui a pris sa
» place. J'ai dit, quand j'ai été arrêté, que ce
» poignard était pour l'assassiner, que c'était un
» brigand; et je me moque d'être fusillé, puis-
» que je l'ai mérité [2].

» Il déclara ensuite que les chefs avaient tiré
» au sort à qui attaquerait le premier consul.

» Qu'ils voulaient l'enlever, s'ils le rencon-
» traient sur la route du bois de Boulogne, ou
» l'assassiner en lui présentant une pétition à la
» parade, ou lorsqu'il irait au spectacle; que
» pour cela on avait fait faire des uniformes [3].

---

[1] Deuxième interrogatoire de Bouvet de Lozier, du 30 pluviôse an XII.

[2] Premier interrogatoire de Picot, du 19 pluviôse an XII.

[3] Deuxième interrogatoire de Picot, du 24 pluviôse.

» Lajolais déclara, qu'étant en Angleterre, et
» entrant dans la chambre de Pichegru, il y trouva
» un Français qui causait avec le général ; que ce
» Français lui demanda des nouvelles de la France,
» et dit en sortant : Si nos deux généraux peuvent
» bien s'entendre, je ne tarderai pas à y arriver [1].
» Ce Français était le comte d'Artois, à ce que lui
» dit Couchery.

» Quant à George, ajoute Lajolais, pour réus-
» sir dans son projet, il voulait, après avoir assas-
» siné le premier consul, tuer tout ce qui lui
» montrerait de l'opposition.

» Quant à Moreau, après avoir parlé du ren-
» dez-vous qu'il avait donné à Pichegru, Lajolais
» déclare que, rentrant de l'un de ces rendez-vous,
» Pichegru parut mécontent, et s'ouvrant un peu
» contre son ordinaire, il dit en parlant de Mo-
» reau : Il paraît que ce b.....-là a aussi de l'ambi-
» tion, et qu'il voudrait régner. Eh bien ! je lui
» souhaite beaucoup de succès, mais, à mon avis,
» il n'est pas en état de gouverner la France pen-
» dant deux mois [2].

---

[1] Lajolais dit ne pas savoir quels étaient ces deux généraux ; mais il voulait engager Pichegru à venir voir Moreau.

[2] Déclaration de Lajolais, du 27 pluviôse an XII, à la suite de son premier interrogatoire.

»Leridant déclare avoir entendu dire qu'il y
»avait un jeune prince en France;

»Qu'il avait vu venir chez George, à Chaillot,
»un jeune homme qui avait environ son âge
»(vingt-six ans), qui était très bien vêtu et très
»intéressant de figure ; qu'il avait des manières
»très distinguées.

»Qu'ayant entendu parler de prince, et ne
»lui disant pas ce qu'était ce jeune homme, il
»pensait qu'il était possible que ce fût ce prince
»dont il avait entendu parler [1].

»Les conjurés recevaient des armes et une
»solde de l'Angleterre [2]. »

Ces dépositions sont corroborées par beaucoup d'autres. Elles sont suffisantes pour démontrer jusqu'à la dernière évidence, que le but des conjurés était de renverser le gouvernement français en assassinant le premier consul. Elles ne laissent non plus aucun doute sur les chefs qui faisaient éclater toutes ces conspirations.

Mais comme cette conspiration fut la cause de la mort du duc d'Enghien, et que les principaux acteurs de ce drame font depuis dix ans les plus

---

[1] Déclaration de Leridant, du 19 ventôse.
[2] Voir les interrogatoires de Lelan et de Pierre-Jean Cadoudal, du 4 germinal.

NOTE SUR L'AFFAIRE DE VINCENNES. 231

grands efforts pour se cacher, je tâcherai de mettre le lecteur à même de soulever le voile qui les couvre.

Il faut avant tout jeter les yeux sur les hommes qui entouraient le premier consul. On verra que ces hommes, que je ne nomme pas parcequ'ils sont trop connus, étaient ou régicides, ou du nombre de ceux qui avaient le plus contribué au renversement du gouvernement monarchique. Si l'on doit juger des actions des hommes d'après leur intérêt, il ne sera pas difficile de savoir quel était l'intérêt de ces hommes et quelles devaient être leurs actions.

Bonaparte était pur; surgi des camps, il fut étranger aux grands évènements qui ont ébranlé la société. S'il se trouvait mieux du régime actuel, il n'avait rien à redouter du régime ancien. Sa politique ne rassurait pas les intérêts nouveaux sur une intelligence avec l'ancienne famille régnante. Il avait rouvert les portes de la France aux émigrés, protégé les prêtres et rétabli le culte. Le pouvoir était réuni dans une seule main : de là à la monarchie, la transition était imperceptible. Bonaparte prendrait-il la couronne avec la perspective de longues guerres, ou bien, satisfait d'une ample moisson de gloire, remettrait-il le trône aux anciens souverains?

Sans doute que le premier consul avait travaillé pour lui, et qu'il ne résignerait pas un sceptre qu'il avait déjà saisi : mais toutes les probabilités n'équivalent pas à une certitude ; il fallait assurer, non seulement le présent, mais encore tous les hasards de l'avenir, en enchaînant définitivement Bonaparte aux intérêts de la révolution. Le seul moyen, selon l'expression de l'un des monstres de 1793, de l'un de ces farouches proconsuls qu'on a retrouvés sous tous les gouvernements, était que Bonaparte lavât ses mains dans le sang : alors seulement on ne le craignait plus.

Les circonstances favorisaient singulièrement ces projets dès long-temps conçus.

Tandis que l'on discourait, d'après les dépositions des conspirateurs, sur la possibilité de l'arrivée du comte d'Artois à Paris, et sur les empêchements qu'il pouvait éprouver par l'inconstance des vents de mer, on apprit que le duc d'Enghien était sur le Rhin à Ettenheim. Alors on reprit la déclaration de George ; il ne nommait pas le prince qu'il disait devoir venir à Paris. Ce pouvait être le comte d'Artois, mais ce pouvait être un autre, et comme il était plus facile et plus prompt de venir des bords du Rhin que de Londres, on ne vit plus dans le prince désigné que le duc d'Enghien, et l'on arrêta qu'il était le chef de la conspiration. On se hâta de faire part de cette découverte au premier consul; il en fut frappé.

Des émissaires furent de suite envoyés dans le duché de Bade ; ils apprirent qu'effectivement le duc d'Enghien habitait Ettenhiem, et qu'il faisait de fréquentes absences de plusieurs jours.

L'on crut que, pendant ces absences, le prince venait à Strasbourg et même à Paris. Ce bruit s'était tellement accrédité, que le prince de Condé le crut lui-même, puisqu'il en écrivit à son petit-fils, d'après les fragments de lettres qu'a publiés M. le baron de Saint-Jacques.

Les émissaires rapportèrent aussi que Dumouriez était à Ettenheim ; on le confondit avec M. de Thumery attaché au prince: l'erreur venait de la prononciation allemande.

Les hommes de la révolution peignirent au premier consul les dangers qu'il courait, s'il ne prenait pas des mesures vigoureuses pour atteindre ses ennemis. La conservation de sa personne et encore plus la sûreté de l'état exigeaient qu'il frappât de grands coups, et qu'il en finît avec les conspirateurs et les conspirations. On lui proposa nettement d'enlever le duc d'Enghien ; et lorsqu'il opposa le droit des gens, on lui répondit par cette maxime : *Salus reipublicæ suprema lex esto.*

Encore entouré de dangers, et croyant le duc d'Enghien chef de la conspiration, le premier consul consentit à signer l'ordre de son arrestation.

L'ordre fut remis à Berthier; c'était le 10 mars 1804 (19 ventôse an XII). Berthier l'expédia le lendemain au général Ordener, chargé d'enlever le duc d'Enghien et Dumouriez.

Le général Caulaincourt fut chargé de faire arrêter les agents du gouvernement anglais qui étaient à Offenbourg, notamment la baronne de Reich. Il devait se rendre d'abord à Strasbourg, pour prendre des renseignements du préfet, du nommé Méhée et du capitaine Rosey, en mission près des ministres anglais Drake et Smidt.

Le ministre des relations extérieures, Talleyrand, écrivit, le 12 mars, au général Caulaincourt, pour lui recommander de faire prendre et d'apporter les papiers de la baronne de Reich : il remit aussi au général une lettre pour le baron d'Édelsheim, ministre principal de l'électeur de Bade, pour justifier la mesure adoptée envers le duc d'Enghien.

Tout étant ainsi préparé, le duc d'Enghien

fut enlevé à Ettenheim le 15 mars 1804 ; il fut conduit, le même jour, à Strasbourg, et la nouvelle en fut transmise à Paris par le télégraphe.

Le 18 mars, le prince fut dirigé sur Paris, et le 20, au moment où il approchait des barrières, ces mêmes hommes, qui avaient déterminé le premier consul à le faire enlever, accoururent à la Malmaison, et demandèrent opiniâtrément que le prince fût jugé seul, sur-le-champ, et par conseil de guerre.

Le premier consul se récria vivement, disant qu'on voulait donc le rendre odieux ; que, si le duc d'Enghien était le chef des conspirateurs, il fallait le conduire devant ses complices et le juger avec eux ; que, s'il était coupable, la mesure prise contre lui deviendrait légale ou serait justifiée : mais on lui répliqua toujours par la raison d'état, *le salut de la patrie*. On lui peignit le danger d'amener le prince devant un public dont on connaissait peut-être mal les sentiments ; que sans doute les conjurés avaient des affidés, des amis ; qu'ils étaient déterminés, qu'une émeute serait possible, et que la troupe, qui avait du penchant pour Moreau, pourrait manquer. On rappela que George avait dit ne devoir attaquer le premier consul que lorsqu'il y aurait un prince à Paris, et avec une force organisée à Paris ; qu'il était probable qu'on n'avait arrêté qu'une très faible partie des conjurés ; que le prince serait un point de ralliement ; qu'on pouvait tenter de l'enlever, réveiller les partis et les malveillants, et amener une sédition où chacun arriverait dans l'intention d'en profiter..... Aucune voix ne s'éleva en faveur du prince.

L'arrêté du gouvernement fut pris immédiatement ; il porte que le duc d'Enghien sera traduit à une commission militaire, qui se réunira à Vincennes. Le prince arriva dans la forteresse à six heures du soir, et descendit là même où le grand Condé fut enfermé par ordre de Mazarin.

L'arrêté fut transmis à Murat, gouverneur de Paris, chargé de nommer les membres de la commission.

Alors ces personnages qui voulaient la mort du duc d'Enghien revinrent à Paris. Mais ils ne devaient pas prendre de repos que leurs projets ne fussent accomplis. L'un d'eux se rendit chez Murat pour activer la nomination des juges, un autre retourna à la Malmaison, pour empêcher le premier consul de changer d'avis [1].

---

[1] Si l'on n'eût pas craint que le consul changeât d'avis, il est probable que le prince n'eût pas été exécuté si vite.

Les membres de la commission militaire furent nommés dans la soirée du 20 mars, et choisis parmi les colonels de la garnison de Paris. Ils reçurent leur ordre par lettres closes : le général Hulin, président, fut seul appelé chez Murat.

Cette commission se réunit à Vincennes, vers le milieu de la nuit. Le rapporteur commença son interrogatoire à minuit : le procès-verbal le constate. La commission entra en séance à deux heures du matin; le jugement en faisait mention; ces mots *deux heures du matin* ont été effacés; mais c'est réellement à cette heure que commença la séance [1].

Le duc d'Enghien fut amené dans la salle du conseil; et le président, après lui avoir fait donner connaissance des *pièces* tant à charge qu'à décharge, au nombre de *une*, lui adressa *trois questions*; savoir, quels sont ses noms, s'il a pris les armes contre la France, s'il est encore à la solde de l'Angleterre. Le jugement fut immédiatement rendu; ce jugement, si l'on peut donner

[1] Cependant si l'on voulait que l'heure mise sur l'interrogatoire et le jugement ne constatât pas, selon l'usage, l'heure à laquelle ils ont été commencés, mais finis, je le voudrais; mais aussi alors le jugement aurait pris depuis minuit jusqu'à deux heures.

ce nom à une pièce informe, est remarquable par son laconisme, le voici tout entier :

« Le président a fait retirer l'accusé. Le conseil
» délibérant à huis clos, le président a recueilli
» les voix, en commençant par le plus jeune
» en grade; le président ayant émis son opinion le
» dernier, l'unanimité des voix l'a déclaré cou-
» pable, et lui a appliqué l'art....... de la loi
» du ....., ainsi conçu .....; et, en conséquence,
» *l'a condamné* à la peine de mort.

» Ordonne que le présent jugement *sera exécuté*
» *de suite*, à la diligence du capitaine rapporteur,
» après en avoir donné lecture, en présence des
» différents détachements des corps de la garni-
» son, au condamné. »

Le rapporteur et le greffier étaient sortis de la salle du conseil lorsque la commission militaire se forma à huis clos. Le rapporteur était resté dans l'intérieur du château ; le président le fit appeler, et lui fit signer le jugement ; mais il ne pensa pas au greffier, qui, croyant n'avoir plus rien à faire, s'était retiré sur l'esplanade.

Le prince fut aussitôt descendu dans le fossé, et un piquet fut requis pour l'exécution, qui eut lieu sur-le-champ, conformément au jugement.

Lorsque cette affaire a été remise au jour, on

a voulu en jeter tout le blâme sur ceux qui avaient exécuté le jugement, comme si l'exécuteur des œuvres de la haute justice était responsable des jugements, comme si la mort des Calas et des Labarre pouvait être reprochée aux bourreaux, comme si un soldat devait répondre du jugement que les lois et la discipline militaire lui ordonnent d'exécuter.

Mais ce jugement, qui ne pouvait paraître qu'une œuvre d'iniquité, est désavoué. M. le général Hulin lui en substitue un autre, en apparence plus régulier. Mais personne aujourd'hui n'est dupe de cette tromperie. Il n'est pas difficile de prouver que c'est en vertu du jugement que je viens de rapporter que le duc d'Enghien a été fusillé, et que le jugement dont on veut se faire un rempart ne fut fait, et ne put être fait qu'après coup.

M. le général Hulin, président de la commission, dit, « Plusieurs rédactions furent essayées,
» entre autres celle qui a été publiée comme pièce
» du procès ; mais, après qu'elle eut été signée,
» elle ne nous parut pas régulière, et nous fîmes
» procéder à une nouvelle rédaction *par le greffier*,
» basée principalement sur le rapport du conseil-
» ler d'état Réal et les réponses du prince. Cette
» seconde rédaction, qui constituait *la vraie mi-*

» *nute*, aurait dû rester seule ; l'autre aurait dû
» être anéantie sur-le-champ, etc., etc. ¹ »

Il suffit de comparer les deux jugements pour demeurer convaincu qu'ils n'ont pas été rédigés par les mêmes hommes, les auteurs du premier fussent-ils restés quinze jours à faire le second.

Quel intérêt peut-on avoir à renier le premier jugement ? le voici : ce premier jugement, qui porte l'ordre d'exécuter sans delai, étant informe, c'est ce jugement qui aurait causé la mort du prince, tandis que le second jugement ne portant pas l'ordre d'exécuter, la mort du prince ne pourrait pas être attribuée au jugement, mais à ceux qui l'ont fusillé.

Examinons donc ces deux jugements.

Le capitaine rapporteur a dû commencer son procès-verbal d'interrogatoire par relater l'année, le mois, le jour ; il a aussi relaté l'heure, *douze heures du soir*. Cet interrogatoire est assez long, il a dû prendre du temps : un incident est venu le prolonger, c'est la demande faite par le prince d'une entrevue avec le premier consul, que le rapporteur a accueillie, et dont il a fallu combiner la rédaction.

---

¹ Explications offertes aux hommes impartiaux, par M. le comte Hulin. Paris, Baudouin frères, 1823.

Si cet interrogatoire ne dura pas deux heures, toujours est-il que la commission n'ouvrit sa séance qu'à deux heures après minuit : *le jugement le portait.*

Les débats devaient commencer, et ils auraient effectivement commencé, si l'on en croit M. le général Hulin, par la lecture de l'interrogatoire, puisqu'il s'aperçut que le prince avait témoigné le désir d'avoir une entrevue avec le premier consul.

Il fallut aussi lire les pièces qui, selon M. le général Hulin, étaient jointes au dossier. C'étaient des lettres interceptées, une correspondance de M. Shée, préfet du Bas-Rhin ; *un long rapport* du conseiller d'état Réal, où toute cette affaire, avec ses ramifications, était présentée comme intéressant la sûreté de l'état et l'existence même du gouvernement.

Ainsi, d'après le second jugement, il y avait au dossier une correspondance interceptée, des lettres de M. Shée, un long rapport : d'après le premier jugement, les pièces étaient au nombre de *une*, c'est-à-dire l'arrêté du gouvernement.

Ce premier jugement, que l'on taxe d'irrégulier, avait pourtant dû paraître parfait aux yeux des juges, puisqu'ils l'avaient signé. Mais s'ils y eussent remarqué des vices, ce ne pouvait pas être relativement au nombre des pièces du procès. On ne dit pas qu'il y a *une* pièce quand il y en a plusieurs, vingt peut-être : ce n'eût point été là une erreur.

Mais enfin il y avait plusieurs pièces. Or, le temps passe vite, et quand il faut lire *plusieurs* pièces, un *long* rapport, et à cette lecture former son opinion sur une condamnation à mort; quand le prévenu est un prince du sang des rois, je crois que ce n'est pas trop de mettre une heure. Nous sommes à trois heures du matin.

Je ne parle pas du petit incident qui s'est élevé sur la demande de l'entrevue avec le premier consul, et qu'a taxée d'inopportune un homme qui, d'après le président, était derrière son fauteuil; car M. le président, qui connaissait assez bien la loi, malgré son ignorance pour savoir qu'elle ne permettait pas de surseoir, quoiqu'il ne la connût pas pour donner un conseil au prévenu, le président, dis-je, n'a pas dû perdre de temps par un si mince obstacle.

Après ces préliminaires, on a procédé à l'interrogatoire. Le prince répondit à toutes les questions qui lui furent adressées. « La fermeté » de ses aveux devenait désespérante pour ses » juges, » dit M. le général Hulin : « dix fois nous

» le mîmes sur la voie de revenir sur ses dé-
» clarations, toujours il persista d'une manière
» inébranlable. »

Des juges qui tracent ainsi à un accusé sa ligne de défense ne doivent pas agir avec précipitation, mais avec calme. Est-ce trop de mettre une heure pour cet interrogatoire, je le demande? En admettant donc cette heure, nous serons à quatre heures du matin.

A présent il faut faire retirer l'accusé, évacuer la salle et entrer en délibération; une délibération qui a pour résultat la condamnation à mort du duc d'Enghien, du dernier descendant du héros de Rocroy, a-t-elle demandé moins d'une heure de réflexions? Je me plais à croire que non; il est donc cinq heures.

Mais ce n'est pas tout de former son opinion sur la culpabilité et la peine à infliger, il faut encore combiner les termes du jugement, compulser les lois. M. le général Hulin nous dit lui-même combien cette tâche fut difficile à remplir, puisque plusieurs rédactions furent essayées. C'est bien peu, je pense, d'accorder à la commission militaire une heure pour toutes ces rédactions faites et rejetées, pour toutes ces hésitations; il est alors six heures.

Vient enfin la dernière, la vraie rédaction, *la*

vraie minute, selon M. le général Hulin. Ce second jugement est très long, il faut une heure pour le copier, en écrivant vite. La rédaction en est soignée; elle ne ressemble en rien au premier jugement. Des hommes habitués à rédiger des jugements n'en feraient pas un pareil en deux heures. Je mets donc qu'il ait tenu la commission pendant deux heures, il sera huit heures.

A huit heures, le jugement de M. le comte Hulin pouvait être en règle, *mais il ne prononçait rien pour l'exécution*, il ordonnait seulement la lecture au condamné.

Supposons qu'on ait voulu le faire exécuter, il fallait, aux termes de la loi, en faire une copie, pour la lire au condamné, et cette copie eût tenu un sténographe pendant une heure ; il eût été plus de neuf heures lors de l'exécution.

Supposons qu'on ait fait faire l'exécution *sur minute*, il eût toujours été huit heures ; et cette exécution a été faite la nuit, et c'était le 21 mars ! Le soleil se lève à cette époque de l'année à cinq heures cinquante-sept minutes. Le jour commence à poindre à cinq heures ; c'est donc deux heures, ou deux heures et demie au plus, après l'ouverture de la séance de la commission militaire que le duc d'Enghien a cessé de vivre!

D'après le calcul que j'ai fait sur le jugement invoqué par M. le général Hulin, il se serait écoulé six heures depuis l'ouverture des débats jusqu'à l'exécution. Je pense que je n'exagère pas, surtout quand ce sont des juges, un rapporteur, un greffier qui n'ont aucune notion en matière de jugement, comme le dit M. le général Hulin.

Les observations à l'appui de l'opinion que je soutiens formeraient un volume, je les borne aux suivantes.

Si M. le général Hulin avait eu la loi sur le bureau, il l'aurait relatée dans le premier jugement; car on ne signe pas un jugement en laissant des blancs qu'on peut remplir.

S'il avait eu la loi, il n'aurait pas fait signer ce jugement avant que de le prononcer, puisque la loi veut que le jugement soit prononcé d'abord, et signé ensuite.

S'il avait eu la loi, il aurait vu que le prince devait avoir un défenseur, car l'article qui contient cette disposition précède celui qui défend de suspendre la séance, et dont argumente M. le président pour n'avoir pas transmis au premier consul la demande du prince.

Si le second jugement a été rédigé par le greffier, est-ce avant ou après la prononciation? Si c'est avant la prononciation, c'est une infraction formelle à la loi ; si c'est après, le jugement écrit n'est pas le même que le jugement prononcé[1].

Enfin tout ce qui a été fait est conforme au premier jugement, qui ordonnait d'exécuter de suite, et rien de ce qui a été fait ne se rapporte au second jugement, que M. le général Hulin dit avoir *été écrit par le greffier*, et qui *a été écrit par une autre personne*, le lendemain de l'exécution, dans le cabinet de M. Réal[2].

Poursuivons nos observations.

M. le général Hulin dit qu'il adopte volontiers le dilemme proposé par le *Journal des Débats*. « C'est que de toute manière il ne pouvait pas » être procédé de suite à l'exécution du jugement. » On ne pouvait pas y procéder sur la première » minute, car elle était incomplète quoique signée » de nous ; elle contenait des blancs *non remplis*, » et n'était pas signée du greffier. Ainsi *le rappor-* » *teur* et *l'officier chargé de l'exécution* n'auraient » pu, sans prévarication, voir là un véritable juge- » ment. Et quant à la seconde rédaction, la seule » vraie, comme elle ne portait pas l'ordre d'*exécuter*

---

[1] Voir la loi du 13 brumaire an V sur la manière dont les jugements des conseils de guerre doivent être rendus.
[2] On peut vérifier l'écriture de ce jugement.

» de suite, mais seulement de *lire* de suite le juge-
» ment au condamné, l'exécution de suite ne se-
» rait pas le fait de la commission, mais seulement
» de ceux qui auraient pris sur leur responsabi-
» lité propre de brusquer cette fatale exécution. »

Ce raisonnement, qui tend à prouver que le duc d'Enghien ne pouvait être exécuté en vertu d'aucun des deux jugements, peut être fait par tout le monde, excepté par ceux qui ont concouru à ces jugements; car il ne s'agit pas pour eux de ce qui ne devait pas être, mais de ce qui a été.

Plus loin, M. le général Hulin dit qu'en se défendant il ne lui convient pas d'accuser. Mais, si je ne me trompe, il porte une terrible accusation contre *le capitaine rapporteur* et *l'officier chargé de l'exécution*, puisque d'après son raisonnement le prince ne pouvait être exécuté ni en vertu du premier, ni en vertu du second jugement, et que cependant le prince a été exécuté.

Parlons d'abord du premier jugement. Ce jugement n'était pas en règle; mais était-ce au capitaine rapporteur à juger de sa validité? était-ce à l'officier chargé de l'exécution? Lorsque des juges, dont le devoir est de faire leur jugement conformément aux lois qu'ils doivent avoir sous les yeux, remettent ce jugement avec des blancs, est-ce au capitaine rapporteur et à l'officier chargé de l'exécution que l'on peut reprocher de n'avoir pas aperçu ces blancs? Lorsque des juges remettent un jugement non signé par le greffier qui devait l'écrire, est-ce au capitaine rapporteur et à l'officier chargé de l'exécution que l'on doit s'en prendre, si ce greffier n'a ni écrit ni signé le jugement? Lorsque des juges prononcent en moins de deux heures et demie une condamnation à mort, en violant toutes les formes, est-ce au capitaine rapporteur et à l'officier chargé de l'exécution que l'on doit reprocher trop de précipitation? S'il y a *prévarication*, est-elle du côté des juges ou du côté de l'officier chargé de l'exécution? La mort du duc d'Enghien est-elle due au jugement ou aux exécuteurs du jugement? Le duc d'Enghien aurait-il été exécuté s'il n'y avait pas eu de jugement?

Quant au second jugement, il ne portait pas l'ordre d'*exécuter* de suite, mais seulement de *lire* de suite. Si ce second jugement eût été le véritable, M. le président eût mis dans sa poche le premier, ou plutôt il l'eût déchiré. Le second seul eût été connu du capitaine rapporteur. Et l'on voudrait que cet officier eût pris sur lui de faire fusiller le prince sans jugement? Car c'est comme s'il n'y avait pas eu de jugement, puisque rien n'était ordonné pour l'exécution, mais seulement pour la lecture. Or, *lire* ne veut pas dire *tuer*, et l'on aurait tué quand il fallait lire : cela n'est pas possible, cela n'est pas.....

Le procès du duc d'Enghien, jusqu'à l'exécution, a pris deux heures et demie; c'est prompt. Le premier jugement porte tous les caractères de la précipitation. Ce jugement ordonne d'exécuter de suite, et le prince a été exécuté de suite. Je le répète; tout ce qui a été fait est en harmonie avec le premier jugement. Le second jugement est long, très long : il est bien fait, rien n'y manque, chefs d'accusation, questions à l'accusé, question à résoudre par les juges, avis des juges sur chaque question, citations des lois, etc., etc., tout y est; mais rien de ce qui a été fait ne s'y rattache.

Mais pourquoi ne pas dire : Les membres du conseil de guerre ont obéi à leurs ordres en acceptant les fonctions de juges; ils ont cru le duc d'Enghien coupable, ils l'ont condamné; ils ont mal rédigé leur jugement, parcequ'ils ne savaient pas faire autrement ?

Le jugement a été exécuté, mais ce ne sont pas les juges qui ont fait l'exécution; ils n'ont fait que le jugement, et les exécuteurs ont fait ce qu'ordonnait le jugement.

§ II.

Plusieurs personnes ont fait cette question. Le duc d'Enghien conspirait-il ou ne conspirait-il pas? On répond, le duc d'Enghien pouvait faire la guerre à la France et à son gouvernement, mais il ne pouvait pas conspirer.

Qu'à Ettenheim, comme partout ailleurs, le duc d'Enghien songeât à rentrer en France, qu'il en cherchât les moyens, cela se conçoit, cela devait être; mais qu'il fût le chef d'une conspiration qui avait pour but de rétablir le trône par un assassinat, cela n'est pas possible.

Si le prince avait des projets, il ne les laissait pas apercevoir, car le chargé d'affaires de France près la cour de Bade, M. Massias, avait jugé sa conduite mesurée et innocente; et M. Massias rendait loyalement compte de ce qui se passait dans sa légation.

C'est donc à Paris que tout a été fait.

Mais les pièces qui distribuaient à chacun sa part dans cette affaire ont été enlevées en 1814 des salles du Louvre, où elles étaient déposées. On sait bien qui les a fait enlever et qui les a enlevées; on sait bien aussi quel est l'homme qui se trouvait chargé par ces pièces, cependant on ne peut en rendre compte.

D'après les témoignages des contemporains, dont quelques uns sont écrits, c'est le ministre des relations extérieures qui a fait connaître au premier consul la présence du prince sur les bords du Rhin.

« Dès que je sus, » dit M. Massias, chargé des affaires de France à Carlsruhe, « que le duc
» d'Enghien avait été enlevé et transféré dans la
» citadelle de Strasbourg, j'écrivis sans perdre un
» moment au ministre des affaires étrangères,
» pour lui dire combien durant son séjour dans
» l'électorat, *séjour dont mes dépêches l'avaient
» antérieurement avisé*, la conduite du prince
» avait été mesurée et innocente. »

La conduite du prince dans l'électorat était mesurée et innocente; c'est M. Massias, chargé d'affaires de France, qui le dit, qui l'écrit au ministre: qui donc a pu calomnier le prince, et l'assimiler *aux brigands envoyés en France par le gouvernement anglais* [1]?

L'erreur de nom qui a fait croire que Dumouriez était à Ettenheim fut sans doute très malheureuse, et ne contribua pas peu à faire adopter la mesure violente de l'enlèvement; mais il

---

[1] Lettre du 11 mars 1804, de M. de Talleyrand au baron d'Edelsheim.

fallait d'autres indices de la culpabilité du prince. A défaut de preuves matérielles qui n'existaient pas, il a fallu des raisonnements ; qui donc a pu se charger de porter la conviction dans l'esprit du premier consul ? De quelle bouche ces raisonnements devaient-ils sortir pour avoir de la force[1] ?

Le ministre des relations extérieures n'avait reçu aucune plainte contre le duc d'Enghien, c'était une preuve morale de son innocence. La correspondance diplomatique ne pouvait pas même laisser de soupçons, puisque la conduite du prince n'en inspirait pas au chargé d'affaires.

Comment alors le ministre a-t-il pu écrire à la cour de Bade : « Il apprit de même (le » premier consul) que le duc d'Enghien et le » général Dumouriez se trouvaient à Ettenheim, » et, comme il est impossible qu'ils se trouvent en » cette ville sans la permission de son altesse élec- » torale, le premier consul n'a pu voir sans la » plus profonde douleur qu'un prince auquel il » lui avait plu de faire éprouver les effets les plus » signalés de son amitié avec la France pût don- » ner asile à ses ennemis les plus cruels, et leur

---

[1] Je n'entends désigner personne ici ; c'est une question que je pose et dont la solution est réservée au lecteur.

»laissât ourdir tranquillement des conspirations
» aussi inouïes[1] ? »

Et dans le cas où M. Massias, apprenant l'arrestation du prince, se serait adressé directement au premier consul pour lui découvrir la vérité, n'avait-on pas pris des précautions pour ôter toute créance à ses récits? Oui, on l'avait accusé d'avoir épousé la proche parente d'une intrigante dangereuse, et d'avoir favorisé la conspiration du duc d'Enghien. Ainsi la seule personne qui pouvait éclairer la religion du consul était bassement accusée elle-même, dans le but évident d'ôter toute ressource au prince, soit qu'il en appelât à M. Massias, soit que le consul lui-même s'adressât à lui.

Je ne vois pas qui a pu calomnier aussi odieusement M. Massias, mais ce que je vois bien, c'est que le ministre des affaires étrangères a su que tout ce que l'on avait dit sur M. Massias était faux, et qu'il n'avait pas désabusé le premier consul, alors même qu'il était empereur.

M. Massias reçut du ministre des affaires étrangères une lettre qui lui donnait l'ordre d'aller à Aix-la-Chapelle pour rendre compte de sa conduite à l'empereur.

[1] Lettre, du 11 mars 1804, de M. de Talleyrand à M. le baron d'Edelsheim.

« Arrivé à Aix-la-Chapelle, dit M. Massias, j'allai chez le ministre, auquel *je rappelai ce dont l'avait instruit ma correspondance, savoir, la vie simple et paisible du prince, et la non-parenté de ma femme avec la baronne de Reich*, fait dont il était assuré par un certificat bien en règle, que je lui avais envoyé. Il me dit que tout s'arrangerait.

» Je fus introduit avec lui dans le cabinet de l'empereur. . . . .
. . . . Comment, M. Massias, dit l'empereur, vous que j'ai traité avec bonté, avez-vous pu entrer dans les misérables intrigues des ennemis de la France ? . . . .
. . . . . Je connaissais l'adresse et l'habileté de l'empereur, je pris le parti de faire l'étonné. . . . . En vérité, s'écria-t-il avec un geste, et faisant un pas en arrière, on dirait qu'il ne sait ce dont je veux lui parler ! . . .
. . . Même étonnement, même signe d'ignorance de ma part . . . .
. . . Comment, ajouta-t-il vivement, mais sans colère, n'avez-vous pas épousé une proche parente d'une misérable intrigante, la baronne de Reich? — *Sire*, lui dis-je, *monsieur que voilà*, en lui montrant le ministre, *a indignement trompé la religion de votre majesté*. Il a su de

moi que ma femme n'était point parente de la baronne de Reich, et je lui en avais *antérieurement* envoyé le certificat bien en règle. A ces mots l'empereur recula en souriant, marcha à droite et à gauche dans son cabinet, toujours en nous regardant, puis, se rapprochant de moi, il me dit d'un ton radouci : Vous avez cependant souffert des rassemblements d'émigrés à Offenbourg ?

» — J'ai rendu fidèlement compte de ce qui se passait dans ma légation : comment me serais-je avisé de persécuter quelques malheureux, tandis qu'avec votre autorisation ils passaient le Rhin par centaines et par milliers ? Je ne faisais qu'entrer dans l'esprit de votre gouvernement.

» — Vous auriez pourtant dû empêcher les trames que le duc d'Enghien ourdissait à Ettenheim. — Sire, je suis trop avancé en âge pour apprendre à mentir : *on a encore trompé sur ce point la religion de votre majesté.* — Croyez-vous, dit-il en s'animant, que, si la conspiration de George et de Pichegru avait réussi, il n'aurait pas passé le Rhin, et ne serait pas venu en poste à Paris ? — Je baissai la tête, et me tus[1]. »

---

[1] Note de M. Massias. *Mémoires historiques sur la catastrophe du duc d'Enghien*; Paris, Baudouin frères, 1824.

Quelle que soit la source d'où sont venues les accusations contre le duc d'Enghien, il n'en est pas moins constant que le ministre a connu les préliminaires de l'enlèvement ; c'est lui qui a donné des instructions au général Caulaincourt; c'est lui qui a justifié la mesure vis-à-vis de la cour de Bade. « En cette occasion si extraordinaire, le » premier consul a cru devoir donner à *deux pe-* » *tits* détachements l'ordre de se rendre à Offen- » bourg et à Ettenheim, pour y saisir les instiga- » teurs d'un crime qui, par sa nature, *met hors* » *du droit des gens* ceux qui manifestement y ont » pris part [1]. »

Si tel devait être le langage du ministre des relations extérieures, on n'était pas ministre malgré soi.

Cependant on a dit que ce ministre n'a cessé de modérer les passions violentes de Bonaparte [2]. Il faut croire que ce n'était pas encore à cette époque ; ou, si déjà il était le modérateur des passions de Bonaparte, il n'a point usé de son ascendant pour sauver le duc d'Enghien; car,

---

[1] Lettre du 11 mars 1804 de M. de Talleyrand au baron d'Edelsheim.

[2] Lettre de M. le duc de Dalberg au prince de Talleyrand, 13 novembre 1823.

avant l'enlèvement, il avait été instruit de la conduite paisible du prince : il le fut encore après. Le jour même de l'enlèvement, la nouvelle en parvint à Carlsruhe. M. Massias écrivit de suite, et sans perdre un moment, au ministre. Cette lettre a dû parvenir au plus tard le 18 mars, deux jours avant le fatal moment de Vincennes. Comment le ministre n'a-t-il pas profité de ce temps pour désabuser le premier consul, le conjurer, l'implorer même, de rendre la liberté au prince ? Eh ! de quel poids n'eût pas été la prière du ministre, appuyée du témoignage du digne M. Massias, surtout si, comme le dit M. le duc de Dalberg dans la lettre qu'il a écrite à M. de Talleyrand[1], et que celui-ci a trouvée *excellente*, Bonaparte était mal informé *par ce que la police avait de plus vil.*

« Dans les temps où nous vivons, et où l'on
» exalte toutes les passions, dit M. de Dalberg, on
» doit, mon prince, éclairer la part qu'on a prise
» aux affaires publiques, lorsqu'on est calomnié.

» Il est connu que, sous votre ministère, vous
» n'avez cessé de modérer les passions violentes
» de Bonaparte. Vous désiriez que les longs mal-

---

[1] Lettre de M. le duc de Dalberg au prince de Talleyrand, du 13 novembre 1823.

»heurs de l'Europe et de votre patrie finissent
» par lui et avec lui. Mais telle n'a pas été la vo-
» lonté du destin : votre nom devait se rattacher
» à un grand évènement, et je me féliciterai tou-
» jours de la faible part que j'y ai eue [1].

» . . . . . . Bonaparte seul, mal informé par
» ce que la police avait de plus vil, et n'écoutant
» que sa fureur, se porta à cet excès sans con-
» sulter [2]. Il fit enlever le prince avec l'inten-
» tion de le tuer [3]. Il est déplorable de voir de
» nouveau s'occuper de faits qui déshonorent
» autant cette pauvre humanité [4]. »

M. de Talleyrand répond sans perdre de temps à M. le duc de Dalberg [5] : « Je viens de recevoir votre lettre du 13 novembre, mon cher duc; elle est excellente. Je l'ai lue à plusieurs person-

---

[1] Sans doute la déchéance de Napoléon.

[2] Eh! qu'en sait M. de Dalberg. Pourquoi M. de Talleyrand, qui avait les lettres de M. Massias, ne s'est-il pas opposé à cet excès ? En supposant même que le ministre n'eût pas de renseignements, pourquoi s'est-il prêté aux actes qui avaient cet excès pour objet ?

[3] Mais c'était une raison de plus pour que l'on refusât de participer à l'enlèvement.

[4] Tant pis pour ceux qui se sont déshonorés. Mais l'histoire, M. le duc, ne peut pas glisser sur cet évènement.

[5] Lettre du 20 novembre 1823 de M. de Talleyrand à M. de Dalberg.

nes de différentes opinions; on est d'accord, on la trouve sans réplique........ Il ne faut pas mettre trop d'importance à l'attaque du duc de Rovigo; le public en a fait justice, et justice complète...... Le jugement est porté, on ne veut plus de cette affaire........ »

M. de Talleyrand permettra de lui faire observer qu'il se trompe, car on veut encore de cette affaire: l'histoire ne la passera pas non plus sous silence, elle recueillera les plus petits documents; il s'en découvre tous les jours.

§ III.

Dans son testament écrit à Sainte-Hélène, Napoléon dit : J'ai fait arrêter et juger le duc d'Enghien, parceque cela était nécessaire à la sûreté, à l'intérêt et à l'honneur du peuple français, lorsque le comte D..... entretenait de son aveu soixante assassins à Paris; dans une semblable circonstance j'agirais encore de même.

Cette déclaration a fait bondir de joie tous ceux qui ont participé à la mort du duc d'Enghien. Ils ont cru que Napoléon assumait sur sa tête toute la responsabilité de cette affaire; mais c'est une erreur. Napoléon n'a pu prendre sur lui que la part qu'il y eut.

Le duc d'Enghien ne pouvait être enlevé qu'avec les ordres du premier consul; ces ordres ont été donnés, et Napoléon explique comment on les a obtenus. Il ne se justifie pas. Ceux qui l'ont connu savent qu'il préfèrerait effectivement tout prendre sur sa propre responsabilité, que de laisser croire un instant qu'il n'était pas le seul maître en France, et qu'il pouvait se laisser influencer par des hommes dont il était obligé de se servir, et pour lesquels il n'avait pas un grand fonds d'estime.

Il faut bien expliquer la pensée de Napoléon, telle qu'elle doit l'être. Reportons-nous à l'époque. Les émigrés et les puissances étrangères voulaient l'anéantissement du nouvel ordre de choses établi en France. Dumouriez d'abord, et Pichegru ensuite, voulurent user de leur ascendant sur les troupes pour rétablir l'ancien régime. Bonaparte embrassa le parti de la république, et parvenu au faîte du pouvoir, il dut vouloir tout ce qui pouvait la maintenir. Les conspirateurs changèrent leur plan. Ce n'était plus en agitant les esprits, en ranimant la fureur des partis, ou en cherchant à subjuguer une partie de l'armée ou de ses chefs, que l'on pouvait anéantir la révolution. Pour frapper la république il fallait frapper Bonaparte; et Bonaparte, avec toute la France, regardait les coups dirigés contre lui comme dirigés contre la régénération française.

Ainsi, l'affaire du 3 nivôse, la tentative de George et quelques autres conspirations moins éclatantes, parurent des attentats plutôt contre la république que contre son premier magistrat.

Le premier consul ayant eu cette opinion, que les conspirations étaient permanentes contre sa personne et contre l'état, que le comte D...... entretenait des assassins à Paris, que le duc d'Enghien était à la tête de la conspiration de George, a fait enlever et juger le duc d'Enghien ; et aujourd'hui Napoléon dit, que s'il était encore en pareille circonstance, c'est-à-dire, s'il était à la même époque, et qu'il eût la même croyance, il agirait encore de même. Napoléon ne se juge pas comme si l'affaire se passait de nos jours, il se reporte aux temps et aux circonstances.

Mais on ne peut trouver là une excuse pour ceux qui ont fait connaître au consul le séjour du duc d'Enghien dans l'électorat de Bade, ni pour ceux qui lui ont dépeint le prince comme le chef de la conjuration de George, et qui ont conseillé l'enlèvement. Quant à ceux-là, leur affaire est indépendante de celle du consul, et reste tout entière à leur charge.

Ce serait encore se méprendre étrangement que de croire que, dans les expressions de son testament, Napoléon embrasse toute l'affaire du duc d'Enghien, c'est-à-dire son enlèvement, son jugement prétendu et sa mort. Napoléon dit qu'en semblable circonstance il agirait encore de même; il ferait enlever le prince et le ferait juger, car le jugement est une conséquence nécessaire de l'enlèvement. Mais il fallait qu'il fût jugé, et s'il ne l'a pas été, ce n'est pas la faute de Napoléon.

Au reste, Napoléon ne s'excuse pas. Je ne l'excuse pas non plus.

§ IV.

On a dit dans les temps, et Napoléon a répété à plusieurs personnes, que le duc d'Enghien lui avait écrit de Strasbourg une lettre, que M. de Talleyrand avait gardée jusqu'après l'exécution.

L'existence de cette lettre a été révoquée en doute, notamment par M. le baron de Saint-Jacques, qui était attaché au prince. Je n'ai point la prétention de dire que cette lettre a été écrite, mais je crois que les raisons sur lesquelles s'appuie M. le baron de Saint-Jacques, pour prouver le contraire, ne sont pas démonstratives.

M. le baron de Saint-Jacques dit : « Quant à la lettre que l'on prétend avoir été écrite à Bonaparte par le prince, durant sa détention à Strasbourg, ce que je viens de rapporter [1] de ce prince repousse assez l'idée d'une pareille faiblesse. J'ajouterai que je n'ai pas quitté un seul moment monseigneur le duc d'Enghien dans la citadelle de Strasbourg, et qu'il n'a point écrit ni à Bonaparte ni à qui que ce soit. »

Il n'y aurait pas eu plus de faiblesse de la part du duc d'Enghien d'écrire à Bonaparte de la citadelle de Strasbourg, qu'il n'y en eut à Vincennes, lorsque cet infortuné prince dit au capitaine rapporteur : « Avant de signer ce pro-
» cès-verbal, je fais avec instance la demande
» d'avoir une audience du premier consul. Mon
» nom, mon rang, *ma façon de penser* et l'hor-
» reur de ma situation, me font espérer qu'il ne
» se refusera pas à ma demande. »

Ah! si le premier consul eût connu la demande du prince, il l'eût accueillie, et le duc d'Enghien vivrait encore. Jamais Bonaparte n'a refusé la grâce de personne, et que n'eût-il pas

---

[1] M. le baron de Saint-Jacques rapporte des fragments des lettres du prince, et ce qu'il disait de la conspiration.

fait pour le prince qui n'avait sans doute pas besoin de grâce !

Mais cette demande Bonaparte l'ignora, il l'ignora toujours, et personne ne peut se contenter des motifs qui, selon le général Hulin, l'ont empêché de la transmettre. Comment croire qu'un général, président d'un conseil de guerre, chargé de juger un personnage comme le duc d'Enghien, n'a pas transmis cette demande parcequ'il a plu à un individu de la taxer d'inopportune? qu'il ne l'a pas transmise parceque la loi ne lui permettait pas de surseoir, quand il pouvait prolonger la délibération pendant vingt-quatre heures? Comment croire que ce président se laissa arracher la plume des mains, lorsqu'après avoir procédé au jugement qui condamnait à mort et ordonnait d'exécuter de suite, il voulut si tardivement faire connaître les vœux du prince? Et si cela est vrai, quelle faiblesse et quelle ignorance !

Quant à la seconde allégation de M. le baron de Saint-Jacques, savoir, qu'il n'a pas quitté un seul moment monseigneur le duc d'Enghien dans la citadelle de Strasbourg, et qu'il n'a point écrit, etc.... il faut la comparer avec le journal du prince.

« Le jeudi 15 (mars), à Ettenheim, ma mai-

NOTE SUR L'AFFAIRE DE VINCENNES. 265

son cernée.... à cinq heures et demie [1]. Les portes enfoncées.......... Embarqué pour Rheinau, débarqué et marché à pied jusqu'à Pfofsheim......; monté en voiture avec le colonel Charlot, un maréchal des logis et un gendarme........ Arrivés à Strasbourg, chez le colonel Charlot, vers cinq heures et demie [2], transféré une demi-heure après, dans un fiacre, à la citadelle. *Mes compagnons d'infortune, venus de Pfofsheim à Strasbourg avec des chevaux de paysans, dans une charrette, arrivés à la citadelle en même temps que moi, descendus chez le commandant, logés dans son salon pour la nuit.........* » Vendredi 16, prévenu que j'allais changer de logement......, je suis transféré dans le pavillon, à droite en entrant sur la place, en venant de la ville ; *je puis communiquer* avec la chambre de MM. de Thumery, *Jacques* et Schmitt, par des dégagements....... »

Ainsi, d'après ce journal, le prince aurait passé seul toute la nuit du 15 au 16, et une partie de la journée du 16 [3].

---

[1] Du matin.
[2] Du soir.
[3] Il y a sans doute quelque erreur dans ce journal, car il est impossible que M. de Saint-Jacques se soit trompé sur le temps qu'il a passé avec le prince.

Quelque pénible qu'il soit d'entrer dans les détails de cette malheureuse affaire, je le ferai pourtant, la vérité m'y force.

On a répandu le bruit que la fosse qui devait recevoir le corps de l'infortuné prince avait été creusée d'avance, la veille de sa mort, avant même qu'il fût arrivé à Vincennes. Je ne veux, pour preuve de l'inexactitude de cette imputation, que le procès-verbal qui a servi à l'établir.

Et d'abord, il est constant que le prince n'arriva à Vincennes que sur les six heures du soir.

Les 18 et 20 mars 1816, avant que d'exhumer les restes du prince, MM. Delaporte-Lalanne et Héricart Ferrand de Thury, assistés de plusieurs personnes attachées à la cour et à la maison de Condé, ont procédé à une enquête. Ce sont les propres dépositions des témoins entendus que je comparerai.

Madame Bon, ancienne religieuse, maîtresse de pension, ayant pour élèves les filles de madame Harel, femme du commandant de Vincennes, déclare :

« Que le 20 mars, ayant ramené à leur mère les demoiselles Harel *sur les cinq heures après midi*, elle vit arriver dans les cours du château de Vincennes une voiture à six chevaux, et en descendre un homme d'une figure et d'une taille distinguées, qui fut reçu par le sieur Bourdon, employé au château, et par le sieur Harel, commandant.

» Qu'étant montée chez la dame Harel, elle y apprit de la bouche même du commandant, *que ce personnage était vraisemblablement un prince*, que le sieur Harel paraissait ne pas connaître. Qu'elle ne put en savoir davantage, étant sortie sur les six heures de chez la dame Harel, qu'elle laissa dans la plus profonde douleur. »

D'après cette déposition, M. Harel ne connaissait pas le prince; il supposait seulement que ce devait être un prince, et cependant, d'après d'autres dépositions, M. Harel aurait fait faire la fosse dès trois heures après midi.

Bonnelet, manouvrier à Vincennes, déclare :

« Que le jour même où monseigneur le duc d'Enghien est arrivé à Vincennes, le commandant du château, M. Harel, lui donna, à lui Bonnelet, *vers les trois heures après midi*, l'ordre de creuser une fosse pour y retirer des décombres... Qu'il y a travaillé depuis trois heures après midi jusqu'à la fin du jour, et qu'il a fait une fosse de deux pieds et demi de profondeur, sur trois de largeur, et cinq à six de longueur[1]. Que ce n'est que le surlendemain qu'il a pu aller voir la fosse qu'il avait faite; qu'il l'avait trouvée comblée, et la terre relevée par-dessus en forme de sépulture. »

Ainsi c'est Bonnelet qui a fait la fosse à trois heures après midi, avant l'arrivée du prince, avant même qu'on sût qu'il serait transféré à Vincennes; et au lieu de prendre un employé du château, c'est un étranger qu'on choisit, afin que le secret d'une chose si étrange ne soit pas gardé.

Godard, employé aux octrois, ancien canonnier, déclare :

« Que M. Harel fut le trouver, et lui donna l'ordre de délivrer trois pelles et trois pioches, que des gendarmes vinrent eux-mêmes chercher au magasin, en présence de M. Harel.

» Que le lendemain il alla ramasser ses pelles et ses pioches, qui étaient jetées çà et là sur une fosse nouvellement faite, et présentant une élévation d'un pied au-dessus de terre, dans la forme d'une sépulture. »

D'après cette déposition la fosse n'aurait pas été faite par Bonnelet, mais par des gendarmes,

---

[1] Cette fosse pour retirer des décombres s'est trouvée juste dans les dimensions d'un tombeau.

et ces gendarmes étaient au nombre de trois, d'après M. Delaporte-Lalanne [1].

Trois gendarmes n'avaient pas besoin de trois pelles et de trois pioches, et trois gendarmes ne pouvaient travailler ensemble dans une fosse de deux pieds et demi de large sur six de long.

Cependant ces pelles et ces pioches répandues sur la fosse paraissent avoir servi à la creuser, car si ce n'eût été que pour la remplir, la terre étant nouvellement remuée, il n'était pas besoin de pioches. *Mais si la fosse a été faite par Bonnelet dès trois heures après midi, Bonnelet avait sans doute ses instruments, et dans tous les cas il ne lui fallait pas trois pelles et trois pioches.*

M. Delaporte-Lalanne dit que ces pelles et ces pioches furent délivrées dans l'après-midi. Dans l'après-midi suppose avant six heures, car si c'était après, on dirait dans la soirée. Cependant, d'après Godard lui-même, ces instruments n'ont été délivrés qu'après l'arrivée du prince, et ce ne pouvait être au plus tôt qu'après la nuit close.

Godard déclare : qu'il savait qu'il était entré dans le château un prisonnier de distinction *arrivé à l'entrée de la nuit*; qu'il était persuadé *en*

---

[1] Voir la lettre de M. Delaporte-Lalanne, en réponse à la brochure du duc de Rovigo, et insérée dans les journaux à la fin de 1823.

fournissant les outils, qu'ils étaient destinés à répandre un tas de fumier jeté dans le fossé, et pouvant favoriser l'évasion du prisonnier.

Cette pensée qu'avait Godard en délivrant les outils, qu'ils étaient destinés à répandre un tas de fumier, ne s'est pas confirmée. On n'a point répandu de fumier. Cette précaution, qui eût pu être bonne si le prince eût dû rester prisonnier, était inutile par le résultat que devait avoir l'affaire; et je ferai remarquer que si M. Harel eût fait faire la fosse dès trois heures, il n'avait pas besoin de se prémunir contre l'évasion; car un homme pour lequel on a fait de semblables dispositions doit être assez bien gardé pour qu'on ne craigne pas qu'il s'échappe.

Il résulte de là, que les outils donnés par Godard n'auraient pu servir qu'à faire la fosse, et que la fosse n'aurait été faite que la nuit. Il en résulte aussi que les témoignages sont inconciliables; ce qui ne vient sans doute que du défaut de mémoire des témoins au bout de seize ans.

Je terminerai mes observations par la déposition de Blancpain, ancien brigadier de gendarmerie. Ce témoin déclare « qu'il a été placé sous le pont de la porte du bois, à cinquante pas environ du pavillon de la reine, au pied duquel s'est fait l'exécution.

» Qu'il en a été témoin de la dite place, *sans pouvoir cependant distinguer bien précisément ce qui se passait*..... Qu'aussitôt que le prince fut tombé, il a *vu* les gendarmes s'approcher de son corps et l'emporter tout habillé, *pour le déposer dans une fosse préparée derrière un mur de cinq à six pieds de hauteur environ, et distant de trois pas du lieu de l'exécution*..... » C'est ce témoin qui ne pouvait distinguer, et qui cependant a vu, qui vit aussi sur le bord du fossé M. de Caulaincourt, qui, dans ce moment, était à Lunéville.

PIÈCES RELATIVES

AU JUGEMENT.

LIBERTÉ. — ÉGALITÉ.

Extrait des registres des délibérations des consuls de la république.

Paris, le 29 ventôse, l'an XII de la république une et indivisible (20 mars 1804).

Le gouvernement de la république arrête ce qui suit :

Art. Ier. Le ci-devant duc d'Enghien, prévenu d'avoir porté les armes contre la république, d'avoir été et d'être encore à la solde de l'Angleterre, de faire partie des complots tramés par cette dernière puissance contre la sûreté intérieure et extérieure de la république, sera traduit à une commission militaire, composée de sept membres nommés par le général gouverneur de Paris, et qui se réunira à Vincennes.

Art. II. Le grand juge, le ministre de la guerre

et le général gouverneur de Paris, sont chargés de l'exécution du présent arrêté.

Au gouvernement de Paris, le 29 ventôse an XII de la république.

Le général en chef, gouverneur de Paris,
En exécution de l'arrêté du gouvernement, en date de ce jour, portant que le ci-devant duc d'Enghien sera traduit devant une commission militaire composée de sept membres nommés par le général, gouverneur de Paris, a nommé et nomme pour former ladite commission, les sept militaires dont les noms suivent :

Le général Hulin, commandant les grenadiers à pied de la garde des consuls, président;

Le colonel Guitton, commandant le 1ᵉʳ régiment de cuirassiers;

Le colonel Bazancourt, commandant le 4ᵉ régiment d'infanterie légère;

Le colonel Ravier, commandant le 18ᵉ régiment d'infanterie de ligne;

Le colonel Barrois, commandant le 96ᵉ *idem*;

Le colonel Rabbe, commandant le 2ᵉ régiment de la garde municipale de Paris;

Le citoyen Dautancourt, major de la gendarmerie d'élite, qui remplira les fonctions de capitaine rapporteur.

Cette commission se réunira sur-le-champ au château de Vincennes, pour juger, sans désemparer, le prévenu, sur les charges énoncées dans l'arrêté du gouvernement, dont copie sera remise au président.

J. MURAT.

INTERROGATOIRE.

L'an XII de la république française, aujourd'hui, 29 ventôse, *douze heures du soir;* moi, capitaine-major de la gendarmerie d'élite, me suis rendu, d'après l'ordre du général commandant le corps, chez le général en chef *Murat,* gouverneur de Paris, qui me donne de suite l'ordre de me rendre au château de Vincennes, près le général *Hulin,* commandant les grenadiers de la garde des consuls, pour en prendre et recevoir d'ultérieurs.

Rendu au château de Vincennes, le général *Hulin* m'a communiqué : 1° une expédition de l'arrêté du gouvernement, du 29 ventôse, présent mois, portant que le ci-devant duc d'Enghien serait traduit devant une commission militaire, composée de sept membres, nommés par le général gouverneur de Paris; 2° l'ordre du général en chef, gouverneur de Paris, de ce jour, portant nomination des membres de la commission militaire, en exécution de l'arrêté précité, lesquels sont les citoyens *Hulin*, général des grenadiers de la garde; *Guitton*, colonel du 1er de cuirassiers; *Bazancourt*, commandant le 4e régiment d'infanterie légère ; *Ravier*, commandant le 18e d'infanterie de ligne ; *Barrois*, commandant le 96e *idem;* et *Rabbe*, commandant le 2e régiment de la garde de Paris.

Et portant que le capitaine-major soussigné remplira auprès de cette commission militaire les fonctions de capitaine-rapporteur : le même ordre portant encore que cette commission se réunira sur-le-champ au château de Vincennes, pour y juger, sans désemparer, le prévenu, sur les charges énoncées dans l'arrêté du gouvernement susdaté.

Pour l'exécution de ces dispositions, et en vertu des ordres du général *Hulin*, président de la commission, le capitaine soussigné s'est rendu dans la chambre où se trouvait couché le duc d'Enghien, accompagné du chef d'escadron *Jacquin* de la légion d'élite, et des gendarmes à pied du même corps, nommés *Lerva* et *Tharsis*, et encore du citoyen *Noirot*, lieutenant au même corps : le capitaine-rapporteur soussigné a reçu de suite les réponses ci-après, sur chacune des interrogations qu'il lui a adressées étant assisté du citoyen *Molin*, capitaine au 18e régiment, greffier choisi par le rapporteur.

— A lui demandé ses nom, prénoms, âge et lieu de naissance :

A répondu se nommer *Louis-Antoine-Henri de Bourbon, duc d'Enghien*, né le 2 août 1772 à Chantilly.

— A lui demandé à quelle époque il a quitté la France :

A répondu : « Je ne puis pas le dire précisément, mais je pense que c'est le 16 juillet 1789; » qu'il est parti avec le prince de Condé, son grand-père, son père, le comte d'Artois et les enfants du comte d'Artois.

— A lui demandé où il a résidé depuis sa sortie de France :

A répondu : « En sortant de France, j'ai passé avec mes parents, que j'ai toujours suivis, par Mons et Bruxelles; de là nous nous sommes rendus à Turin, chez le roi de Sardaigne, où nous sommes restés à peu près seize mois. » De là, toujours avec ses parents, il est allé à Worms et environs, sur les bords du Rhin. « Ensuite le corps de Condé s'est formé, et j'ai fait toute la guerre. J'avais, avant cela, fait la campagne de 1792 en Brabant, avec le corps de Bourbon, à l'armée du duc Albert. »

— A lui demandé où il s'est retiré depuis la paix faite entre la république française et l'empereur :

A répondu : « Nous avons terminé la dernière campagne aux environs de Gratz; c'est là où le corps de Condé, qui était à la solde de l'Angleterre, a été licencié, c'est-à-dire à Windisch-Feistritz, en Styrie; » qu'il est ensuite resté pour son plaisir à Gratz ou environs, à peu près six ou neuf mois, attendant des nouvelles de son grand-père, le prince de Condé, qui était passé en Angleterre, et qui devait l'informer du traitement que cette puissance lui ferait, lequel n'était pas encore déterminé. « Dans cet intervalle, j'ai demandé au cardinal de Rohan la permission d'aller dans son pays, à Ettenheim, en Brisgau, ci-devant évêché de Strasbourg; » que, depuis deux ans et demi, il est resté dans ce pays. Depuis la mort du cardinal, il a demandé à l'électeur de Bade officiellement la permission de rester dans ce pays, qui lui a été cédée, n'ayant pas voulu y rester sans son agrément.

— A lui demandé s'il n'est point passé en Angleterre, et si cette puissance lui accorde toujours un traitement :

A répondu n'y être jamais allé ; que l'Angleterre lui accorde toujours un traitement, et qu'il n'a que cela pour vivre.

A demandé à ajouter que, les raisons qui l'avaient déterminé à rester à Ettenheim ne subsistant plus, il se proposait de se fixer à Fribourg, en Brisgau, ville beaucoup plus agréable qu'Ettenheim, où il n'était resté qu'attendu que l'électeur lui avait accordé la permission de chasse, dont il était fort amateur.

— A lui demandé s'il entretenait des correspondances avec les princes français retirés à Londres ; s'il les avait vus depuis quelque temps :

A répondu que naturellement il entretenait des correspondances avec son grand-père depuis qu'il l'avait quitté à Vienne où il était allé le conduire après le licenciement du corps ; qu'il en entretenait également avec son père, qu'il n'avait pas vu, autant qu'il peut se le rappeler, depuis 1794 ou 1795.

— A lui demandé quel grade il occupait dans l'armée de Condé :

A répondu : « Commandant de l'avant-garde avant 1796. » Avant cette campagne, comme volontaire au quartier général de son grand-père, et toujours, depuis 1796, comme commandant d'avant-garde; et observant qu'après le passage de l'armée de Condé en Russie cette armée fut réunie en deux corps, un d'infanterie et un de dragons, dont il fut fait colonel par l'empereur, et que c'est en cette qualité qu'il revint aux armées du Rhin.

— A lui demandé s'il connaît le général Pichegru, s'il a eu des relations avec lui :

A répondu : « Je ne l'ai, je crois, jamais vu; je n'ai point eu de relations avec lui. Je sais qu'il a désiré me voir : je me loue de ne l'avoir pas connu, d'après les vils moyens dont on dit qu'il a voulu se servir, s'ils sont vrais. »

A lui demandé s'il connaît l'ex-général Dumouriez et s'il a des relations avec lui :

A répondu : « Pas davantage; je ne l'ai jamais » vu. »

— A lui demandé si, depuis la paix, il n'a point entretenu de correspondance dans l'intérieur de la république :

A répondu : « J'ai écrit à quelques amis qui me sont encore attachés, qui ont fait la guerre avec moi, pour leurs affaires et les miennes. » Ces correspondances n'étaient pas de celles dont on croit qu'il veuille parler.

De quoi a été dressé le présent, qui a été signé

par le duc d'Enghien, le chef d'escadron Jacquin, le lieutenant Noirot, les deux gendarmes et le capitaine-rapporteur.

« *Avant de signer le présent procès-verbal, je fais, avec instance, la demande d'avoir une audience particulière du premier consul. Mon nom, mon rang, ma façon de penser, et l'horreur de ma situation, me font espérer qu'il ne se refusera pas à ma demande.* »

Signé L.-A.-H. DE BOURBON.

Et plus bas :

NOIROT, *lieutenant ;* et JACQUIN.

Pour copie conforme :

Le capitaine faisant fonctions de rapporteur,

DAUTANCOURT.

MOLIN, *capitaine-greffier.*

PREMIER JUGEMENT.

Aujourd'hui, le 30 ventôse an XII de la république,

La commission militaire, formée en exécution de l'arrêté du gouvernement, en date du 29 du courant, composée des citoyens Hulin, général commandant les grenadiers de la garde des consuls, président; Guitton, colonel du 1ᵉʳ régiment de cuirassiers; Bazancourt, colonel du 4ᵉ régiment d'infanterie légère; Ravier, colonel du 18ᵉ régiment de ligne; Barrois, colonel du 96ᵉ; Rabbe, colonel du 2ᵉ régiment de la garde de Paris; le citoyen Dautancourt, remplissant les fonctions de capitaine-rapporteur; assisté du citoyen Molin, capitaine au 18ᵉ régiment d'infanterie de ligne, choisi pour remplir les fonctions de greffier; tous nommés par le général en chef, gouverneur de Paris;

S'est réunie au château de Vincennes,

A l'effet de juger le ci-devant duc d'Enghien, sur les charges portées dans l'arrêté précité.

Le président a fait amener le prévenu libre et sans fers, et a ordonné au capitaine-rapporteur de donner connaissance des pièces tant à charge qu'à décharge, *au nombre d'une.*

Après lui avoir donné lecture de l'arrêté susdit, le président lui a fait les questions suivantes :

—Vos nom, prénoms, âge et lieu de naissance?

A répondu se nommer Louis-Henri de Bourbon, duc d'Enghien, né à Chantilly le 2 août 1772.

— A lui demandé s'il a pris les armes contre la France :

A répondu qu'il avait fait toute la guerre, et qu'il persistait dans la déclaration qu'il a faite au capitaine-rapporteur, et qu'il a signée. A de plus ajouté qu'il était prêt à faire la guerre, et qu'il désirait avoir du service dans la nouvelle guerre de l'Angleterre contre la France.

— A lui demandé s'il était encore à la solde de l'Angleterre :

A répondu que oui; qu'il recevait par mois 150 guinées de cette puissance.

La commission, après avoir fait donner au prévenu lecture de ses déclarations par l'organe de son président, et lui avoir demandé s'il avait quelque chose à ajouter dans ses moyens de défense, il a répondu n'avoir rien à dire de plus, et y persister.

Le président a fait retirer l'accusé; le conseil délibérant à huis-clos, le président a recueilli les voix, en commençant par le plus jeune en grade; le président ayant émis son opinion le dernier, l'unanimité des voix l'a déclaré coupable, et lui a appliqué l'art. .... de la loi du ..., ainsi conçu .... et, en conséquence, l'a condamné à la peine de mort.

Ordonne que le présent jugement sera exécuté de suite, à la diligence du capitaine-rapporteur, après en avoir donné lecture, en présence des différents détachements des corps de la garnison, **au condamné.**

Fait, clos et jugé sans désemparer, à Vincennes, les jour, mois et an que dessus; et avons signé.
Signé P. Hulin, Bazancourt, Rabbe, Barrois, Dautancourt, *rapporteur;* Guitton, Ravier [1].

DEUXIÈME JUGEMENT.

Commission militaire spéciale,

Formée dans la première division militaire, en vertu de l'arrêté du gouvernement, en date du 29 ventôse an XII de la république une et indivisible.

Au nom du peuple français,

Cejourd'hui, 30 ventôse an XII de la république (21 mars 1804), la commission militaire spéciale formée dans la première division militaire, en vertu de l'arrêté du gouvernement, en date du 29 ventôse an XII, composée, d'après la loi du 19 fructidor an V, de sept membres; savoir, les citoyens:

Hulin, général de brigade, commandant les grenadiers à pied de la garde, président;

---

[1] La connaissance de ce jugement est due à M. Dupin aîné.

Guitton, colonel, commandant le 1ᵉʳ régiment de cuirassiers ;

Bazancourt, colonel, commandant le 4ᵉ régiment d'infanterie légère ;

Ravier, colonel du 18ᵉ régiment d'infanterie de ligne ;

Barrois, colonel, commandant le 96ᵉ régiment de ligne ;

Rabbe, colonel, commandant le 2ᵉ régiment de la garde municipale de Paris ;

Dautancourt, capitaine-major de la gendarmerie d'élite, faisant les fonctions de capitaine-rapporteur ;

Molin, capitaine au 18ᵉ régiment d'infanterie de ligne, greffier ; tous nommés par le général en chef Murat, gouverneur de Paris, et commandant la première division militaire.

Lesquels président, membres, rapporteur et greffier, ne sont ni parents, ni alliés entre eux, ni du prévenu, au degré prohibé par la loi.

La commission convoquée par l'ordre du général en chef, gouverneur de Paris, s'est réunie au château de Vincennes, dans le logement du commandant de la place, à l'effet de juger le nommé Louis-Antoine-Henri de Bourbon, duc d'Enghien, né à Chantilly le 2 août 1772, taille d'un mètre sept cent cinq millimètres, cheveux et sourcils châtain-clair, figure ovale, longue, bien faite, yeux gris tirant sur le brun, bouche moyenne, nez aquilin, menton un peu pointu, bien fait; accusé :

1° D'avoir porté les armes contre la république française;

2° D'avoir offert ses services au gouvernement anglais, ennemi du peuple français;

3° D'avoir reçu et accrédité près de lui des agents dudit gouvernement anglais, de leur avoir procuré les moyens de pratiquer des intelligences en France, et d'avoir conspiré avec eux contre la sûreté intérieure et extérieure de l'état;

4° De s'être mis à la tête d'un rassemblement d'émigrés français et autres soldés par l'Angleterre, formé sur les frontières de la France, dans les pays de Fribourg et de Baden;

5° D'avoir pratiqué des intelligences dans la place de Strasbourg, tendantes à faire soulever les départements circonvoisins, pour y opérer une diversion favorable à l'Angleterre;

6° D'être l'un des fauteurs et complices de la conspiration tramée par les Anglais contre la vie du premier consul, et devant, en cas de succès de cette conspiration, entrer en France.

La séance ayant été ouverte, le président a

ordonné au rapporteur de donner lecture de toutes les pièces, tant celles à charge que celles à décharge.

Cette lecture terminée, le président a ordonné à la garde d'amener l'accusé, lequel a été introduit libre et sans fers devant la commission.

— Interrogé de ses nom, prénoms, âge, lieu de naissance et domicile :

A répondu se nommer Louis-Antoine-Henri de Bourbon, duc d'Enghien, âgé de trente-deux ans, né à Chantilly, près Paris, ayant quitté la France depuis le 16 juillet 1789.

Après avoir fait prêter interrogatoire à l'accusé par l'organe du président sur tout le contenu de l'accusation dirigée contre lui; ouï le rapporteur en son rapport et ses conclusions, et l'accusé dans ses moyens de défense; après que celui-ci a eu déclaré n'avoir plus rien à ajouter pour sa justification, le président a demandé aux membres s'ils avaient quelques observations à faire; sur leur réponse négative, et avant d'aller aux opinions, il a ordonné à l'accusé de se retirer.

L'accusé a été reconduit à la prison par son escorte, et le rapporteur, le greffier, ainsi que les citoyens assistants dans l'auditoire, se sont retirés sur l'invitation du président.

La commission délibérant à huis-clos, le président a posé les questions ainsi qu'il suit :

Louis-Antoine-Henri de Bourbon, duc d'Enghien, accusé :

1° D'avoir porté les armes contre la république française, est-il coupable ?

2° D'avoir offert ses services au gouvernement anglais, ennemi du peuple français, est-il coupable ?

3° D'avoir reçu et accrédité près de lui des agents dudit gouvernement anglais, de leur avoir procuré des moyens de pratiquer des intelligences en France, d'avoir conspiré avec eux contre la sûreté extérieure et intérieure de l'état, est-il coupable ?

4° De s'être mis à la tête d'un rassemblement d'émigrés français et autres soldés par l'Angleterre, formé sur les frontières de la France, dans les pays de Fribourg et de Baden, est-il coupable ?

5° D'avoir pratiqué des intelligences dans la place de Strasbourg, tendantes à faire soulever les départements circonvoisins, pour y opérer une diversion favorable à l'Angleterre, est-il coupable ?

6° D'être l'un des fauteurs et complices de la conspiration tramée par les Anglais contre la vie du premier consul, et devant, en cas de succès de cette conspiration, entrer en France, est-il coupable ?

Les voix recueillies séparément sur chacune des questions ci-dessus, commençant par le moins ancien en grade, le président ayant émis son opinion le dernier,

La commission déclare le nommé Louis-Antoine-Henri de Bourbon, duc d'Enghien,

1° A l'unanimité, coupable d'avoir porté les armes contre la république française ;

2° A l'unanimité, coupable d'avoir offert ses services au gouvernement anglais, ennemi du peuple français ;

3° A l'unanimité, coupable d'avoir reçu et accrédité près de lui des agents dudit gouvernement anglais ; de leur avoir procuré des moyens de pratiquer des intelligences en France, et d'avoir conspiré avec eux contre la sûreté intérieure et extérieure de l'état ;

4° A l'unanimité, coupable de s'être mis à la tête d'un rassemblement d'émigrés français et autres, soldés par l'Angleterre, formé sur les frontières de la France, dans les pays de Fribourg et de Baden ;

5° A l'unanimité, coupable d'avoir pratiqué des intelligences dans la place de Strasbourg, tendantes à faire soulever les départements circonvoisins, pour y opérer une diversion favorable à l'Angleterre;

6° A l'unanimité, coupable d'être l'un des fauteurs et complices de la conspiration tramée par les Anglais contre la vie du premier consul, et devant, en cas de succès de cette conspiration, entrer en France.

Sur ce, le président a posé la question relative à l'application de la peine. Les voix recueillies de nouveau dans la forme ci-dessus indiquée, la commission militaire spéciale condamne, à l'unanimité, à la peine de mort, le nommé Louis-Antoine-Henri de Bourbon, duc d'Enghien, en réparation des crimes d'espionnage, de correspondance avec les ennemis de la république, d'attentat contre la sûreté intérieure et extérieure de l'état.

Ladite peine prononcée en conformité des articles 2, titre 4, du Code militaire des délits et des peines du 21 brumaire an V; 1er et 2e, 2e section du titre 1er du Code pénal ordinaire du 6 octobre 1791, ainsi conçus, savoir :

Art. II (du 21 brumaire an V). « Tout individu, quel que soit son état, qualité ou profession, convaincu d'espionnage pour l'ennemi, sera puni de mort. »

Art. Ier (du 6 octobre 1791). « Tout complot ou attentat contre la république sera puni de mort. »

Art. II (*id.*). « Toute conspiration et complot tendant à troubler l'état par une guerre civile, et armant les citoyens les uns contre les autres, ou contre l'exercice de l'autorité légitime, sera puni de mort. »

Enjoint au capitaine-rapporteur de lire de suite le présent jugement, en présence de la garde assemblée sous les armes, au condamné.

Ordonne qu'il en sera envoyé, dans les délais prescrits par la loi, à la diligence du président et du rapporteur, une expédition au ministre de la guerre, au grand-juge ministre de la justice, et au général en chef gouverneur de Paris.

Fait, clos et jugé sans désemparer, les jour, mois et an dits, en séance publique; et les membres de la commission militaire spéciale ont signé, avec le rapporteur et le greffier, la minute du jugement.

Signé Guitton, Bazancourt, Ravier, Barrois, Rabbe, Dautancourt, capitaine-rapporteur; Molin, capitaine-greffier, et Hulin, président.

Pour copie conforme, le président de la commission spéciale,
P. Hulin.
P. Dautancourt, capitaine-rapporteur;
Molin, capitaine-greffier.

PIÈCES RELATIVES
A L'ENLÈVEMENT.

Lettre du premier consul au ministre de la guerre.

Paris, le 19 ventôse an XII (10 mars 1804).

Vous voudrez bien, citoyen général, donner ordre au général Ordener, que je mets à cet effet à votre disposition, de se rendre dans la nuit, en poste, à Strasbourg. Il voyagera sous un autre nom que le sien : il verra le général de la division.

Le but de sa mission est de se porter sur Ettenheim, de cerner la ville, d'y enlever le duc d'Enghien, Dumouriez, un colonel anglais, et tout autre individu qui serait à leur suite. Le général de la division, le maréchal-de-logis de gendarmerie qui a été reconnaître Ettenheim, ainsi que le commissaire de police, lui donneront tous les renseignements nécessaires.

Vous ordonnerez au général Ordener de faire partir de Schelestadt trois cents hommes du 26ᵉ de dragons, qui se rendront à Rheinau, où ils arriveront à huit heures du soir.

Le commandant de la division enverra quinze pontoniers à Rheinau, qui arriveront également à huit heures du soir, et qui, à cet effet, partiront en poste ou sur les chevaux de l'artillerie légère; indépendamment du bac, il se sera déjà assuré qu'il y ait là quatre ou cinq grands bateaux, de manière à pouvoir faire passer, d'un seul voyage, trois cents chevaux.

Les troupes prendront du pain pour quatre jours, et se muniront de cartouches. Le général de la division y joindra un capitaine ou officier, et un lieutenant de gendarmerie, et trois ou quatre (trentaine) brigades de gendarmerie.

Dès que le général Ordener aura passé le Rhin, il se dirigera droit à Ettenheim, marchera droit à la maison du duc et à celle de Dumouriez; après cette expédition terminée, il fera son retour sur Strasbourg.

En passant à Lunéville, le général Ordener donnera ordre que l'officier de carabiniers qui a commandé le dépôt à Ettenheim se rende à Strasbourg en poste, pour y attendre ses ordres.

Le général Ordener arrivé à Strasbourg fera partir bien secrètement deux agents, soit civils, soit militaires, et s'entendra avec eux pour qu'ils viennent à sa rencontre.

Vous donnerez ordre pour que le même jour et à la même heure, deux cents hommes du 26ᵉ de dragons, sous les ordres du général Caulaincourt (auquel vous donnerez des ordres en conséquence), se rendent à Offenbourg, pour y cerner la ville et arrêter la baronne de Reich, si elle n'a été prise à Strasbourg, et autres agents du gouvernement anglais, dont le préfet et le citoyen Méhée, actuellement à Strasbourg, lui donneront les renseignements.

D'Offenbourg, le général Caulaincourt dirigera des patrouilles sur Ettenheim, jusqu'à ce qu'il ait appris que le général Ordener a réussi. Ils se prêteront des secours mutuels.

Dans le même temps, le général de la division fera passer trois cents hommes de cavalerie à Kell, avec quatre pièces d'artillerie légère à Willstadt, point intermédiaire entre les deux routes.

Les deux généraux auront soin que la plus grande discipline règne, que les troupes n'exigent rien des habitants; vous leur ferez donner à cet effet 12,000 fr.

S'il arrivait qu'ils ne pussent pas remplir leur mission, et qu'ils eussent l'espoir en séjournant trois ou quatre jours, et en faisant des patrouilles, de réussir, ils sont autorisés à le faire.

Ils feront connaître aux baillis des deux villes que, s'ils continuent à donner asile aux ennemis de la France, ils s'attireront de grands malheurs.

Vous ordonnerez que le commandant de Neuf-Brissac fasse passer cent hommes sur la rive droite, avec deux pièces de canon.

Les postes de Kell, ainsi que ceux de la rive droite, seront évacués dès l'instant que les deux détachements auront fait leur retour.

Le général Caulaincourt aura avec lui une trentaine de gendarmes ; du reste, le général Ordener et le général de la division tiendront un conseil, et feront les changements qu'ils croiront convenables aux présentes dispositions.

S'il arrivait qu'il n'y eût plus à Ettenheim ni Dumouriez ni le duc d'Enghien, on rendrait compte par un courrier extraordinaire de l'état des choses.

Vous ordonnerez de faire arrêter le maître de poste de Kell, et autres individus qui pourraient donner des renseignements sur cela.

Signé Bonaparte.

Lettre du ministre de la guerre au général Ordener.

Paris, le 20 ventôse an XII (11 mars 1804).

En conséquence des dispositions du gouvernement, qui met le général Ordener à celle du ministre de la guerre, il lui est ordonné de partir de Paris, en poste, aussitôt après la réception du présent ordre, pour se rendre le plus rapidement possible, et sans s'arrêter un instant, à Strasbourg. Il verra le général de la division. Le but de la mission est de se porter sur Ettenheim, de cerner la ville, d'y enlever le duc d'Enghien, Dumouriez, un colonel anglais, et tout autre individu qui serait à leur suite. Le général commandant la cinquième division, le maréchal-de-logis qui a été reconnaître Ettenheim, ainsi que le commissaire de police, lui donneront tous les renseignements nécessaires.

Le général Ordener donnera ordre de faire partir de Schelestadt trois cents hommes du 26ᵉ de dragons, qui se rendront à Rheinau, où ils arriveront à huit heures du soir. Le commandant de la cinquième division enverra quinze pontoniers à Rheinau, qui y arriveront également à huit heures du soir, et qui, à cet effet, partiront en poste sur les chevaux d'artillerie légère. Indépendamment du bac, il se sera assuré qu'il y ait là quatre ou cinq grands bateaux, de manière à pouvoir passer, d'un seul voyage, trois cents chevaux. Les troupes prendront du pain pour quatre jours, et se muniront d'une quantité de cartouches suffisante. Le général de la division y joindra un capitaine, un lieutenant de gendarmerie et une trentaine de gendarmes. Dès que le général Ordener aura passé le Rhin, *il se dirigera droit à Ettenheim, marchera droit à la maison du duc d'Enghien* et à celle de Dumouriez. Après cette expédition terminée, il fera son retour sur Strasbourg. En passant à Lunéville, le général Ordener donnera ordre que l'officier de carabiniers qui a commandé le dépôt à Ettenheim se rende à Strasbourg en poste, pour y attendre ses ordres. Le général Ordener arrivé à Strasbourg fera partir bien secrètement deux agents, soit civils, soit militaires, et s'entendra avec eux pour qu'ils viennent à sa rencontre. Le général Ordener est prévenu que le général Caulaincourt doit partir avec lui pour agir de son côté. Le général Ordener aura soin que la plus grande discipline règne, que les troupes n'exigent rien des habitants. S'il arrivait que le général Ordener ne pût pas remplir sa mission, et qu'il eût l'espoir, en séjournant trois ou quatre jours, et en faisant faire des patrouilles, de réussir, il est autorisé à le faire. Il fera connaître au bailli de la ville que, s'il continue à donner asile aux ennemis de la France, il s'attirera de grands malheurs. Il donnera l'ordre au commandant de Neuf-Brissac de faire passer cent hommes sur la rive droite du Rhin, avec deux pièces de canon. Les postes de Kell ainsi que ceux de la rive droite seront évacués aussitôt que les deux détachements auront fait leur retour.

Le général Ordener, le général Caulaincourt, le général commandant la cinquième division, tiendront conseil, et feront les changements qu'ils croiront convenables aux présentes dispositions. S'il arrivait qu'il n'y eût plus à Ettenheim ni Dumouriez ni le duc d'Enghien, le général Ordener me rendra compte, par un courrier extraordinaire, de l'état des choses, et il attendra de nouveaux ordres. Le général Ordener requerra le commandant de la cinquième division de faire arrêter le maître de poste de Kell, et les autres individus qui pourraient donner des renseignements.

Je remets au général Ordener une somme de 12,000 francs pour lui et le général Caulaincourt. Vous demanderez au général commandant la cinquième division que, dans le temps où vous et le général Caulaincourt ferez votre expédition, il fasse passer trois cents hommes de cavalerie à Kell, avec quatre pièces d'artillerie légère. Il enverra aussi un poste de cavalerie légère à Willstadt, point intermédiaire entre les deux routes.

Signé ALEXANDRE BERTHIER.

RÉPUBLIQUE FRANÇAISE.

LIBERTÉ. ÉGALITÉ.

Paris, le 21 ventôse an XII de la république française, une et indivisible (12 mars 1804).

Le ministre de la guerre au citoyen Caulaincourt.

Le premier consul ordonne au citoyen Caulaincourt, son aide de camp, de se rendre en poste à Strasbourg; il y accélèrera la construction et la mise à l'eau des bâtiments légers qu'on y construit pour la marine. Il prendra des renseignements près du préfet et du citoyen Méhée, pour faire arrêter les agents du gouvernement anglais qui sont à Fribourg et à Offenbourg, notamment la baronne de Reich, si elle n'est pas déjà arrêtée.

Le capitaine Rosey, en mission près des ministres anglais et qui a toute leur confiance, lui donnera tous les renseignements nécessaires sur les complots formés contre la tranquillité de l'état et la sûreté du premier consul.

Le citoyen Caulaincourt fera connaître aux baillis des villes de la rive droite qu'ils peuvent s'attirer de grands malheurs en donnant asile aux personnes qui cherchent à troubler la tranquillité en France, et il se concertera avec le général commandant la cinquième division militaire pour employer, au besoin, une force suffisante pour l'exécution du présent ordre.

Il rendra un compte particulier au premier consul de la mission du capitaine Rosey.

Le ministre de la guerre,

Signé ALEXANDRE BERTHIER.

Lettre du ministre des relations extérieures au général Caulaincourt.

Paris, le 21 ventôse an XII (12 mars 1804).

GÉNÉRAL,

J'ai l'honneur de vous adresser une lettre pour le baron d'Edelsheim, ministre principal de l'électeur de Bade; vous voudrez bien la lui faire parvenir aussitôt que votre expédition d'Offenbourg sera consommée. Le premier consul me charge de vous dire que si vous n'êtes pas dans le cas de faire entrer des troupes dans les états de l'électeur, et que vous appreniez que le général Ordener n'en a point fait entrer, cette lettre doit rester entre vos mains, et ne pas être remise au ministre de l'électeur. Je suis chargé de vous recommander particulièrement de faire prendre et de rapporter avec vous les papiers de madame de Reich.

J'ai l'honneur de vous saluer.

Signé CH.-MAU. TALLEYRAND.

Le ministre de la guerre au général commandant la 5ᵉ division.

Paris, 20 ventôse an XII de la république française (11 mars 1804).

Je vous préviens, citoyen général, que le général Ordener et le général Caulaincourt se rendent à Strasbourg pour des missions très importantes; je vous ordonne, sous votre propre responsabilité, d'adhérer à toutes les demandes qui vous seront faites par le général Ordener et le général Caulaincourt, à l'effet de remplir la mission dont ils sont chargés; ils vous feront connaître leurs instructions en ce qui vous concerne. Vous prescrirez à l'ordonnateur d'adhérer également à toutes les demandes qu'ils feront pour les vivres.

Vous donnerez les ordres pour les mouvements des troupes, pour l'artillerie et les bateaux.

Signé Alex. Berthier.

Copie du rapport fait par le citoyen Charlot, chef du 38e escadron de gendarmerie nationale, au général Moncey, premier inspecteur-général de la gendarmerie, du 24 ventôse an XII (15 mars 1804).

Mon général,

Il y a deux heures que je suis rentré en cette ville de l'expédition sur Ettenheim (électorat de Baden), où j'ai enlevé, sous les ordres des généraux Ordener et Fririon, avec un détachement de gendarmerie et une partie du 22e de dragons, les personnages dont les noms suivent :

1° Louis-Antoine-Henri de Bourbon, duc d'Enghien ;

2° Le général marquis de Thumery ;

3° Le colonel baron de Grunstein ;

4° Le lieutenant Schmidt ;

5° L'abbé Wemborn, ancien promoteur de l'évêché de Strasbourg ;

6° L'abbé Michel, secrétaire de l'évêché de Strasbourg (outre Rhin), et secrétaire de l'abbé Wemborn ; ce dernier est Français, comme Wemborn ;

7° Un nommé Jacques, secrétaire du duc d'Enghien ;

8° Ferand (Simon), valet de chambre du duc ;

9° Poulain (Pierre), domestique du duc ;

10° Joseph Canon, *idem.*

Le général Dumouriez, qu'on disait être logé avec le colonel Grunstein, n'est autre chose que le marquis de Thumery, désigné ci-dessus, et qui occupait une chambre au rez-de-chaussée, dans la même maison qu'habitait le colonel Grunstein, que j'ai arrêté chez le duc, où il avait couché. Si j'ai aujourd'hui l'honneur de vous écrire, c'est à ce dernier que je le dois. Le duc ayant été prévenu qu'on cernait son logement, sauta sur un fusil à deux coups et me coucha en joue au moment où je sommais plusieurs personnes, qui étaient aux fenêtres du duc, de me faire ouvrir, ou j'allais de vive force enlever le duc ; le colonel Grunstein l'empêcha de faire feu en lui disant : « Monsei- » gneur, vous êtes-vous compromis ? » Ce dernier lui ayant répondu négativement, « Eh bien ! lui dit Gruns- » tein, toute résistance devient inutile ; nous sommes » cernés, et j'aperçois beaucoup de baïonnettes ; il » paraît que c'est le commandant. Songez qu'en le » tuant vous vous perdriez et nous aussi. » Je me rappelle fort bien d'avoir entendu dire, C'est le commandant ; mais j'étais bien loin de penser que j'étais sur le point de finir, ainsi que le duc me l'a déclaré, et me le répéta encore. Au moment de l'arrestation du duc, j'entends crier *au feu!* (médiocre allemand); je me porte sur-le-champ à la maison où je comptais enlever Dumouriez, et chemin faisant j'entends sur divers points répéter le cri *au feu!* J'empêche un individu de se porter vers l'église, probablement pour y sonner le tocsin, et je rassure en même temps les habitants du lieu, qui sortaient de leurs maisons tout effarés, en leur disant: « C'est convenu avec votre » souverain, » assurance que j'avais déjà donnée à son grand-veneur, qui, aux premiers cris, s'était porté vers le logement du duc. Arrivé à la maison où je comptais enlever Dumouriez, j'ai arrêté le marquis de Thumery. Je l'ai trouvée dans un calme qui m'a rassuré, et investie telle que je l'avais laissée avant de me transporter chez le duc.

Les autres arrestations ont été opérées sans bruit, et j'ai pris des renseignements pour savoir si Dumouriez avait paru à Ettenheim. On m'a assuré que non, et je présume qu'on ne l'y a supposé qu'en confondant son nom avec celui du général Thumery.

Demain je m'occuperai des papiers que j'ai enlevés à la hâte chez les prisonniers, et j'aurai ensuite l'honneur de vous en faire mon rapport. Je ne puis trop donner d'éloge à la conduite ferme et distinguée du maréchal-des-logis Pfersdorff dans cette circonstance; c'est lui que j'ai envoyé la veille à Ettenheim, et qui m'a désigné le logement de nos prisonniers;

c'est lui qui a placé, en ma présence, toutes les vedettes aux issues des maisons qu'ils occupaient, et qu'il avait reconnues la veille. Au moment où je sommais le duc de se rendre mon prisonnier, Pfersdorff, à la tête de quelques gendarmes et dragons du 22ᵉ régiment, pénétrait dans la maison, par le derrière, en franchissant les murs de la cour. Ce sont eux qui ont été aperçus par le colonel Grunstein, ce qui a déterminé ce dernier à empêcher le duc à faire feu sur moi. Je vous demande, mon général, le brevet de lieutenant pour le maréchal-des-logis Pfersdorff, à l'emploi duquel il a été proposé à la dernière revue de l'inspecteur-général Wyrion. Il est, sous tous les rapports, susceptible d'être porté à ce grade. Les généraux Ordener et Caulaincourt vous parleront de ce sous-officier, et ce qu'ils vous diront sur son compte me fait espérer que vous prendrez, mon général, en sérieuse considération la demande que je vous fais en sa faveur. J'ai à ajouter que ce sous-officier m'a rendu compte qu'il avait été particulièrement secondé par le gendarme Henne, brigade de *Barr*. Pfersdorff parlant plusieurs langues, je souhaiterais que son avancement ne l'enlevât point à l'escadron.

Le duc d'Enghien m'a assuré que Dumouriez n'était point venu à Ettenheim; qu'il serait cependant possible qu'il eût été chargé de lui apporter des instructions de l'Angleterre, mais qu'il ne l'aurait pas reçu, parcequ'il était au-dessous de son rang d'avoir affaire à de pareilles gens; qu'il estimait

Bonaparte comme un grand homme, mais qu'étant prince de la famille Bourbon, il lui avait voué une haine implacable, ainsi qu'aux Français, auxquels il ferait la guerre dans toutes les occasions.

Il craint extrêmement d'être conduit à Paris, et je crois que, pour l'y conduire, il faudra établir sur lui une grande surveillance. Il attend que le premier consul le fera enfermer, et dit qu'il se repent de n'avoir pas tiré sur moi, ce qui aurait décidé de son sort par les armes.

Le chef du 38e escadron de gendarmerie nationale.

Signé CHARLOT.

Copie d'une lettre du général Ordener au premier consul.

Strasbourg, le 24 ventôse an XII (15 mars 1804).

J'ai l'honneur de vous adresser, mon général, le procès-verbal et les papiers qui ont été saisis chez le duc d'Enghien. A mesure que ceux des autres individus seront vérifiés, le général Caulaincourt vous les fera passer. Quoique ma mission soit remplie, j'attendrai vos ordres pour mon retour à Paris.

Je vous salue très respectueusement.

Signé ORDENER.

PIÈCES A L'APPUI.
PREMIÈRE PARTIE.

EXTRAIT DU SUPPLÉMENT AU MONITEUR UNIVERSEL, DU VENDREDI 23 GERMINAL AN XII DE LA RÉPUBLIQUE (13 AVRIL 1804).

Rapport de la mission dont j'ai été chargé par le conseiller d'état, préfet du département du Bas-Rhin, près M. Drake, ministre d'Angleterre à Munich.

Le 10 ventôse, après avoir reçu par les mains du préfet du département du Bas-Rhin les instructions de M. Muller, je partis de Strasbourg pour me rendre près de M. Drake, ministre d'Angleterre à Munich.

Le 13, j'arrivai à Augsbourg, et lui adressai les lettres, dont voici copie :

Monsieur,

« J'ai été chargé par M. Muller d'une lettre que je
» désirerais vous remettre moi-même ; voudriez-vous
» bien m'indiquer le jour et l'heure où je vous incom-
» moderai le moins ?

» J'ai l'honneur d'être, etc. »

Le 17 au matin, voyant que je ne recevais point de réponse, je partis pour Munich. A mon arrivée, j'écrivis de nouveau à M. Drake la lettre suivante :

« Monsieur,

» Pendant les quatre jours que j'ai resté à Augsbourg,
» j'ai eu l'honneur de vous adresser deux lettres : je
» pense que vous ne les avez pas reçues, puisque je
» suis sans réponse. Veuillez, monsieur, me faire sa-
» voir l'heure à laquelle je pourrais espérer de vous
» remettre moi-même celle dont m'a chargé M. Muller
» pour vous.

» J'ai l'honneur d'être, etc. »

Aussitôt qu'il eut reçu cette lettre, il me fit dire de me rendre de suite chez lui, qu'il m'attendait.

Je me présentai à M. Drake comme aide-de-camp, chef de bataillon, d'un général républicain, et lui remis ma lettre de créance, dont voici la teneur :

« Monsieur,

» La personne qui vous remettra ce billet est celle
» que la compagnie a eu l'honneur de vous adresser
» par mon organe, il y a quelques jours.

» Elle a la confiance entière de ceux qui l'envoient,
» et je vous prie de vouloir bien regarder ce qu'elle
» vous dira comme l'expression sincère de leurs sen-
» timents.

» La commission qui lui sera la plus agréable sans
» doute est celle qu'elle a reçue expressément, de vous

« témoigner le dévouement de la compagnie : per-
» mettez-moi, monsieur, d'y joindre l'assurance de la
» haute considération avec laquelle j'ai l'honneur
» d'être,

» Monsieur,

» Votre très humble et très obéissant
» serviteur.

Signé Muller. »

Après la lecture de cette lettre, il me demanda ce qu'il y avait de nouveau en France, comment les affaires allaient. Je lui répondis que le moment du triomphe pour les jacobins était arrivé; que tout le monde avait jugé qu'à moins de renoncer à rien tenter contre le gouvernement, etc., etc., on ne pouvait pas trouver d'occasion plus favorable que celle qui se présentait aujourd'hui. « Que puis-je faire pour vous ?
» parlez. Quelles sont vos vues ? qu'espérez-vous faire ?
» Votre général et votre comité ont-ils des projets ? »

Voyant le moment favorable, je lui présentai mon plan (il est le même que celui consigné dans la minute de mes instructions); après l'avoir lu trois fois avec attention, il me dit : « Ce plan est très bon; mais je
» ne vois pas beaucoup de places fortes parmi celles
» que vous citez : c'est à quoi pourtant on devrait le
» plus s'attacher. »

Je lui nommai la place d'armes et sa citadelle; je lui représentai que cette ville était très forte, et que nous étions certains d'y trouver beaucoup d'artillerie

et des munitions en tout genre. — « Avez-vous des
» chevaux pour votre artillerie?—Nous nous en som-
» mes déjà assurés.—C'est fort bien; mais gardez-vous
» de vous presser, ne frappez qu'à coup sûr; et puis
» d'ailleurs, en cas de malheur, vous pourriez vous
» retirer dans les montagnes du Jura; vous y trouve-
» riez une retraite assurée, et pourriez vous y défendre
» long-temps. Pendant ce temps les autres départe-
» ments dans lesquels vous avez déjà formé des noyaux
» obligeraient à la diversion. » Après avoir rêvé un
instant, il courut chercher sa carte pour examiner
quelle est la ville d'Allemagne la plus proche d'une
de celles que nous devons occuper, pour être à
même, disait-il, de se rapprocher de nous, afin de
rendre notre communication plus prompte, et d'être
plus à portée de nous aider de tous ses moyens. « Ce
» plan mérite de ma part la plus grande attention; je
» l'approuve très fort. Demain et après-demain je m'oc-
» cuperai d'écrire à votre général, et je ne doute pas
» que vous lui portiez une réponse satisfaisante. »

M. Drake me parla ensuite de Pichegru. Je lui de-
mandai s'il le croyait encore en France. —«Certaine-
» ment non, dit-il. Je le connais beaucoup : c'est un
» homme de mérite, mais il est trop froid et il a trop
» d'aplomb pour s'être engagé aussi légèrement dans
» une telle démarche. Soyez bien assuré qu'il est dans
» ce moment à Londres, et dites-le partout. Quant
» à Georges, je sais très positivement qu'il ne peut
» pas être à Paris, puisque j'ai reçu des lettres de

» personnes de Londres qui venaient de le voir au
» moment où l'on m'écrivait. »

Je lui ai fait part des bruits de guerre continentale qui ont circulé; je lui ai peint cet évènement comme le coup le plus terrible et le plus affreux pour les jacobins, puisque cela affermissait à jamais le gouvernement, etc. Il a répondu à cela : « On a de for-
» tes raisons d'espérer qu'on parviendra à décider la
» Russie à se prononcer contre la France. »

Il m'entretint longuement des projets de descente en Angleterre, et tout en prodiguant beaucoup d'injures au premier consul, il me dissimula mal la crainte que lui inspiraient et la descente et le génie entreprenant de l'armée française.

Il me parla beaucoup de M. Muller. — Je lui répondis, d'après mes instructions, que je ne l'avais jamais vu, etc.; que je savais très positivement qu'il était parti pour l'armée des côtes avec une mission très importante. Il sourit d'un air satisfait, et me dit :

« Lorsque j'appris l'arrestation de Moreau, j'écrivis
» de suite à M. Muller de se rendre près de moi,
» avec recommandation de lui faire parvenir ma let-
» tre, partout où il se trouverait, parceque je jugeai
» que cette circonstance serait favorable. Je ne con-
» çois pas ce retard : je suis pourtant certain qu'il est
» en Allemagne, car un de mes amis m'écrit qu'il l'a
» vu, qu'il lui a parlé; enfin je l'attends tous les
» jours; j'espère le voir bientôt.

» — Je suis bien aise de vous dire que le citoyen

» Muller ne jouit pas de la plus grande confiance; il
» va rarement aux comités. On se plaint amèrement
» de ce qu'il ne s'ouvre point assez. — En cela, je
» vous prie de dire à votre général qu'on a tort de
» lui en vouloir; lorsque je l'envoyai en France, ce
» n'était absolument que pour lier une correspon-
» dance, mais non pas pour y rester comme il l'a fait;
» car il y a plus de deux mois qu'il devrait être de
» retour; il m'a aussi écrit tout ce que vous me dites
» là, et même plus, que le comité l'avait accusé d'a-
» voir reçu des fonds pour un autre comité révolu-
» tionnaire. Je vous assure que je ne connais pas d'au-
» tre comité. Si je n'ai pas fait passer davantage de
» fonds, c'est que, je vous l'avoue franchement, je ne
» voyais pas très clair dans les projets de votre co-
» mité. Il y a quelque temps qu'on m'écrivit qu'on
» pouvait insurger quatre départements, que j'aie,
» moi, à leur envoyer un plan, ne connaissant pas
» leurs moyens, et ce qu'ils pouvaient mettre à exé-
» cution. Aujourd'hui c'est différent, j'y vois clair;
» aussi, je m'emploierai bien volontiers à vous don-
» ner tous les secours pécuniaires qui sont à ma dis-
» position, vous pouvez compter sur moi; ainsi ven-
» dredi, à quatre heures, venez dîner avec moi, et
» vous trouverez vos dépêches toutes prêtes. »

Vendredi, je me présentai de nouveau chez M. Drake; il me reçut avec l'accueil le plus gracieux. — « Vos affaires sont prêtes; j'ai écrit à votre
» général; je pense qu'il sera très content de moi.

» L'écriture n'est pas apparente ; mais je présume que
» votre général en a la recette: s'il ne la connaît pas,
» M. Muller la lui donnerait. Vous lui recommande-
» rez encore de ne pas trop se presser; car mon pre-
» mier avis était d'attendre que B... fût parti pour
» Boulogne, et sur le point de s'embarquer. Vous
» ferez sentir à votre général la nécessité qu'il y au-
» rait de s'emparer de l'Alsace, principalement de
» Huningue, et de la citadelle de Strasbourg.
» Ah! si vous pouviez avoir Huningue et la
» citadelle de Strasbourg, quel coup! Je pour-
» rais me rapprocher de vous, et vous donner
» de suite des secours pécuniaires : point de re-
» tard dans nos opérations, nous agirions de con-
» cert, et cela irait infiniment mieux. Il serait aussi
» bien important d'avoir un gros parti à Paris; car,
» sans cela, le reste n'est rien. Il faut vous défaire de
» B..... » (J'avoue que je craignais en ce moment de me
trahir par la vive indignation qui m'agitait.) Il conti-
nua: « C'est le moyen le plus sûr d'avoir votre liberté,
» et de faire la paix avec l'Angleterre. Une chose que
» je recommande encore à votre général, c'est de re-
» muer tous les partis: tout vous doit être également
» bon, royalistes, jacobins, etc., etc., excepté les amis
» de B.... à qui il ne faut pas vous fier, de crainte
» d'être trahis. Il faut aussi que votre général se mé-
» fie des proclamations que le premier consul ne man-
» quera pas de faire circuler. Lorsque vous aurez com-
» mencé votre insurrection, il dira que tels et tels dé-

» partements se sont un peu insurgés, mais que cela
» est déjà dissipé ; et cela pour effrayer les autres dé-
» partements et les empêcher d'agir ; car voilà comme
» on éteignit la guerre de la Vendée : on fit courir le
» bruit que Georges était arrêté ; tout le monde ren-
» tra dans l'ordre, et on va faire de Pichegru comme
» on fit avec Georges ; car, quoique la gazette d'au-
» jourd'hui annonce son arrestation, je n'en crois ab-
» solument rien. On peut arrêter un malheureux, et
» dire c'est Pichegru.

» Il est important que vous disiez à votre général
» qu'il m'indique, le plus tôt possible, une ou deux
» villes dans lesquelles je pourrai envoyer des person-
» nes de confiance ; elles auront des fonds à la dispo-
» sition de votre général, lorsqu'il en aura besoin ; il
» enverra quelqu'un avec une carte de celles que je
» lui envoie (elles sont numérotées jusqu'à 4). On
» pourra remettre, à la fois, 2 ou 3,000 louis ; c'est,
» je crois, l'or qui lui conviendra le mieux : car je ne
» pourrais pas lui envoyer du papier sur Paris, sans
» donner lieu au soupçon. Vous lui remettrez ces
» quatre billets de change, montant à 9,990 francs,
» ou 10,114 livres 17 sous 6 deniers. C'est tout le pa-
» pier que j'ai pu me procurer sur Paris. Je viens d'é-
» crire à M. Smith, à Stuttgard, pour qu'il s'occupe à
» ramasser, de son côté, le plus de fonds qu'il pour-
» ra ; vous remettrez vous-même la lettre à la poste,
» à Kanstadt, afin que les opérations ne languissent pas
» faute d'argent ; si cependant vous voulez attendre

PIÈCES SUR L'ENLÈVEMENT. 313

» jusqu'à mercredi, vous pourrez emporter une somme
» plus considérable. » Je lui répondis que mon général
m'avait expressément ordonné de revenir de suite, et
qu'il m'était impossible d'attendre. « Si votre général
» vous envoie encore une fois, ou qu'il envoie quel-
» ques autres personnes, vous lui direz qu'il les adresse
» chez moi directement; il y aura toujours un loge-
» ment de prêt. Je me suis logé hors la ville, à dessein,
» car je suis ici entouré d'espions; on épie toutes mes
» démarches.

» — A propos, repris-je, j'oubliais de vous dire que le
» bruit court ici que vous devez quitter cette ville pour
» retourner en Angleterre : vous êtes, dit-on, rappelé
» par le gouvernement. — Il est vrai qu'on le dit; mais
» voilà ce qui a donné lieu à ce bruit. Il y a quelque
» temps que j'ai fait meubler ma maison; j'ai demandé
» à mon tapissier l'inventaire des meubles qu'il m'a
» fournis, et on a cru que j'allais partir : mais rassurez-
» vous, mon ami, il n'en est rien; cette nouvelle est
» fausse. »

Il m'a fait sortir par une petite porte dérobée; il
est venu m'accompagner jusqu'à la porte de la ville,
en me disant qu'il espérait avoir bientôt des nouvelles
de mon général.

Telles sont les expressions dont s'est servi M. Drake,
dans la conversation que nous avons eue, relativement
à ma mission.

Le plan ou lettre de M. Drake écrit en encre sympathique; la lettre qui m'a été adressée, sous le

nom de Lefebvre; le reçu du maître de poste de Kanstadt, de la lettre adressée à M. Smith à Stuttgard; les quatre lettres de change, et le même rapport, ont été remis au préfet.

Strasbourg, le 25 ventôse an XII.

Signé Rosey,

Adjudant-major, capitaine au 9ᵉ régiment d'infanterie de ligne.

EXTRAIT DU SUPPLÉMENT AU MONITEUR UNIVERSEL, DU VENDREDI 23 GERMINAL AN XII DE LA RÉPUBLIQUE (13 AVRIL 1804).

Rapport de la mission dont j'ai été chargé par le conseiller d'état, préfet du département du Bas-Rhin, près M. Francis Drake, ministre d'Angleterre à Munich.

Le 4 germinal j'arrivai à Munich à six heures du soir, et fus descendre chez M. Drake, ministre d'Angleterre; il me logea chez lui, dans une chambre au rez de chaussée, au-dessous de son appartement, comme nous en étions convenus lors de notre première entrevue. Tout jacobin que j'étais censé être, il me reçut avec des démonstrations affectueuses; je lui remis la lettre de mon prétendu général, en l'engageant à y répondre de suite, ce qu'il fit le lendemain. Cette réponse présentant, pour ainsi dire, tous les principaux détails de notre entretien, je me bornerai à donner le résultat succinct de notre communication.

M. Drake me demanda ce qu'il y avait de nouveau en France, comment allaient les affaires. Je lui répondis que jamais les évènements n'avaient été plus favorables pour nous; que les arrestations qu'on avait exercées sur différents royalistes avaient jeté un voile impénétrable sur nos projets secrets, et que nous nous étions réjouis de voir qu'aucun jacobin n'avait été arrêté, etc., etc.

« Je crois comme vous, me répondit M. Drake, que
» vous êtes à l'abri de tout soupçon, et je ne doute
» pas que vous dirigiez vos coups avec plus de sûreté;
» mais ressouvenez-vous de recommander à votre gé-
» néral qu'il est essentiel de réunir tous les partis dans
» les premières opérations qu'il entreprendra. Il est
» nécessaire qu'il ait à opposer au consul une masse
» imposante; il pourra se servir à votre avantage du
» parti royaliste. »

J'observai à M. Drake que mon général était parfaitement de son avis, mais que le comité ne pouvait se résoudre à unir à une aussi belle cause un parti si contraire à ses principes, etc.

« Servez-vous-en toujours, me dit-il, en se pro-
» menant dans son jardin; et, lorsque vous aurez ter-
» rassé B..., il vous sera très facile de vous purger de
» ce qui ne sera pas de votre parti, comme vous l'avez
» déjà fait plusieurs fois dans la révolution. »

Il fallut me ressouvenir de la tâche qui m'était imposée, et de l'utilité dont ma mission pouvait être à ma patrie, pour contraindre le sentiment d'indignation auquel je faillis me livrer. Je me sentais pressé du besoin de me faire connaître sous mon véritable nom à ce misérable, et de lui demander à l'instant raison, l'épée à la main, de tout le mal qu'il osait dire et penser. Toutefois je me contins. La conversation languissait : Drake la reprit bientôt.

« Souvenez-vous, me dit-il, d'appuyer sur l'idée
» que je donne dans une lettre à votre général; il faut
» promettre une augmentation de solde aux régiments
» sur lesquels vous pouvez compter : je fournirai pen-
» dant plusieurs mois à cette dépense, et vous pourrez
» ensuite, moyennant les biens que vous confisquerez
» sur ceux qui ne sont pas de votre parti, y subvenir
» vous-mêmes.

» J'aurais désiré que votre général attendît encore
» quelque temps avant de commencer ses premières
» opérations; mais puisqu'il croit que le moment est
» favorable, il est urgent qu'il s'empare de la place de
» Huningue; elle n'est pas éloignée du centre de vos
» opérations. Je compte m'installer à Fribourg, pour
» être à portée de vous donner des secours prompts et
» sûrs. Quant à la citadelle de Strasbourg, il n'y faut
» plus penser, c'est trop loin.

» Je crois que votre général n'aura pas manqué de
» se faire un parti puissant dans l'armée, pour faire
» opérer une diversion; car sans cela B... pourrait

» vous combattre avec avantage. Il faut bien calculer
» d'avance tous les moyens qu'il a à vous opposer, afin
» de rendre tous ses efforts inutiles.

» Mais profitez, lorsqu'il en sera temps, du trouble
» où sera plongé le reste de ses partisans. Écrasez-les
» sans pitié : la pitié n'est pas de saison en politi-
» que. »

M. Drake insista beaucoup sur ce que mon général
lui envoyât de suite M. Muller. « Il m'est indispensable-
» ment nécessaire. J'en ai besoin pour qu'il me mette
» au courant, et qu'il me fasse connaître ceux qui sont
» de votre parti; car sans cela je ne me trouverais
» pas à même de me justifier auprès de mon gouver-
» nement, qui voudra connaître le nom des princi-
» paux personnages, lorsqu'il sera question de sommes
» aussi considérables que celles qu'il faudra vous don-
» ner. J'insiste donc pour que votre général m'envoie
» M. Muller. »

M. Drake me remit une somme de 74,976 livres en
or : « C'est tout ce que je peux faire pour vous dans
» ce moment, me dit-il; mais je vous adresse à
» M. Spencer-Smith, à Stuttgard, qui vous remettra
» une plus forte somme. Je vous donne une lettre
» pour lui, et un passe-port comme courrier d'Angle-
» terre, chargé de nos dépêches pour Cassel : comme
» cela, vous ne serez pas obligé de vous présenter chez
» l'envoyé français, qui épie jusqu'à nos plus petites
» démarches. Vous ne direz rien du tout à M. Smith
» de ce qui se passe entre nous; vous pourrez cepen-

» dant satisfaire sa curiosité sur les nouvelles de
» France. »

Je pris donc congé de M. Drake le lundi 5 courant; je montai dans une voiture de poste qui me fut amenée à la porte de son hôtel, à dix heures et demie du soir, et m'acheminai vers Stuttgard. J'arrivai dans cette ville le mercredi 7, à une heure et demie de l'après-midi, avec le caractère de courrier d'Angleterre. Je fus loger à l'auberge du Cor de chasse d'or. Je me fis conduire par un garçon de la maison chez M. Spencer-Smith, où je me fis annoncer sous le nom de Lefebvre. Il me reçut d'abord avec méfiance et l'accueil le plus froid. Je lui remis la lettre de M. Drake. Il ne m'eut pas sitôt connu, qu'il me combla d'honnêtetés : il me pria de l'excuser de ce qu'il m'avait si mal reçu : « C'est que, me dit-il, je ne suis
» pas du tout en sûreté ici, je vous assure. Depuis
» quelques jours, je ne reçois personne que le pistolet
» à la main. Je ne suis pas sur un lit de roses, tant
» s'en faut; je me regarde comme un avant-poste, et
» vous atteste que si B....... demandait à l'électeur de
» Wurtemberg mon arrestation (malgré que son épouse
» soit une princesse d'Angleterre), il me livrerait sans
» me faire prévenir; car déjà il se doute de ce qui
» m'occupe ici, et il craint que cela ne le compro-
» mette avec le consul. »

Il s'informa avec beaucoup d'intérêt des affaires de France, et il me dit que l'arrestation du duc d'Enghien l'avait fortement déconcerté; qu'il prenait une

grande part au malheur de Pichegru; que l'Angleterre avait, avec raison, fondé de grandes espérances sur la mission d'un homme aussi populaire qu'habile. « Je le connaissais beaucoup, me répéta-t-il avec une
» très forte émotion; j'étais au fait, parceque c'est le
» lieutenant de mon frère qui l'a débarqué sur la côte
» de France. J'avais même espéré qu'il parviendrait à
» s'échapper; il n'y faut plus compter, puisqu'il paraît
» certain qu'il est arrêté. »

Il me pria instamment d'écrire une lettre, à mon passage à Strasbourg, à madame Franck, banquier, pour l'inviter à lui faire parvenir de suite toutes les lettres qu'elle aurait reçues à l'adresse du baron d'Herbert, officier allemand : « Elle pourra me les faire
» passer sous le couvert factice de monsieur le fils de
» Georges-Henri Keller, banquier à Stuttgard. J'atta-
» che le plus grand prix à les recevoir; il doit y en
» avoir de Pichegru. » Il me pria aussi de m'informer de madame Henriette de Tromelin, dont il avait connu le mari à Constantinople. Cet émigré devait être en ce moment aux environs de Brest.

Il eut l'extrême bonté de m'apprendre que son nom de guerre était Leblond; et il parut tirer vanité de la réputation d'intrigue qu'il assurait avoir donnée à ce nom-là.

Ce M. Smith a pour secrétaire M. Péricaud, secrétaire de l'ancien évêque de Séez. Cet émigré m'entretint long-temps de ses jérémiades; il me fatigua par toutes les horreurs qu'il débita sur le chef de la nation française; il me parut fortement inquiet et agité. « M. Spencer-Smith, me dit-il, est ministre; et » moi, comme émigré, je n'ai rien à alléguer. La po- » lice de France pourrait me faire arrêter comme les » émigrés qu'on a enlevés à Ettenheim, ou comme » l'évêque de Châlons, dont on a obtenu l'arrestation » à Munich. »

M. Drake, M. Spencer-Smith et M. Péricaud ne m'ont pas laissé ignorer qu'ils s'ennuieraient beaucoup à Munich et à Stuttgard, sans l'occupation que leur donnent les affaires de France. Ils se vantent de pouvoir tirer des sommes considérables sur le gouvernement anglais. « Donnez confiance à vos amis, me dit » M. Spencer-Smith; voilà des lettres de change pour » 113,150 livres. Je leur ferai passer ce dont ils au- » ront besoin; mais, par Dieu, qu'ils frappent ferme. » En prononçant ces dernières paroles il me présenta une paire de pistolets de la manufacture d'armes de Versailles. Puis, il me dit : « Vous pourrez vous en » servir avec avantage; avec de petits amis semblables, » on ne manque jamais. » Je fus un instant à hésiter avant de les recevoir; mais enfin je sentis la nécessité de ne point quitter mon rôle et d'achever ma mission. Je me considérai comme un officier de génie ou d'artillerie, qui va, déguisé, faire une reconnaissance dans une place ennemie. Tous les masques lui sont bons; il étouffe sa sensibilité, et il ne voit que l'ordre de son général et le but de sa mission.

Il devait aussi me remettre une somme en or : tout

était arrangé pour cela : mais au moment où il allait me la donner, il reçut le journal de Manheim ; et dans ce journal on lisait un extrait du *Moniteur* et de la correspondance de M. Drake : M. Smith hésita, et je me gardai bien d'insister.

J'étais encore chez M. Smith, lorsqu'un nommé Lienhard, émigré, à la solde de l'Angleterre, vint demander, au nom de ses camarades éplorés, secours et protection : « On ne veut plus nous souffrir dans l'é- » lectorat de Bade ; on nous chasse de partout, et nous » ne savons bientôt plus où nous réfugier. »

Le ministre anglais crut, pendant quelques instants, que c'était un agent français envoyé par la police, avec des papiers trouvés sur des personnes arrêtées, qui venait pour le confesser et tirer de lui quelques éclaircissements.

Je ne pus m'empêcher de lui dire, en riant, qu'il devait se tenir en garde contre de pareils émissaires, et qu'il était vraisemblable que la police de Strasbourg lui en enverrait dont il ne se défierait pas. « Oh! oh! » dit-il, je n'en suis pas à mes preuves, et je les attends » de pied ferme. »

Ce sont absolument les expressions dont se sont servis les ministres anglais dans ma conversation avec eux.

Je pris congé de M. Spencer-Smith le 9 du courant ; il m'envoya chercher des chevaux de poste, qui me furent amenés par un de ses domestiques, et attelés à ma chaise à quatre heures après midi. Je fus rendu à Strasbourg le lendemain 10, et continuai ma route pour Paris, où j'arrivai le 14.

J'essaierais vainement de peindre les sentiments de haine et la fureur dont ces monstres sont animés contre notre patrie ; ils ne respirent que pour nous voir armés les uns contre les autres. Il n'est pas de métier vil ou atroce dont ils ne soient capables ; mais en même temps, il serait difficile de trouver des gens plus lâches : l'ombre d'un brave homme les ferait rentrer sous terre. Ils passent leur vie à tramer des complots, et, par un effet naturel et une juste punition du crime, ils se croient sans cesse environnés d'embûches et de dangers. Soit que dans ces cours, amies de la France, et qui ont des obligations si essentielles au premier consul, on ne les voie pas d'un œil favorable, soit qu'ils aient été devinés par les habitants des villes où ils résident, et qu'ils s'aperçoivent que l'opinion leur est contraire, soit enfin qu'une voix intérieure leur dise sans cesse que l'homme qui ne respecte rien n'a droit à aucun respect, ils ont l'air courbé sous le poids du mépris public, et déjà flétris de l'opprobre ineffaçable qui doit s'attacher à leurs noms.

Signé Rosey,

Adjudant-major au 9e régiment d'infanterie de ligne.

Extrait du Moniteur universel, *du mercredi* 21 *germinal an XII de la république* (11 avril 1804).

Munich, le 13 avril (13 germinal).

M. Drake était insolent et audacieux, et montrait beaucoup d'emportement au sujet de la dernière ordonnance de S. A. E. qui chasse les émigrés de la Bavière; il demandait dans sa note si les émigrés qui étaient immédiatement sous la protection de l'Angleterre seraient aussi obligés de s'éloigner, et si l'on ne s'en rapporterait pas à la garantie que donneraient les agents de S. M. B. de leur conduite; mais il a bien changé de contenance. S. A. E. ayant reçu des communications de Paris, relatives à la basse et honteuse trame de ce ministre, lui fit passer la note ci-jointe.

On avait le droit de s'attendre que M. Drake contesterait l'authenticité des pièces qui lui étaient opposées; il a pris la chose différemment, il s'est persuadé que seize gendarmes étaient partis en poste de Strasbourg pour venir l'arrêter; il a, en conséquence, fait connaître à M. de Montgelas, ministre de Bavière, que, habitant une maison isolée, à l'extrémité du faubourg de Munich, il ne se croyait pas en sûreté, et craignait les embûches de la police française; qu'il désirait donc d'être rassuré sur sa position.

La réponse de la cour tardant de quelques heures à

arriver, le désordre de sa conscience se communiqua à son esprit; il crut savoir que les seize gendarmes étaient déjà arrivés à la poste voisine, et il partit à pied, sans congé, et sans attendre sa voiture. Il fit trois lieues par la traverse, et ce ne fut qu'au bout de trois heures que sa voiture le rejoignit. Il a disparu en quittant sa résidence comme un chef de bandits; mais l'indignation de l'Europe, le mépris de tout ce qu'il y a, en Angleterre, d'hommes honnêtes, religieux et sensés, le suivront partout. Misérable! qui a pu déshonorer et avilir le caractère qu'honorent les nations civilisées, et que respectent même les hordes les plus sauvages!

« Le soussigné ministre d'état et des conférences de S. A. S. E. bavaro-palatine a reçu l'ordre exprès de S. A. S. E. de transmettre à S. E. M. Drake, etc., l'imprimé des lettres ci-jointes, et de l'informer que les originaux de ces lettres, écrites de la propre main de M. Drake, sont actuellement sous ses yeux.

» S. A. S. E. est profondément affligée que le lieu même de sa résidence ait pu devenir le foyer d'une correspondance aussi étrangère à la mission que S. E. M. Drake a été chargé de remplir près d'elle, et elle doit à sa dignité, à son honneur, et à l'intérêt de son peuple, de déclarer à S. E. que, dès ce moment, il lui sera impossible d'avoir aucune communication avec M. Drake, et de le recevoir désormais à sa cour.

» Déjà deux sujets de S. A. S. E., fortement compromis par M. Drake, sont arrêtés à Munich pour s'être permis, d'après ses suggestions, des démarches hautement réprouvées par le droit des gens.

» Le soussigné est chargé de déclarer encore que S. A. S. E. connaît trop bien les sentiments nobles et généreux de sa majesté britannique et de la nation anglaise, pour supposer même que sa conduite, à cette occasion, puisse être sujette au moindre reproche. Elle s'empressera de s'en expliquer directement envers sa majesté, et de déposer en son sein le profond regret qu'elle éprouve en retirant sa confiance au ministre qui avait été chargé de la représenter dans cette cour. L'électeur a la pleine conviction que S. M. britannique ne verra dans cette démarche, quoique très pénible pour lui, qu'un nouveau témoignage de la haute opinion qu'il a du caractère de sa majesté et de la bienveillance dont elle a donné tant de preuves à la maison électorale. »

Signé le baron DE MONTGELAS.

Extrait du Moniteur universel, *du mercredi* 21 *germinal an XII de la république* (11 avril 1804).

Stuttgard, le 3 avril (13 germinal).

M. Spencer-Smith, ministre d'Angleterre auprès de l'électeur de Wurtemberg, partit subitement hier mardi; il a passé plusieurs heures à brûler tous ses papiers. L'abbé Péricaud, qui lui avait été donné à Londres par l'abbé Rattel, pour tramer les complots qu'il ourdissait en France, l'a suivi dans cette fuite.

Il est public ici que M. Spencer-Smith avait une mission relative aux troubles intérieurs de la France; mais nous n'aurions jamais pensé qu'il eût avili son caractère jusqu'à tremper dans un aussi infâme complot que le dernier.

Spencer-Smith avait, il y a peu de jours, envoyé beaucoup de lettres de change sur Paris; il en avait expédié également sur Zurich, ce qui porte à penser qu'il n'était pas étranger aux troubles qui agitent aujourd'hui la Suisse. Quelle morale publique! quel gouvernement, grand Dieu! que celui qui se sert des priviléges de l'inviolabilité diplomatique pour souffler partout impunément le désordre et le crime! Quel gouvernement que celui qui veut que les complots les plus bas soient conduits directement par les ministres qui représentent leur souverain!

DEUXIÈME PARTIE.

CORRESPONDANCE DE M. DRAKE.

Instructions pour M. de Latouche.

I. « M. D. L. se rendra incessamment en France, et, sans aller jusqu'à Paris, trouvera le moyen de conférer avec ses associés, auxquels il fera connaître, qu'ayant une entière confiance dans leur sagesse, dans la pureté de leurs intentions et leur patriotisme, il est disposé à leur fournir les moyens pécuniaires qui seront nécessaires pour amener le renversement du gouvernement actuel, et pour mettre la nation française à portée de choisir enfin la forme de gouvernement la plus propre à assurer son bonheur et sa tranquillité ; choix sur lequel dix années d'expérience doivent l'avoir assez éclairée.

II. » M. D. L. arrêtera avec ses associés un plan général, contenant :

» 1° Le détail des moyens d'exécution qu'ils se proposent d'employer successivement.

» 2° L'aperçu de la dépense qu'ils pourront entraîner, en y apportant toute l'économie possible ;

» 2° L'époque probable à laquelle il sera nécessaire que ces fonds soient faits.

III. » M. D. L. remettra aux associés cinq cents livres sterling pour commencer leurs opérations. Lorsque cette somme sera épuisée, ou au moment de l'être, les moyens de la renouveler seront fournis à M. D. L.

IV. » On désire avoir, deux fois par semaine, un bulletin de tous les évènements intéressants dont les papiers publics français ne parlent pas, ainsi que de ce qui se passe dans les ports et aux armées.

» Les associés pourront y rendre compte du succès de leurs espérances. Ces bulletins doivent être exactement numérotés, afin que s'il y en a quelqu'un qui soit égaré ou soustrait, on puisse s'en apercevoir et en prévenir les associés. Ces bulletins doivent aussi, suivant la nature des nouvelles qu'ils contiendront, être écrits partie avec de l'encre noire, et partie avec de l'encre sympathique, dont M. D. L. leur donnera la recette. Ceux dont une partie sera écrite avec l'encre sympathique seront indiqués par une petite goutte d'encre ordinaire jetée au hasard dans le haut de la première page de la lettre. Il est bien essentiel que M. D. L. et les associés s'assurent des moyens d'être bien instruits de tout ce qui se passera dans les départements des différents ministres, ainsi qu'au sénat et au conseil-d'état, dans l'intérieur du palais, etc., etc., car si ces bulletins cessaient d'être exacts, la confiance pourrait s'alarmer et s'affaiblir.

V. » M. D. L. sera l'intermédiaire unique de la correspondance.

VI. » Aussitôt que M. D. L. se sera concerté sur tous ces points avec ses associés, il se rendra au lieu de sa destination. »

Additions aux instructions de M. de Latouche.

I. « Il paraît plus convenable que M. D. L. se rende à Paris même, ou dans les environs, où la police a bien moins de moyens de surveiller quelqu'un qui sait se cacher, que dans aucun autre endroit, où chaque nouveau visage est remarqué, et où le moindre maire est instruit de tout ce qui arrive, et en rend compte pour s'en faire un mérite. On ne parle pas des soupçons que les allées et venues et le passage des lettres peuvent faire naître, ainsi que de leur interception possible.

» Il est encore bon d'observer que l'on est bien mieux éclairé en parlant séparément aux personnes mêmes, qu'en obtenant d'eux des renseignements écrits, qui supposent toujours une certaine réserve qui n'a pas lieu dans l'abandon de la conversation.

II. » Le but principal du voyage de M. D. L. étant le renversement du gouvernement actuel, un des premiers moyens d'y parvenir est d'obtenir la connaissance des plans de l'ennemi. Pour cet effet, il est de la plus haute importance de commencer, avant tout, par établir des correspondances sûres dans les différents bureaux, pour avoir une connaissance exacte de tous les plans, soit pour l'extérieur, soit pour l'intérieur. La connaissance de ces plans fournira les meilleures armes pour les déjouer; et le défaut du succès est un des moyens de discréditer absolument le gouvernement : premier pas vers le but proposé, et le plus important. Pour cet effet on tâchera de se ménager des intelligences très sûres dans les bureaux de la guerre, de la marine, des affaires étrangères et des cultes. On tâchera aussi de savoir ce qui se passe dans le comité secret que l'on croit établi à Saint-Cloud, et composé des amis les plus affidés au consul. Ces avis doivent être donnés en forme de bulletin, conformément aux instructions du président du comité, et envoyés avec toute la célérité possible à M. D. (Drake), de la manière qui sera convenue. On aura soin de rendre compte de différents projets que M. B... pourrait avoir relativement à la Turquie et à l'Irlande, et des menées du comité des Irlandais réfugiés. Ces points sont très spécialement recommandés à M. D. L., comme le premier et le plus important, en commençant, et dans les premiers moments. On fera connaître aussi le déplacement de troupes, de vaisseaux, les constructions et tous les préparatifs nécessaires.

» Les lettres seront adressées à un ami, à Strasbourg, et de là portées par lui à la poste de Kell. Lorsque l'on aura beaucoup à écrire, on pourra le faire sur le dos d'une ou de plusieurs cartes géographiques avec l'encre sympathique, ou sur la marge de livres imprimés sur papier bien collé, et en observant de faire une petite tache d'encre sur la feuille où l'écriture commence, et on enverra le paquet par un chariot de poste, à l'adresse de madame Franck, ou MM. Papelier et compagnie à Strasbourg, avec une lettre signée du nom d'un libraire quelconque, où l'on prierait le correspondant de le faire passer à M. D. Ces correspondants étant dans l'usage de faire des commissions pour M. D., ne soupçonneront jamais de quoi il s'agit, ces objets étant des objets de commerce ordinaire : ceci n'aura lieu cependant que lorsqu'il y aura beaucoup à écrire, et dans le cas où le volume du paquet pourrait éveiller des soupçons à la poste ; et alors on préviendra M. D. de cet envoi dans la première lettre : on observera que la manière d'empaqueter n'ait rien d'affecté. Les adresses de ces paquets seront toujours à B., avec une lettre d'envoi pour madame Franck ou MM. Papelier.

III. » On tâchera de fournir à M. D. un aperçu des dépenses qui seront nécessaires, en observant de faire la demande autant en avance qu'il sera possible, et en expliquant les différents objets. On indiquera à M. D. le nom de convention de la personne en faveur de qui la lettre de change doit être tirée ; et M. D. aura soin de procurer une lettre où son nom ne paraîtra pas, et qui ne pourra pas être suspecte.

IV. » Pour mettre la correspondance plus à l'abri d'une découverte, on se servira de noms de convention, même avec l'encre sympathique, de même que pour les noms de villes qu'on prendra l'une pour l'autre, suivant la feuille numérotée A.

V. » Pour ne pas donner des soupçons en écrivant toujours au même nom, M. D. L. s'arrangera avec six au moins de ses connaissances les plus sûres, pour pouvoir alterner. Ce moyen est indispensable en cas d'accident ou de maladies. Chacun de ces messieurs, en écrivant, observera très exactement l'ordre numérique de la même série, comme si une seule personne eût écrit. Ce qui sera écrit *in claro* sera relatif ou au commerce ou aux arts et sciences, et paraîtra un compte rendu des nouveautés de Paris. S'il arrive que l'on dise quelque chose du gouvernement, ce sera toujours dans un sens qui lui soit favorable; on aura soin aussi que ce qui est écrit en encre sympathique ne soit pas écrit trop fin. Il faudra numéroter avec de l'encre sympathique, et jamais *in claro* ; ce qui fait remarquer et observer davantage.

VI. » M. D. L. ayant reçu de M. V. la recette pour la composition de l'encre sympathique, détruira la bouteille qu'il a avec lui, pour ne rien porter en France qui puisse donner le moindre lieu à des soupçons. Il écrira les instructions secrètes sur le papier blanc de son porte-feuille, à la suite des dépenses de voyages, etc..... Il détruira toute espèce de papiers qui pourraient donner la moindre lumière sur sa destination, ainsi que les passe-ports qu'il a.

VII. » On pourrait, de concert avec les associés, gagner les employés dans les fabriques de poudres, afin de les faire sauter quand l'occasion s'en présentera.

VIII. » Il est surtout nécessaire de s'associer et de s'assurer de la fidélité de quelques imprimeurs et graveurs, pour imprimer et faire ce dont l'occasion aura besoin.

IX. » Il serait à désirer que l'on connût au juste l'état des partis en France, et surtout à Paris, et quel serait le résultat le plus probable si B. venait à mourir.

X. » On ne parlera au comité, pour le *moment actuel,* que du renversement du gouvernement de Bonaparte, hormis à ceux que l'on sait être bien disposés, en attendant que l'on ait quelque chose de certain sur les dispositions du roi, et que l'on connaisse mieux la nature des moyens d'agir dans l'intérieur, ainsi que la disposition générale des esprits. On verra, par la suite, de nouvelles instructions tendantes au but qu'on se propose, et qui seront calquées sur les renseignements que l'on recevra.

XI. » On recommande la plus grande circonspection, surtout dans les premières démarches, et de ne se confier qu'avec la plus grande réserve, pour éviter les trahisons des faux frères qui pourraient profiter de cette occasion d'acquérir des droits aux faveurs du gouvernement, et dans aucun cas quelconque on ne se fiera qu'à des hommes très prudents. Une manière de sonder l'opinion des gens dont on doute serait naturellement d'observer que, si la république n'est pas possible, il paraît plus simple et plus juste de recourir à la royauté ancienne que de se dévouer au nouveau despotisme d'un étranger.

XII. » M. D. n'est pas d'avis que M. D. L. quitte la France, à moins d'une nécessité très urgente, vu la difficulté de passer et repasser les frontières.

XIII. » Il est entendu qu'on emploiera tous les moyens possibles pour désorganiser les armées, soit au dehors, soit au dedans.

XIV. »On tâchera d'établir une correspondance plus directe avec l'Angleterre par la voie de Jersey, ou de quelque point de la côte de France. On pourrait aussi voir s'il y a moyen d'établir une correspondance par la voie de la Hollande et d'Embden.

» En attendant, quand on aura des choses à communiquer d'un intérêt très majeur et très pressant, on pourrait adresser les lettres à M. *Harvood*, sous enveloppe à MM. *Herberger* et compagnie, à Husum ; mais comme cette voie paraît devenir tous les jours moins sûre, on ne manquera pas d'envoyer des duplicata à M. D. Dans le cas qu'on ne pourrait trouver moyen de communiquer avec le commandant de Jersey, M. D. L. écrira sous un de ses noms de convention, et le commandant de Jersey en sera instruit par le gouvernement anglais.

XV. » M. D. L. fera connaître au plus tôt à M. D. l'adresse dont M. D. pourrait se servir en lui écrivant à Paris.

XVI. » M. D. L. adressera les lettres pour le moment à M. l'abbé Dufresne, conseiller ecclésiastique à Munich.

XVII. » M. D. L. fera connaître à M. D. les signes par lesquels on pourrait tirer parti des paragraphes qui seront publiés dans le *Citoyen français*.

XVIII. » Dans le cas qu'il devienne nécessaire d'envoyer quelqu'un des associés auprès de M. D., il faut l'en avertir d'avance et attendre sa réponse à Augsbourg, dans laquelle M. D. indiquera le lieu du rendez-vous. »

Le 9 décembre 1803.

« Je viens de recevoir votre lettre du 26 novembre, et je m'empresse de vous assurer, de la manière la plus formelle, que je n'ai absolument aucune connaissance quelconque de la société de l'existence de laquelle votre comité croit avoir acquis les preuves. Au reste, si le fait était avéré, et si vous étiez pleinement convaincu que les vues et le but que cette société se propose sont d'accord avec les vôtres, je n'hésiterais pas à vous exhorter à faire usage de toute votre habileté et de toute votre discrétion pour combiner vos opérations, de manière non seulement à ne pas mettre d'obstacle aux travaux et aux entreprises de cette dernière, mais à les favoriser et à tâcher d'assurer leur succès, qui (dans le cas que je suppose) servirait très essentiellement à avancer la réussite de vos propres desseins. Je suis persuadé qu'il ne sera pas très difficile de faire goûter ces raisons à votre comité, en partant de la supposition sur laquelle je me fonde.

» Je vous répète, de la manière la plus précise, que je n'ai aucune connaissance de l'existence de cette société; mais je vous répète aussi que si elle existe en effet, je ne doute nullement que vous et vos amis ne preniez toutes les mesures convenables, non seulement pour ne pas embarrasser, mais pour aider sa marche. *Il importe fort peu par qui l'animal soit terrassé; il suffit que vous soyez tous prêts à joindre la chasse.*

» Les autres objets dont vous me parlez seront incessamment pris en considération, et j'aurai soin de vous faire passer les instructions nécessaires. En attendant, je dois vous observer que je ne saurais prendre aucune résolution définitive, sans avoir un tableau plus clair, plus détaillé et plus circonstancié des ressources et des moyens que la personne que vous qualifiez du titre de général et les chefs de votre association peuvent avoir, ainsi que de la manière dont ils comptent les employer.

» Une remarque très essentielle que j'ai faite en dernier lieu est que la chaleur de la cire d'Espagne fait ressortir l'écriture sympathique; je vous recommande donc très fortement de n'en pas faire usage, mais de cacheter vos lettres simplement avec des oublis.

» Croyez-moi, avec la considération la plus sincère,
» Monsieur,
» Votre très humble, etc.
» Nota manus. »

« Vos lettres du 28 novembre et du 5 décembre me sont parvenues, la première le 11 de ce mois, et la seconde le 19. J'ai aussi reçu les deux bulletins n° 4 (qui auraient dû être n° 5 et n° 6). Ma réponse devait partir le 21 : elle était déjà copiée; mais n'ayant pas pu me procurer les lettres de change dont elle devait être accompagnée, et que j'ai été obligé de faire venir d'Augsbourg, j'ai dû en différer l'envoi jusqu'à ce jour. Je regarde à présent comme inutile de vous la faire passer, puisqu'elle roulait en grande partie sur des sujets dont il n'est plus nécessaire de parler, après la réception de votre lettre du 15, qui m'est parvenue ce matin avec le bulletin n° 7. Tant l'une que l'autre étaient parfaitement bien écrites, étant très lisibles et ne laissant paraître la moindre trace de l'encre avant l'application de la composition.

« L'explication que vous me donnez, relativement à la cause du retard de quelques unes de vos lettres me paraît naturelle. Je ne doute pas que la leçon que vous donnez à votre homme de Toulouse (Strasbourg) produira tout l'effet qu'on en peut désirer. Il serait bon, je crois, de lui promettre une récompense, pour l'engager d'autant plus à remettre avec exactitude vos lettres à la poste de Kell, et à être diligent à retirer les miennes, que je continuerai d'adresser à M. Obreskow.

» Quant aux inquiétudes que vous me témoignez dans vos lettres des 26 et 28 novembre, voici quel serait mon sentiment.

» Je désire bien, pour les raisons que vous savez, que vous puissiez vous tenir à Châlons (Paris); mais si vous avez raison de croire que votre séjour dans cette ville ne pourrait être prolongé sans vous exposer au danger d'une découverte, ou si vous jugiez même qu'il fût nécessaire ou convenable pour votre propre sûreté de quitter tout-à-fait la France (ce qu'il faut que je laisse absolument à votre discernement), vous êtes en pleine liberté de prendre ce parti, en remettant un double de vos papiers à vos amis, afin qu'ils soient à même de poursuivre la correspondance, et en leur indiquant en même temps les moyens de faire passer leurs lettres et de faire arriver les miennes. Je vous recommande dans ce cas de vous rendre à Offenbourg, et d'y attendre mes instructions ultérieures.

» Les renseignements que vous me donnez sur la composition de votre comité me suffisent, et je ne désirerais connaître les noms des personnes qu'autant que vous auriez jugé que cette communication pourrait se faire sans entraîner aucun inconvénient, et sans risquer de vous compromettre avec vos amis.

» Je ne conçois pas comment quelques membres de votre comité ont pu imaginer que nous n'avons pas le projet sérieux de les aider à attaquer l'usurpateur, d'autant plus que toutes vos instructions visent à ce but. Celle-ci et vos rapports des conversations que vous avez eues avec moi suffiront, j'espère, pour les désabuser. Vous savez que je ne vous ai recommandé de diriger tous vos soins vers les moyens d'acquérir la connaissance des projets de B.... que par la conviction intime dans laquelle je suis que c'est un des moyens les plus efficaces pour saper dans ses fondements l'édifice de la puissance de cet homme. Au reste, vous pourriez les assurer de nouveau que l'affaire principale sera poursuivie de ma part sans relâche, et de la manière la plus conforme à vos instructions originales; mais c'est à votre comité à déterminer jusqu'à quel point elles sont praticables, d'après la situation des choses et les dispositions des personnes dans l'intérieur.

» Puisque j'ai touché ce sujet, j'ajouterai, par forme de réponse à un article d'un de vos derniers bulletins, que je sais bien que tout se décide au comité secret de Saint-Cloud, mais que je sais aussi que les mesures de détail et d'exécution doivent nécessairement être confiées aux bureaux, et qu'ils sont par conséquent en état de fournir des notions très précises sur ce qui se fait, et sur ce qui doit se faire.

» Je n'ai aucune connaissance de M. Talon, et je vous réponds, à cette occasion, que, quant à moi, je ne suis lié à aucune agence de Paris, excepté la vôtre... Je ne vous dis pas que je n'y ai aucune correspondance: il faut bien en avoir pour être en mesure de constater l'exactitude des rapports en les comparant les uns aux autres.

» Votre comité pourra se servir du canal de Jersey

pour transmettre ses avis directement à Bordeaux (Londres) de la manière que vous indiquez dans votre lettre du 5, mais seulement dans des cas essentiels. Vous concevez bien qu'il serait bien imprudent de risquer la perte de ce canal, pour l'avenir, pour des choses de peu d'importance.

» Vous m'avez dit, dans une de vos précédentes lettres, que vous étiez à même de m'envoyer quelques notes sur l'huissier. Ce fut à ces notes que j'ai fait allusion, et non pas au contenu du fameux porte-feuille : il s'agit de constater, 1° si tous les papiers les plus secrets du..... y sont effectivement renfermés; 2° quel est le prix qu'il attache à son entreprise.

» Vous trouverez ci-incluses des traites pour dix mille livres de France, dont deux mille quatre cents livres pour vous-même, à compte de vos appointements, et sept mille six cents livres pour l'usage du comité; je vous prie de m'en accuser la réception. Quant à vos frais de voyage, vous pouvez compter que je ne perdrai pas de vue cet objet, et je vous en écrirai incessamment.

» Je vous enverrai, par le prochain courrier une lettre de B. à un Anglais. Si votre comité le juge à propos, cette lettre pourra être imprimée à Paris, puis mise en circulation; elle est un peu longue, mais on pourrait en retrancher quelques paragraphes.

» Je ne sais si je recevrai à temps, par la poste de ce soir, la quatrième traite de 2,800 livres : en cas qu'elle n'arrive pas, vous l'aurez par le courrier de demain.

» Croyez-moi, avec les sentiments de l'estime et la considération la plus sincère,

» Monsieur,
» Votre très humble et très obéissant serviteur,
» Nota Manus. »

Lettre de M. Drake à M. Obreskow.

27 janvier.

« Monsieur,

» J'ai reçu plus ou moins régulièrement les trois bulletins n° 10 du 22 décembre, n° 12 du 5 janvier, n° 13 de la même date. Vos deux lettres des 4 et 5 janvier me sont aussi parvenues, ainsi que celle du 12 janvier, cotée n° 14. Il ne m'est point parvenu de n° 11; mais je n'en tire aucune induction, sinon que le copiste s'est trompé, en cotant n° 12 le bulletin qui aurait dû être coté n° 11. Il serait bon cependant de vérifier cette supposition, afin de lever tout doute sur ce point.

» Je vous ai prévenu, dans ma dernière, que le gouvernement consulaire avait conçu quelques soupçons sur l'existence d'une correspondance entre moi et l'intérieur de la France. C'est à cela qu'il faut attribuer l'insertion dans le Moniteur, n° 115 de cette année, d'un article en forme de note, à de prétendues nouvelles de Londres, du 2 janvier, marquant l'arrivée d'un courrier extraordinaire de Munich, le jour précédent : cette circonstance est de toute fausseté. Au reste, ce n'est pas la première fois que le consul emploie cette manœuvre, puisqu'il en fit usage très peu de temps après mon arrivée à Munich, comme on peut le voir dans le Moniteur n° 11, du 1er janvier 1803. Il paraît qu'il n'a fondé ses soupçons que sur des bases très vagues. Il sait que, pendant mon séjour en Italie, j'ai eu des liaisons avec l'intérieur de la France; et il croit qu'il en doit être de même à présent, d'autant plus que je me trouve être, dans ce moment, un des ministres anglais les moins éloignés de la frontière. On voit cependant que, tout en voulant faire croire à l'existence de quelques intelligences entre moi et les mécontents de l'intérieur, le gouvernement consulaire n'a pas même acquis le plus léger indice qui puisse le porter à se douter de notre correspondance, puisque, dans ce cas, il n'aurait pas coupé le fil qui aurait pu conduire à des découvertes ultérieures, en faisant publier des articles qui doivent nous mettre en garde, et nous engager, au besoin, à changer le canal de notre communication, afin de dérouter ses calculs [1].

[1] M. Drake n'était pas homme à deviner que la maladresse de l'agent français était un assez joli tour qu'on lui jouait.

» Le moyen dont il s'est servi pour faire quelques découvertes en Allemagne ne lui a pas réussi, puisque je viens de recevoir des avis positifs que l'émissaire dont je vous ai parlé n'a pu se procurer la moindre lumière nulle part.

» Vous pouvez donc être parfaitement tranquille sur cet article.

» Je vous recommanderai cependant de ne pas mettre la date ni l'endroit en encre ordinaire, dans vos lettres ou bulletins, mais seulement en encre sympathique; vous en concevez la raison, sans que je m'arrête à vous la déduire.

» Je suis extrêmement peiné d'apprendre tous les mouvements partiels et décousus dont vous me parlez; et je partage votre conviction, qu'ils ne peuvent avoir d'autre effet que celui d'engager le gouvernement à un redoublement de vigilance, et le porter à des mesures de sévérité qui seront funestes à bien des honnêtes gens, qui auraient pu rendre de grands services s'ils avaient été mieux employés.

» Le sort du comité dont il est question dans votre lettre du 5, et l'existence duquel je n'ai sue que par vous, servira sans doute à vous mettre sur vos gardes contre de faux frères, et doit vous engager à être circonspect quant aux personnes auxquelles vous confiez tout votre secret. Le grand art de conduire une opération pareille à celle dont vous êtes chargé consiste à confier à chacun précisément ce qu'il faut pour qu'il remplisse le rôle que vous lui assignez, mais rien de plus.

» Quant au désir que votre général a témoigné (d'après le bulletin n° 13) d'avoir un aperçu de l'époque quand il faudra s'ébranler, je vous répondrai qu'on se règlera, à cet égard, sur les notions qui seront reçues du progrès de vos opérations. D'après vos lettres du 25 décembre, vous vous proposez de faire un éclat dans quatre départements, à un jour donné ; mais je doute que cette mesure, si elle est isolée, puisse produire un grand effet : elle pourrait causer un moment d'embarras au premier consul ; mais il me paraît impossible qu'elle réussisse à la longue, si l'armée de B... est disponible, ou si l'on ne s'est pas assuré préalablement d'une bonne partie de ses troupes.

» Je vous prie de me faire connaître sur quoi on peut compter, quant à ce dernier objet, afin que je puisse régler mes idées, et calquer notre marche là-dessus. Le point principal, à mon avis, est de chercher à gagner des partisans dans l'armée ; car je suis fermement d'opinion que c'est par l'armée seule qu'on peut raisonnablement espérer d'opérer le changement tant désiré. Je souhaite aussi ardemment que vous de voir arriver l'époque où l'on pourra se montrer ; mais il faut que toute mesure soit arrangée d'avance, afin d'être assuré que le coup ne manquera pas, faute d'être préparé pour tout évènement, et que nos moyens ne seront pas dissipés à pure perte. Il faudrait d'ailleurs arrêter d'avance la marche qu'on doit suivre aussitôt l'insurrection éclatée (pour ne pas errer à l'aventure), en mettant les royalistes à même de profiter des troubles que les républicains auront ainsi suscités.

» Les 2,400 livres que je vous ai envoyées le 28 du mois passé sont pour vos appointements jusqu'au 15 février; mais comme vous pourriez avoir besoin de quelque chose de plus, si vous jugiez à propos de quitter la France, je vous enverrai, par le prochain courrier, une traite de 1,200 francs, qui vous soldera jusqu'au 15 mars : je n'écrirai rien dans la lettre qui servira d'enveloppe. Quant aux fonds que je vous ai fait passer par le comité, je m'en remets à votre jugement et à celui de vos associés, étant persuadé que vous les emploierez de la manière que vous croirez la meilleure, dans le moment actuel, pour avancer vos projets.

» Je retiens encore la lettre de B... à un Anglais : le paquet est trop lourd pour être envoyé par la poste, et je ne l'expédierai que par une occasion sûre; au reste je pourrai prendre le parti de la faire imprimer en Allemagne.

» Quant à votre long séjour en France, vous êtes en pleine liberté, et je vous recommande même de partir aussitôt que vous jugerez que votre présence n'est plus nécessaire; et vous pourrez vous rendre en premier lieu à Aff..., d'où vous m'écrirez pour me faire part de votre arrivée, et vous continuerez de suite votre voyage pour Munich. En arrivant ici vous aurez soin de descendre directement chez moi, en évitant d'entrer dans la ville. Vous emporterez avec vous l'état le plus détaillé que vous puissiez vous procurer des moyens qu'a votre comité, avec toutes les notices nécessaires sur la marche qu'il se propose de suivre, etc. Je désire que vous puissiez établir au moins trois canaux pour le passage de la correspondance, afin de n'être pas au dépourvu, en cas que celui de Toulouse (Strasbourg) vînt à manquer. Vous ne manquerez certainement pas d'échauffer le zèle de vos collaborateurs avant de vous séparer d'eux, en leur laissant entrevoir les grandes récompenses qu'ils tireront infailliblement de la réussite de leurs projets. Tâchez aussi de lier une bonne correspondance directe avec l'état-major de l'armée; et, s'il était possible de trouver deux à trois personnes à Strasbourg, sur la fidélité desquelles on pût compter, cela nous deviendrait fort utile dans la suite.

» Je verrai s'il est possible de faire graver dans ce pays le cachet que vous désirez; mais je crois qu'il serait plus convenable de le faire graver à Londres.

» Je crois vous avoir déjà dit de ne pas parler d'affaires à l'ami d'Off...; il est déjà prévenu que vous pourriez bien retourner dans cette ville, et il lui a été enjoint de ne pas vous questionner en aucune manière.»

14 février.

Lettre de M. Drake à M. Obreskow.

« Monsieur,

» Voici les 1,200 livres que je vous ai annoncées dans ma première (n° 7) du 27 janvier. Il n'était pas possible de trouver des lettres de change payables plus tôt; mais vous pourrez les faire escompter à très peu de perte.

» Depuis la date de mon n° 7, j'ai reçu votre n° 15 du 19 janvier, qui ne m'est parvenu cependant que le 8 février. Le n° 16 du 30 janvier, et votre lettre, même date, sont tous deux bien arrivés le 11 de ce mois.

» Je vais répondre brièvement à chacune de ces lettres, en tant qu'elles demandent des réponses.

» Je vous répète encore une fois, et ce sera pour la dernière, que je n'ai aucune agence en France, excepté la vôtre. Quant aux correspondants que je pourrais y avoir, je suis parfaitement à mon aise sur leur compte, malgré tout ce que vous me dites de leur prochaine arrestation.

» Je n'ai aucun correspondant à Embden; mais comme les copies de vos lettres sont envoyées au président, il pourrait bien, s'il le juge à propos, soigner cet objet à Bordeaux (Londres). Je vous ai déjà tranquillisé, quant aux tentatives de l'émissaire consulaire auprès des bureaux de poste allemands; il ne réussira pas; mais le bruit de cette affaire a fait naître des craintes à un de mes agents dans ces bureaux, et il désire être débarrassé de sa besogne. C'est pour cette raison, ainsi que pour avoir de vous des notions plus claires et plus détaillées, que je trouve dans les bulletins, touchant l'état de l'intérieur, l'étendue de vos moyens et l'emploi que vous vous proposez d'en faire, que je vous prie de partir le plus tôt possible pour vous rendre à Off..., et de là ici.

» Je vous ai déjà indiqué les arrangements qu'il faudra prendre pour le passage de la correspondance dans mes précédentes lettres, surtout dans les n°s 5 et 7. Il ne me reste qu'à vous prier de faire en sorte que les bulletins passent directement entre vos mains de celles de l'ami à Toulouse (Strasbourg) sans l'entremise des bureaux de poste.

» Je vous ai recommandé d'établir au moins deux autres canaux de communication (dont un sera à Mayence), afin de ne pas être au dépourvu dans le cas (possible) que celui de Toulouse (Strasbourg) vînt à manquer.

» Le papier sur lequel vous écrivez est excellent pour *notre usage*; et, comme il est impossible d'en trouver de cette espèce dans ce pays-ci, je vous prie d'en faire une bonne provision pour vous-même et pour moi.

» Ce que vous me dites sur les armements maritimes du premier consul et leur destination m'a paru assez intéressant pour être transmis sur-le-champ à Bordeaux (Londres); mais vous ne vous êtes pas expliqué, quant à la *somme* que l'huissier demande pour l'entreprise qu'il vous a proposée il y a quelque temps.

» Je suis excessivement peiné de toutes ces ridicules méfiances qui, d'après votre rapport, commencent à pénétrer dans votre comité. Vous tâcherez de les faire cesser avant de partir; et vous pouvez hardiment déclarer à vos amis, de ma part, et de la manière la plus solennelle, que je n'ai aucune connaissance des circonstances et des évènements sur lesquels elles paraissent être fondées. Au reste, je vous prie de leur faire entrevoir qu'il sera de toute impossibilité pour moi de travailler efficacement avec eux, s'ils se laissent aller à leurs soupçons à chaque nouvel incident qui survient.

» Il n'est pas nécessaire de m'envoyer la quittance du comité; il suffira que vous l'apportiez avec vous. Je ne dois pas oublier de vous prévenir qu'il faudra, en partant de Châlons (Paris), prendre vos mesures pour pouvoir y retourner, pour le cas que l'état de nos affaires puisse par la suite l'exiger.

» Croyez-moi, avec les sentiments de la plus parfaite estime,

» Monsieur,

» Votre très humble serviteur,

» Nota Manus. »

M. Drake à M. Obreskow.

25 février.

« Monsieur,

» Votre lettre du 10 m'est parvenue le 21, et celle du 13 vient de m'arriver dans ce moment. Il est très instant que vous vous rendiez ici le plus tôt possible, puisque je ne saurais vous donner des instructions ultérieures, sans avoir été préalablement éclairci sur une infinité de points qui ne peuvent être discutés dans tous leurs détails que de vive voix: d'ailleurs, mon homme fait des difficultés quant au passage de nos lettres, et il nous faudrait établir le mode de communication dont je vous ai entretenu dans ma dernière.

» Je suis prévenu de tous les évènements du 16 de ce mois, et je conçois bien que la police aura l'œil sur tous les voyageurs, par conséquent vous guetterez les moments propices afin de ne courir aucun risque. Je n'ai su que par vous les détails relatifs à George, etc.... Je n'ai d'autre connaissance de ses projets que celle que votre lettre m'en fournit. Mais si vous avez les moyens de tirer d'embarras quelques uns de ses associés, ne manquez pas d'en faire usage. Je vous prie aussi très instamment de faire dresser et imprimer sur-le-champ une courte adresse à l'armée (officiers et soldats), les interpellant de ne jamais laisser périr

Moreau, leur frère d'armes, qui les a si souvent menés à la victoire, comme victime de la rage et de la jalousie du premier consul. Vous pouvez observer, dans cette adresse, que le mérite de *Moreau* a depuis long-temps offusqué la vue du petit tyran, et que le premier consul, pour se défaire de son rival, a choisi le moment de l'arrivée des nouvelles du malheureux sort de Saint-Domingue, afin de détourner la nation d'un désastre qui provient uniquement de sa mauvaise conduite. Vous ferez bien de ne pas perdre un moment à faire cette petite adresse, et à la faire circuler par toutes les armées avec la plus grande diligence.

» Je viens d'écrire un billet à votre homme de Toulouse (Strasbourg) pour l'engager à mettre vos lettres, à l'avenir, sous une enveloppe adressée à l'abbé Dufresne : en cas que vous m'écriviez encore avant votre départ, je vous prie de vous servir de cette adresse, et de ne plus faire usage d'aucune des douze que je vous ai indiquées dans ma lettre n° 2.

» L'émissaire dont je vous ai parlé s'est fait promettre, par quelques employés de poste, de transmettre tous les avis qu'il pourrait obtenir relativement à une correspondance avec moi, à l'adresse suivante :

» Au citoyen Dubois, au bureau de police militaire du ministère de la guerre, sous l'enveloppe du citoyen Duroche, marchand épicier, rue Saint-Honoré, n°....

» J'aurais voulu que vous n'eussiez pas fait faire la démarche dont vous me parlez auprès du maître de poste à K...., puisqu'il ne paraît pas qu'il sera dans le cas de nous rendre des services aussi long-temps que notre correspondance va son train, aussi bien qu'elle a fait jusqu'ici [1] : et je craindrais qu'il serait impossible de faire cette ouverture, malgré toute l'adresse et toute la précaution que votre homme pourrait y mettre, sans laisser apercevoir quelque chose de trop.

» Quant à l'adjudant général dont il est question dans votre lettre du 13, je serais porté à lier une correspondance avec lui ; je ne m'y fierai qu'autant qu'il faut ; mais la somme qu'il demande n'est pas grande, et nous avons les moyens de constater si ses rapports sont vrais. Tâchez donc de mettre cette affaire en train avant votre départ.

» Pour ce que vous me dites de vos projets d'opérations, je vous en parlerai plus amplement quand je vous verrai : en attendant vous pouvez assurer vos amis qu'on ne manquera pas d'y donner suite avec toute la promptitude que les circonstances comportent.

» Je vous recommande encore une fois de bien arranger tout ce qui est relatif à la continuation de notre correspondance avant de partir.

» Croyez-moi, avec la considération la plus parfaite,

» Monsieur,

» Votre très humble serviteur,

» Nota Manus. »

[1] Il y a évidemment ici quelques mots d'oubliés.

Lettre que M. Drake envoyait au général, par l'adjudant Rozey.

« Puisque le général montre une telle confiance dans ses moyens, puisqu'il croit que le moment présent est singulièrement propice pour commencer les opérations ; puisqu'il est d'opinion que si on le laisse échapper, des circonstances également favorables ne se trouveront plus, l'ami d'ici ne peut qu'obtempérer à ses désirs en lui promettant toute l'assistance qui dépend de lui. L'ami doit nécessairement abandonner les détails d'exécution au général, qui est sur les lieux, et qui est plus intéressé que tout autre à ce que les mesures soient bien préparées et bien combinées, que le but ne soit pas manqué. Il observera cependant qu'il est de la plus haute importance qu'on s'assure le plus tôt possible d'une place *sur la frontière de la France et de l'Allemagne*, afin que l'ami puisse avoir une communication *libre, prompte, active et sûre* avec le général, pour la transmission de ce qu'il pourrait devenir nécessaire par la suite. Huningue sera la place la mieux située pour cet effet, d'autant qu'elle est assez rapprochée du champ des opérations principales.

» Il faudra du moins établir des hommes affidés, de six en six lieues, depuis Besançon jusqu'à Fribourg, pour porter et rapporter des avis.

» La toute première opération paraît devoir être la

saisie de Besançon, qui servira comme place d'armes, et, au cas de malheur, de place de défense : dans ce dernier cas, une partie des insurgés pourra se jeter sur les Cévennes et les montagnes de l'ancien Vivarais, et s'y soutenir pendant long-temps, pourvu qu'on lui ménage une communication pour recevoir des secours pécuniaires, soit par Huningue, soit par Bâle et la Suisse. Après s'être rendu maître de Besançon, etc., et avoir insurgé les provinces voisines, on ne doit pas perdre un seul moment à agir dans Paris même. Tout doit être préalablement préparé et disposé *là* au *premier* instant de cet embarras et de cette consternation du gouvernement actuel, lorsqu'il apprendra les mouvements dans les provinces.

» Puisqu'il est bien constaté qu'une très grande partie de l'armée, tant officiers que soldats, est très mécontente de l'arrestation de Moreau, il est naturel que le général les satisfasse à cet égard, afin de s'assurer de leur aide dans le moment critique. Le général ne peut que s'apercevoir qu'il lui sera de la plus haute importance et de la dernière nécessité même d'adopter pour principe général de profiter de l'assistance de tous les mécontents quelconques et de les réunir tous dans le premier moment, de quelque parti qu'ils soient, en déclarant que le grand but de l'insurrection étant de mettre fin à la tyrannie qui pèse sur la France et l'étranger, tout ce qui est ennemi du gouvernement actuel sera regardé comme ami parmi les insurrectionnels, étant très instant d'ailleurs que toutes les démarches des insurrectionnels soient de la plus grande discrétion (surtout envers les partisans du consul), afin de ne pas réveiller les frayeurs de ce grand nombre de personnes qui se souviennent encore des maux qu'elles ont soufferts à plusieurs époques de la révolution. Le système pourrait être annoncé dans la première proclamation par deux mots : *liberté* et *paix pour la France et pour le monde.* Ces réflexions sont spécialement recommandées à la considération du général, puisqu'une conduite opposée ne pourra pas manquer d'effaroucher le public en général, et par conséquent d'engager le plus grand nombre à se réunir au gouvernement actuel, tout détesté qu'il est, plutôt que de s'attirer une répétition de scènes révolutionnaires dont le souvenir est encore frais dans leurs esprits.

» L'*ami* doit aussi prévenir le général qu'il a *acquis la certitude* que l'arrestation de Moreau a excité un mécontentement général et très prononcé en Alsace ; ce général ayant un grand nombre de partisans dans cette contrée, on pourrait tirer un grand parti de cette dissension, en agissant d'après les bases qui viennent d'être indiquées.

» Quant aux secours pécuniaires, l'*ami* aurait désiré que le général lui eût présenté un aperçu de ce qui lui sera nécessaire pour les premiers mouvements, ainsi que de ce qui pourrait le devenir par la suite. L'*ami* doit prévenir le général que cette ville n'étant pas une ville de commerce, il est toujours difficile, et souvent impossible, d'y trouver des lettres de change sur Paris (surtout des lettres à courte date). L'*ami* est presque toujours obligé d'en faire chercher loin d'ici, quand il en a besoin. Le général aura donc la bonté d'instruire l'*ami sur-le-champ* comment cet objet pourrait être arrangé, en lui marquant les sommes qui lui seront nécessaires, les époques auxquelles elles doivent être fournies, par quel canal on doit les transmettre, et si les remises doivent être faites en lettres de change sur Paris ou en espèces sonnantes. Dans ce dernier cas on pourrait encore envoyer à l'*ami* quelqu'un de confiance, muni d'une autorisation pour les recevoir et pour les porter directement soit à Paris, soit à Besançon, selon les besoins; mais il faut observer qu'il ne sera pas possible de ramasser une forte somme tout à la fois, ni en lettres de change, ni en espèces; il est donc de toute nécessité que l'on indique le plus précisément que faire se pourra les époques auxquelles l'argent sera nécessaire, pour qu'on ait le temps d'en faire la provision. Aussitôt que l'*ami* aura les indications à cet effet, il prendra les mesures pour que les sommes dont on aura besoin soient déposées chez une personne sûre à Offembourg, à Stutgard et dans quelque autre ville plus rapprochée de la frontière, qui les délivrera à celui qui sera envoyé par le général, à moins que le général ne trouve bon de stationner une personne à lui et dans laquelle il ait une confiance illimitée, à poste fixe, dans une de ces villes (ou mieux encore à Fribourg en Brisgaw) expressément pour soigner cette partie; ce qui serait peut-être le plan le plus convenable.

» On suppose que le général trouvera quelques fonds dans les caisses de l'état dont il s'emparera; mais, dans le cas (possible) qu'on en ait besoin dans l'instant avant que les remises arrivent, on pourrait remettre des bons payables au porteur, dans le terme de quinze jours ou trois semaines. Les remises arrivant avant l'échéance de ce terme, on les acquittera dès lors; et cette exactitude à remplir ses engagements ne manquera pas de donner un grand crédit aux insurrectionnels. Il y a une infinité de détails qu'on ne peut pas toucher dans cette lettre, puisque l'on ne veut pas retenir le voyageur plus long-temps; mais il en sera instruit de bouche.

» Le général recevra pour le moment par la poste la somme de 9,900 fr. faisant 10,114 liv. 17 s. 6 d., en quatre lettres de change sur Paris, dont trois payables le 3 germinal et une le 5. L'*ami* a déjà pris ses mesures pour se procurer les sommes dont on pourra avoir besoin par la suite. »

Munich, 9 mars 1804.

« On peut écrire à l'*ami* pour le moment, par l'entremise de l'homme de confiance, à Strasbourg. L'adresse est: *A monsieur l'abbé Dufresne, à Munich, en Bavière.* »

27 mars 1804.

M. Drake au général K.

« Monsieur,

» J'ai bien reçu votre lettre du 18 par votre aide de camp qui est arrivé avant-hier au soir.

» Je suis bien charmé d'apprendre que le colonel soit d'accord avec moi, quant à l'idée de réunir tous les mécontents, sous quelques enseignes qu'ils aient marché jusqu'ici; et comme les vues que vous annoncez sont entièrement conformes aux miennes, et me paraissent devoir parfaitement remplir l'objet de cette conduite, je n'ai pas besoin de m'étendre davantage sur ce point.

» Je suis de plus en plus convaincu de l'extrême importance du poste de Huningue pour vos opérations, puisque, si les autorités constituées de Bonaparte et le militaire qui se trouvent entre la ligne principale de vos opérations et la frontière de Suisse et d'Allemagne sont *contre vous*, il vous sera extrêmement difficile de tirer les secours pécuniaires de Fribourg, et de les faire arriver à Besançon, puisque, dans un pareil moment d'alarme et d'embarras, il est à présumer que les routes sont obstruées et qu'aucun voyageur ne pourra passer. La communication la plus courte avec Fribourg sera de Béfort, qui est sur la droite de la ligne que vous proposez d'occuper, en passant ou par Bâle et la frontière de la Suisse, ou par la frontière de l'Alsace. Or, si vous trouviez les ennemis sur l'une ou l'autre de ces frontières, le passage deviendrait impraticable pour vos envois. Sous ce point de vue donc, la possession de Huningue me paraît indispensable, puisque vous n'aurez par là que le Rhin à passer pour arriver sur la rive droite de ce fleuve; passage qui vous sera assuré, puisqu'il se trouve sous le canon même de la ville d'Huningue.

» Mais si vous croyez que l'entreprise sur Huningue pourrait manquer, si même vous n'êtes pas à peu près sûr qu'elle réussira, je ne voudrais pas qu'elle fût tentée, parcequ'il est de la dernière importance, je dirai même de la dernière nécessité, qu'aucune de vos premières opérations ne vienne à manquer, puisqu'un pareil contre-temps jetterait de la défaveur sur tout votre projet, encouragerait le gouvernement actuel, ferait naître l'idée à vos amis et à vos ennemis que vos moyens sont faibles, exciterait peut-être des doutes parmi vos partisans, et découragerait ceux qui seraient disposés à se joindre à vous. Il se peut encore que vous regardiez Huningue comme un peu trop éloigné du siége principal de vos opérations, et il faudra bien se garder de vous affaiblir, en donnant trop d'étendue à votre ligne.

» Il est fort à désirer, si cette entreprise se fait, qu'elle se fasse entièrement du côté de la France, et je ne vois pas comment vous pourriez la faire du côté de l'Allemagne, puisque, dans ce cas, il faudrait passer le Rhin deux fois. Vous êtes apparemment dépourvu de pontons et de bateaux, et comment passeriez-vous cette rivière ? Il faut de toute nécessité entrer dans la ville par les portes de France, et je ne puis pas deviner quelle utilité vous pourriez tirer du passage de vos gens sur le territoire d'Allemagne. Au reste, je ne puis pas vous conseiller de commencer vos opérations par une violation de territoire.

» Ce sera donc à vous et au comité à peser tous les avantages et tous les inconvénients de cette entreprise, soit qu'elle réussisse ou qu'elle ne réussisse pas; et je ne doute pas que votre décision sur ce point important ne soit pour le mieux; mais dans le cas que vous vous décidiez *à ne pas la tenter*, il faudrait alors penser à s'assurer d'une autre voie sûre de communication avec Fribourg.

» Quant aux pays qui environnent les villes que vous m'avez indiquées, je n'ai pas besoin de vous faire observer que leur occupation demandant la présence d'une partie de vos forces, il ne serait convenable de vous affaiblir, en faisant des détachements pour cet objet, qu'autant que ces pays seraient absolument nécessaires à la marche de vos principales opérations militaires, soit par les positions ou par les secours en approvisionnements qu'ils offrent.

» Il ne faut pas penser à la citadelle de Strasbourg; elle est trop éloignée du pays où vous agirez, et d'ailleurs il ne faut pas entreprendre au-delà de nos moyens.

» Pour ce qui regarde le moment propice pour commencer votre attaque, j'aurais désiré qu'il fût différé de quelques semaines, afin que j'eusse plus de temps pour faire les dispositions nécessaires de mon côté; mais je sens vivement la force des motifs qui vous engagent à agir promptement et sans délai, et je suis entièrement d'accord avec vous, que si vous laissez sacrifier Moreau à la haine et à la jalousie du premier consul, vous perdrez par là l'assistance de ses nombreux partisans. Je vous conjure cependant de ne pas vous montrer le moins du monde, avant que vos mesures ne soient toutes préparées et en règle : tout doit être calculé, combiné et arrêté d'avance, afin que le masque une fois levé, on n'erre pas à l'aventure; que chacun sache exactement son poste et ce qu'il a à faire, et que, le premier coup parti, on agisse d'abord partout (et surtout à Paris même), pour ne pas laisser au gouvernement le temps de se remettre de sa première stupeur.

» Quoique vous ne parliez pas des progrès que vos gens ont faits dans leurs tentatives pour gagner des partisans dans l'armée, je dois supposer que ces tentatives ont complètement réussi, et que vous vous êtes assuré d'une puissante diversion de ce côté-là, puisque, sans cette aide, vos opérations seront bornées à faire insurger trois ou quatre départements, ce qui ne pourrait guère réussir qu'à la longue, en supposant que le premier consul conserve assez de pouvoir sur ses troupes pour les faire marcher contre vous. Votre aide-de-camp cependant m'assure que toutes les mesures sont déjà préparées à cet égard; et dans le cas qu'elles soient déjà suffisamment mûries, on pourrait en augmenter l'effet, en proposant aux soldats un petit surcroît de paie, au-delà de ce qu'ils reçoivent du gouvernement actuel.

» J'ai reçu votre lettre du 15 de ce mois, dans laquelle vous m'annoncez la réception des 10,114 liv. 17 sous 6 deniers que je vous ai envoyés le 9, et je vous envoie présentement la somme de 14,976 livres (603 louis d'or à 24 livres, 42 ducats à 12 livres) que votre aide-de-camp vous remettra. C'est tout ce que j'ai pu trouver ici, soit en louis d'or, ducats ou lettres de change; mais il est adressé à Stutgard, où il trouvera, à ce que j'espère, le complèment, ou à peu près, de la somme que vous demandez. Il est très instant que je sois instruit, sur-le-champ, du moment que vous aurez fixé pour commencer vos opérations à des époques précises, quand des secours ultérieurs vous seront nécessaires, ainsi que du montant de ces secours, afin que j'aie le temps de prendre mes mesures pour en faire la provision, et que les opérations ne languissent pas faute d'aliments. Vous pouvez m'envoyer le citoyen Muller avec ces informations, lequel d'ailleurs me sera très nécessaire, parceque je n'ai personne auprès de moi dont je puisse disposer, dans les incidents qui pourraient survenir à chaque instant. Je vous prie donc très instamment de faire partir ledit citoyen, en le prévenant qu'il doit venir *directement* chez moi. Il fera bien de ne pas amener une voiture avec lui. Je dois vous prévenir que les bureaux de poste sont tellement surveillés, qu'il serait dangereux de se fier trop à ce mode de communication. Vous pourrez pourtant écrire de temps en temps par cette voie, en ayant soin que ce qui est prescrit en encre ordinaire ne soit pas assez insignifiant pour éveiller les soupçons de ceux qui ouvrent les lettres. Il faut aussi se servir du chiffre que j'ai remis au citoyen Muller à son premier départ d'ici, et écrire assez énigmatiquement pour qu'une découverte n'ait pas lieu, dans le cas même que l'on parviendrait à faire ressortir l'encre sympathique.

» La personne que vous placerez à Fribourg devra nécessairement être parfaitement instruite de tout ce qu'elle aura à faire pour maintenir la communication. Tous les obstacles et les entraves qui pourraient lui survenir quant à cet objet doivent être prévus d'avance et les moyens préparés pour y remédier. Ce sera sans doute une personne qui jouit de la confiance entière du comité. J'ignore s'il trouvera des difficultés à se fixer à Fribourg; mais dans ce cas, il faudrait qu'il se plaçât dans une des petites villes du voisinage (en Allemagne), en me donnant avis sur-le-champ de l'endroit qu'il aura choisi. Constance ou Hechingen (surtout la dernière ville) pourrait nous convenir; mais il faut qu'il soit muni de passe-ports, et qu'il ait quelques motifs *ostensibles* pour son voyage, comme, par exemple, celui de commis voyageur en vins ou autre.

» Je renouvelle encore mes instances à ce que le citoyen Muller soit envoyé ici sur-le-champ; j'espère qu'il aura reçu mon billet du 10 de ce mois, relatif à cinq de ses lettres qui ont été renvoyées par les officiers de la poste. Deux de celles-ci, datées des 18 et 19 février, me sont parvenues postérieurement de Kell; les trois autres me manquent encore, et je le prie de me les faire retirer, ainsi que ledit billet (en cas qu'il ne l'ait pas reçu) dont je lui ai envoyé une triple copie à Cassel, Francfort et Kell.

» Je lui recommande spécialement de ne pas passer la frontière de France en voyageur, mais à pied.

» Recevez, monsieur, les assurances de ma parfaite considération. »

CERTIFICAT.

Aujourd'hui vingt germinal de l'an douze de la république.

Nous, Henri Shée, conseiller d'état, préfet; Frocersen, président du tribunal criminel; Laquiante, président dn tribunal civil; Horzer, commissaire du gouvernement près le tribunal criminel; Spielmann, commissaire du gouvernement près le tribunal civil de Strasbourg, soussignés, assemblés à l'hôtel de la préfecture, déclarons savoir : nous préfet, qu'il nous a été représenté le dix germinal courant, à l'heure de midi, par le citoyen Rozey, capitaine, adjudant-major au neuvième régiment de ligne, revenant de Munich, où il avait été envoyé par ordre du conseiller d'état Réal, du vingt-neuf ventôse précédent, près de M. Francis Drake, ministre anglais, résidant audit Munich :

1° Une lettre de change, datée de Stutgard, le trente mars mil huit cent quatre, à quinze jours de date, passée à l'ordre de M. Frédéric Muller, pour la somme de *six mille six florins* en couronnes de Brabant, tirée par la banque de la cour électorale de Wurtemberg, signée *Jacob Kaülla*, sur M. Jean-Gaspard Escher fils, à Zurich, en livres tournois, ci. 14,400 fr.

2° Une autre lettre de change datée de Stutgard, le trente mars mil huit cent quatre, à quinze jours de date, passée à l'ordre de M. Frédéric Muller, pour la somme de *quatre mille quatre cents florins*, en couronnes de Brabant, tirée par le même et sur le même, en livres tournois, ci. . . . . 9,600 fr.

3° Une autre lettre de change, datée de Stutgard, le trente mars mil huit cent quatre, à huit jours de vue, passée à l'ordre de M. Frédéric Muller, de *trente mille florins*, en couronnes de Brabant, tirée par M. Georges-Henri Keller fils, sur MM. Metzler fils et compagnie, en livres tournois, ci. . . . . 65,460 fr.

Total. . . . 89,450 fr.

Lesquels papiers, le citoyen Rozey a déclaré au préfet avoir reçus de M. Spincer Schmitt, envoyé anglais à Stutgard, sur un bon, et d'après la recommandation de M. Francis Drake, envoyé anglais à Munich.

De plus, le citoyen Rozey a déclaré avoir reçu de M. Drake, en or, ci. . . . . 14,976 fr. laissés entre les mains dudit citoyen Rozey.

Plus, de M. Schmitt, en une lettre de change sur le citoyen Récamier, banquier à Paris, celle de vingt-quatre mille livres, qu'il a aussi gardée, ci. . . . . 24,000 fr.

38,976 fr.

Plus, de M. Drake, une *idem* du premier voyage, et remise au général Caulaincourt, de neuf mille neuf cent quatre-vingt-dix livres, ci. . . . . 9,990 fr.

48,966 fr.

Les trois lettres de change, relatées ci-dessus, numéros 1, 2 et 3, ayant été endossées, présentées à l'acceptation par la voie du commerce et acceptées :

SAVOIR :

Celles numéros 1 et 2, par la maison Gaspard Schutthes, à Zurich;

Celle numéro 3 par la maison Bethmann, à Francfort.

Et nous, président et commissaires près les tribunaux, déclarons que les copies figurées des trois lettres de change ci-dessus nous ont été présentées par le conseiller d'état préfet, à défaut des originaux qui ont été envoyés à l'acceptation, et qu'elles énoncent les qualités, sommes et détails relatés plus haut. En foi de quoi nous avons, conjointement avec le conseiller d'état, signé le procès-verbal, pour servir et valoir ce que de droit. A Strasbourg, les jour, mois et an que dessus. Signé, Shée, Frocersen, Laquiante, Horzer et Spielmann.

TROISIÈME PARTIE.

PORTE-FEUILLE DE D'ANTRAIGUES.

Le comte de Montgaillard était à Venise depuis le mois de septembre; je le savais pas le bruit public, mais sans l'avoir jamais vu, ni sans avoir ouï parler de lui. M. l'abbé Dumontel, son ami, est venu chez moi, il y a six semaines, me voir de sa part, me faire ses excuses de ce que les raisons les plus graves l'obligaient à ne me pas venir voir; qu'il me les expliquerait lui-même au moment qu'il le pourrait.

Le..... (1) je reçus une lettre de Fauche-Borel de Neufchâtel, qui me priait de remettre six cents livres tournois à M. de Montgaillard, et de l'engager à se rendre sur-le-champ à Bâle auprès de lui.

Je fis avertir M. de Montgaillard : il me renvoie l'abbé Dumontel; ne veut pas d'abord les 600 livres, quinze jours après envoie les rechercher, me demande un rendez-vous pour le 1er décembre, remet ensuite au 4, et enfin est venu hier 4, à six heures du soir, avec l'abbé Dumontel.

> Ce qui suit indique que ce doit être vers le 15 novembre 1796.

Après m'avoir parlé avec détail de son évasion et de sa course en Angleterre, de son retour à. . . . [1], de ses querelles avec la c... de l'émigration, qui, par tout pays, ne veut ni faire, ni laisser faire, et qui a plus de démocratie jacobine dans sa misère ou manie que n'en avait le club des jacobins au milieu de ses triomphes.

Après m'avoir parlé de tout cela, je lui dis : Mais enfin à présent que faites-vous ? C'est, me dit-il, pour vous en instruire que je suis venu chez vous; mais il faut prendre les choses d'un peu plus loin.

Au mois d'août 1795, je me trouvais à Bâle : j'avais quitté précédemment la Hollande, après avoir reçu l'ordre de partir, et l'offre du lord Sainte-Hélène d'y rester, si je voulais promettre de ne plus écrire, ce que je refusai. J'avais eu avant une conversation avec le ministre de Danemarck; il me demandait ce que je pensais de la révolution : je ne disais que des choses générales, quand il m'interrompit. . . . . [2] pour me dire : Je vais vous parler plus franchement; *je regarde les rois coalisés comme des filous qui se volent dans les poches tandis qu'on les mène à la potence.*

Ce fut après mon voyage à La Haye que j'allai d'abord à Neufchâtel, puis à Bâle.

M. le prince de Condé m'appela à Mulhéim; et, connaissant toutes les relations que j'avais en France, il me proposa de sonder le général Pichegru, qui avait son quartier-général à Altkirch.

---

[1] Mots illisibles dans le manuscrit de d'Antraigues. — [2] *Id.*

Le général Pichegru y était alors, environné de quatre représentants conventionnels.

Je me rendis aussi avec 4 ou 500 louis à Neufchâtel; je jetai les yeux, pour faire les premières ouvertures, sur Fauche-Borel, imprimeur du roi à Neufchâtel, votre imprimeur et le mien, homme fanatique de la royauté, plein de courage, de zèle, d'enthousiasme, ayant peu d'esprit, mais y suppléant par de la sûreté et de la probité. Je lui associai M. Courant, Neufchâtelois, jadis pendant quatorze ans au service du grand Frédéric, en qualité de son homme d'exécution...[1], à ressource, d'un sang-froid imperturbable, qui a bien plus que de la valeur; il a la plus imperturbable intrépidité.

Je leur persuadai de se charger de la commission; je les munis d'instructions, de passe-ports : ils étaient étrangers; je leur fournis tous les prétextes pour voyager en France, comme étrangers, négociants, acquéreurs de biens nationaux. Quand je les crus bien lestés, je les recommandai à Dieu, et je partis pour aller attendre de leurs nouvelles à Bâle.

Le 13 août 1795, Fauche et Courant partirent pour se rendre au quartier-général d'Altkirch; ils y restèrent huit jours, voyant le général Pichegru environné de représentants et généraux, sans pouvoir lui parler. Pourtant Pichegru les remarqua, surtout Fauche; et, les voyant assidus sur tous les lieux où il passait, il

---

[1] Mots illisibles dans le manuscrit de d'Antraigues.

devina que cet homme avait quelque chose à lui dire, et dit tout haut devant lui en passant : Je vais me rendre à Huningue. Aussitôt Fauche part et s'y rend ; Pichegru y était arrivé avec les quatre représentants et sept généraux.

Fauche trouva le moyen de se présenter à son passage au fond d'un corridor : Pichegru le remarque, le fixe ; et, quoiqu'il plût à torrents, il dit tout haut : Je vais dîner chez madame de Salomon. Le château est à trois lieues d'Huningue, et cette madame de Salomon est la maîtresse de Pichegru. Fauche part aussitôt, se rend dans le village, monte au château après dîner, et demande le général Pichegru : celui-ci le reçoit dans un corridor, en prenant du café.

Fauche alors lui dit que, possesseur d'un manuscrit de J.-J. Rousseau, il veut le lui dédier. Fort bien, dit Pichegru, mais je veux le lire avant ; car ce Rousseau a des principes de liberté qui ne sont pas les miens, et où je serais très fâché d'attacher mon nom. Mais, lui dit Fauche, j'ai autre chose à vous dire. Et quoi ? et de la part de qui ? De la part de M. le prince *de Condé*. Taisez-vous, et attendez-moi..... Alors il le conduisit seul dans un cabinet reculé ; et alors tête à tête, il lui dit : Expliquez-vous ; que me veut monseigneur le prince de Condé ?

Fauche, embarrassé, et à qui les expressions ne venaient pas en ce moment, balbutia, hésita. Rassurez-vous, lui dit Pichegru, je pense comme M. le prince de Condé : que veut-il de moi ? Fauche, encouragé, lui dit alors : M. le prince de Condé désire.....[1] à vous ; il compte sur vous ; il veut s'unir à vous. Ce sont là des choses vagues et inutiles, lui dit Pichegru ; cela ne veut rien dire : retournez demander des instructions écrites, et revenez dans trois jours à mon quartier-général à Altkirch ; vous me trouverez seul à six heures précises du soir.

Aussitôt Fauche part, arrive à Bâle, court chez moi, et, transporté d'aise, me rend compte de tout. Je passai la nuit à rédiger une lettre au général Pichegru. M. le prince de Condé, muni de tous les pouvoirs du roi Louis XVIII, excepté celui d'accorder des cordons bleus, m'avait, par écrit de sa main, revêtu de tous ses pouvoirs à l'effet d'entamer une négociation avec le général Pichegru.

Ce fut en conséquence que j'écrivis au général. Je lui dis d'abord tout ce qui pouvait réveiller en lui le noble sentiment du véritable orgueil, qui est l'instinct des grandes âmes ; et après lui avoir fait voir tout le bien qu'il pouvait faire, je lui parlai de la reconnaissance du roi pour le bien qu'il ferait à sa patrie en y rétablissant la royauté.... Je lui dis que sa majesté voulait le créer....[2] maréchal de France, gouverneur d'Alsace, nul ne pouvant mieux la gouverner que celui qui l'avait si vaillamment défendue.

Qu'on lui accorderait le cordon rouge, le château de Chambord avec son parc et 12 pièces de canon

---

[1] Mots illisibles dans le manuscrit de d'Antraigues. — [2] *Id.*

enlevées aux Autrichiens; un million d'argent comptant, 200,000 livres de rente, un hôtel à Paris. La [^1]..... d'Arbois, patrie du général, porterait le nom de Pichegru, et serait exempte de tout impôt pendant quinze ans. La pension de 200,000 livres, réversible par moitié à sa femme, 50,000 livres à ses enfants, à perpétuité, jusqu'à extinction de sa race.

Telles furent les offres faites, au nom du roi, au général Pichegru.

Pour son armée, je lui offrais, au nom du roi, la confirmation de tous ses officiers dans leur grade, un avancement pour tous ceux qu'il recommanderait, un traitement pour tout commandant de place qui livrerait sa place, et une exemption d'impôt pour toute ville qui ouvrirait ses portes; quant au peuple de tout état, amnistie entière et sans réserve. J'ajoutais que M. le prince de Condé désirerait qu'il proclamât le roi dans ses camps, lui livrât la ville de Huningue, se réunît à lui pour marcher sur Paris.

Pichegru, après avoir lu toute cette lettre avec la plus grande attention, dit à Fauche: C'est fort bien; mais qui est ce M. de Montgaillard qui se dit ainsi autorisé? Je ne connais ni lui ni sa signature. Est-ce l'auteur? Oui, lui dit Fauche. Mais, dit Pichegru, je désire avant toute ouverture de ma part être assuré que M. le prince de Condé, dont je me rappelle très bien l'écriture, ait approuvé tout ce qui m'a été écrit

[^1]: Mots illisibles (la ville).

en son nom par M. de Montgaillard. Retournez tout de suite auprès de M. de Montgaillard, et qu'il instruise M. le prince de Condé de ma réponse.

Aussitôt Fauche partit, laissa M. Courant près de Pichegru, et revint auprès de moi.

Arrivé à Bâle à neuf heures du soir, il me rend compte de sa mission: à l'instant je vais à Mulheim, quartier-général du prince de Condé, et j'y arrive à minuit et demi. Le prince était couché; je le fais éveiller; il me fait asseoir tout à côté de lui sur son lit, et ce fut alors que commença notre conférence.

Il s'agissait seulement, après avoir instruit le prince de Condé de l'état des choses, de l'engager à écrire au général Pichegru, pour lui confirmer la vérité de tout ce qui lui avait été dit en son nom.

Cette négociation, si simple dans son objet, si nécessaire, si peu susceptible d'obstacles, dura néanmoins toute la nuit.

M. le prince, aussi brave qu'il est possible de l'être [1] . . . . du grand Condé, que son imperturbable intrépidité.

Sur tout le reste, c'est le plus. . . . . des hommes; sans. . . . ., environné des hommes les plus médiocres, les plus vils, quelques uns les plus pervers; les connaissant bien, et s'en laissant dominer.

Ces gens-là sont comme la plupart des émigrés

---

[1] Mots illisibles dans le manuscrit de d'Antraigues

marquants ; ils veulent faire de la révolution une mine à exploiter, et du prince un moyen de rendre l'exploitation meilleure. Ces gens-là, tels que MM. de Montesson, la Jair, Bouthillier, sont des gens sans aucun moyen que celui de la servilité auprès du prince; mais ils l'entourent, et, se rendant toute justice sur leur incapacité totale, ils n'ont que deux mobiles dans toute leur conduite. S'il se présente un homme d'un vrai talent, qui présente des projets d'une vaste étendue et d'une grande difficulté, ils le laissent commencer l'affaire, se hasarder et la suivre.

Pendant son absence ils s'attachent à éloigner le prince de lui, à le faire craindre, à le faire haïr, afin que le [1]........ du serviteur utile déplaisant, ils aient toute facilité à l'éconduire, lorsque sa besogne achevée, elle n'offrira plus de difficultés; alors ils songent à s'en emparer et à perdre l'auteur du travail : c'est ce qu'on appelle, surtout en France, le véritable talent des courtisans, qui rient de pitié en voyant [2]...
...... se dévouer à un maître dont ils sont sûrs qu'on obtient plus par des bassesses que par des services, et dont il vaut mieux être le cuisinier ou le m........ que le ministre ou le général.

L'autre mobile de tous les [3]........ du roi ou des princes, est d'empêcher toute contre-révolution qui ne se ferait pas à leur profit, et à préférer l'état

---

[1] Mots illisibles dans le manuscrit de d'Antraigues. — [2] *Id.* — [3] *Id.*

actuel à tout autre état qui ne les comblerait pas de biens de tous genres.

Tels sont les systèmes du roi ou du prince de Condé.

Je ne puis me refuser à un trait qui fait bien connaître leur stupidité, leur bassesse. Montmort, qui ne quitte jamais le prince de Condé, est un petit homme contrefait d'esprit comme de corps, bossu, bègue, et le plus intrépide des bavards. Un jour que monseigneur tenait conseil sur ma lettre [1]........ de Pichegru, il dit à M. de Montgaillard qui allait partir pour se rapprocher d'Altkirch, quartier-général de Pichegru : Monsieur, vous passerez à Stoupach. — Je n'en sais rien. — Mais, monsieur, vous y passerez. — Cela se peut. — Mais savez-vous une histoire singulière de Stoupach? — Je ne connais ni les lieux, ni les habitants, ni leurs histoires. — Mais, monsieur, les gens de Stoupach détestent les gens d'une ville voisine, et les habitants de la ville voisine prétendent qu'il n'y a pas à Stoupach une poule avec la queue. — Ah! ah! ah! — Et cela, parceque si les poules y avaient une queue, elles ne pourraient pas se retourner dans les rues de Stoupach. — Ah! ah! ah! — Monsieur, cela est très plaisant. Après cette épisode on reprit l'affaire, et il s'agissait du salut de la France! Hommes à talents, voilà votre sort! avant d'arriver à ces princes que vous voulez servir, vous avez à es-

---

[1] Mots illisibles dans le manuscrit de d'Antraigues.

suyer un travail plus ¹........que celui d'Hercule. Celui-ci ².......au moins ³........ dangers; mais, en ces temps modernes, c'est une ⁴.. ......de fumier de cette écurie, qu'il faut passer et ⁵.........pour servir les ⁶.........couronnés de nos princes.

Revenons à nos faits, et laissons narrer par le comte de Montgaillard lui-même.

M. le prince de Condé, obsédé par ces insectes, s'en laissait dévorer sans les éloigner.

Ces gens-là ont un défaut énorme; ils n'ont ni assez de moyens ni assez d'étendue dans l'esprit pour saisir un grand ensemble, apercevoir le vrai but d'une grande affaire, dévorer tous les détails qui n'en sont que l'échafaudage; ils ont encore moins le courage d'esprit qui fait qu'un homme de talent n'aperçoit que le but, et ne s'appesantit sur aucun des moyens nombreux qui doivent l'y conduire.

Si ces moyens ont des inconvénients, un coup d'œil les lui fait ⁷........du grand but qu'il se propose; c'est à cette ⁸.......balance qu'il les compare. Il fait, dans toutes les entreprises, la part du hasard; il confie ses ressources à l'avenir; il veut arriver au but, ne voit que lui, et y marche à travers les ronces, sans s'apercevoir des épines.

Les hommes médiocres et les favoris des rois ⁹...

---

¹ Mots illisibles dans le manuscrit de d'Antraigues. — ² *Id.* — ³ *Id.* — ⁴ *Id.* — ⁵ *Id.* — ⁶ *Id.* — ⁷ *Id.* — ⁸ *Id.* — ⁹ *Id.*

de la médiocrité, de l'impudence et de la nullité ; les hommes médiocres, incapables de saisir l'ensemble, veulent pourtant faire, parler, donner un avis. Que font-ils? ils s'attachent à des détails, en font le principal de l'affaire, s'y incorporent, et quand leur maître est faible, ils le forcent à s'en occuper. C'est ainsi que manquent la plupart des affaires, qu'on éloigne ceux qui les ont conçues, qu'on les aigrit. Les grandes entreprises confiées à de petites âmes me représentent ces grandes et superbes étoffes sortant du métier, exposées aux mites ; elles en sont dévorées, et ces insectes, si petits et si vils, les réduisent pourtant en poussière. M. le prince de Condé, obsédé par ses alentours, avait rétréci ses idées sur leurs idées, et étant devenu aussi timide pour les minuties qu'il l'est peu dans les batailles, il craignait autant les petites choses qu'ils aiment peu le canon.

Il fallut neuf heures de travail, assis sur son lit à côté de lui, pour lui faire écrire au général Pichegru une lettre de neuf lignes. Tantôt il ne voulait pas qu'elle fût de sa main ; puis il ne voulait pas la dater ; puis il ne voulait pas l'appeler général Pichegru, de peur de reconnaître la république en lui donnant ce titre ; puis il ne voulut pas y mettre l'adresse ; puis il refusait d'y mettre ses armes ; enfin il combattit pour éviter d'y placer son cachet.

Il se rendit à tout enfin, et lui écrivit qu'il devait ajouter pleine confiance aux lettres que le comte de Montgaillard lui avait écrites en son nom et de sa part.

Cela fait, autre difficulté; le prince voulait réclamer sa lettre : il fallut lui persuader que c'était en ne la réclamant pas qu'elle lui serait rendue, après avoir produit tout l'effet qu'il en devait attendre; il se rendit avec peine. Enfin, à la pointe du jour, je repartis pour Bâle, d'où je dépêchai Fauche à Altkirch, au général Pichegru.

Le général, en ouvrant la lettre, à huit lignes, du prince, et reconnaissant le caractère et la signature, la lut, et aussitôt la remit à Fauche en lui disant : J'ai vu la signature, et cela me suffit. La parole du prince est un gage dont tout Français doit se contenter : reportez-lui sa lettre.

Alors il fut question de ce que voulait le prince. Fauche expliqua qu'il désirait : 1° que Pichegru proclamât le roi dans son armée, et arborât le drapeau blanc;

2° Qu'il livrât Huningue au prince.

Pichegru s'y refusa. *Je ne ferai rien d'incomplet*, dit-il; je ne veux pas être le troisième tome de La Fayette et Dumouriez. Je connais mes moyens; ils sont aussi vastes que sûrs; ils ont leurs racines, non seulement dans mon armée, mais à Paris, dans la convention, dans les départements, dans les armées de ceux des généraux mes collègues qui pensent comme moi. Je ne veux rien faire de partiel; il faut en finir : la France ne peut exister en république; il lui faut un roi; il lui faut Louis XVIII; mais il ne faut commencer la contre-révolution que lorsqu'on sera sûr de l'opérer sûrement et promptement. Voilà quelle est ma devise.

Le plan du prince ne mène à rien ; il serait chassé d'Huningue en quatre jours, et je me perdrais en quinze jours. Mon armée est composée de braves gens et de coquins : il faut séparer les uns des autres, et aider tellement les premiers par une grande démarche, qu'ils n'aient plus la possibilité de reculer, et ne voient plus leur salut que dans le succès.

Pour y parvenir j'offre de passer le Rhin où l'on me désignera, le jour et à l'heure fixés, et avec la quantité de soldats et de toutes les armes qu'on me désignera.

Avant, je placerai dans les places fortes des officiers sûrs et pensant comme moi.

J'éloignerai les coquins, et les placerai dans des lieux où ils ne peuvent nuire, et où leur position sera telle, qu'ils ne pourront se réunir. Cela fait, dès que je serai de l'autre côté du Rhin, je proclame le roi ; j'arbore le drapeau blanc ; le corps de Condé et l'armée de l'empereur s'unissent à nous : aussitôt je repasse le Rhin, et je rentre en France. Les places fortes seront livrées et gardées au nom du roi par les troupes impériales.

Réuni à l'armée de Condé, je marche sur-le-champ en avant ; tous mes moyens se développeront alors de toutes parts, et nous marchons sur Paris, et nous y serons en quatorze jours.

Mais il faut que vous sachiez que pour le soldat français, la royauté est au fond du gosier. Il faut, en criant vive le roi, lui donner du vin et un écu dans la main.

Il faut que rien ne lui manque en ce premier moment.

Il faut solder mon armée jusqu'à sa quatrième ou cinquième marche sur le territoire français.

Allez rapporter tout cela au prince, *écrit de ma main,* et donnez-moi ses réponses.

Pendant toutes ces conférences, Pichegru était environné de quatre représentants du peuple, à la tête desquels était Merlin (de Thionville), le plus insolent et le plus farouche des inquisiteurs.

Ces gens-là, munis des ordres du comité, pressaient Pichegru de passer le Rhin, et d'aller assiéger Manheim, où Merlin avait conservé de nombreuses intelligences. Ainsi, si d'une part le comité lui-même prêtait par ses ordres à l'exécution du plan de Pichegru, de l'autre il n'y avait pas de moment à perdre; car différer de se rendre au désir des quatre représentants, c'était se déclarer suspect.

Ainsi tout imposait au prince de Condé la loi de se décider, et de se décider promptement.

De plus, le bon sens lui imposait une autre loi, celle d'examiner sans passion quel homme était Pichegru, quel était son abandon, quelles étaient les propositions.

L'Europe annonçait ses talents, et il avait mis le prince bien en état de juger sa bonne foi.

De plus, sa démarche, son plan, en étaient de nouvelles preuves. En passant le Rhin, se mettant au milieu des armées de Condé et de Wurmser, il rendait sa désertion impossible, et si le succès ne répondait pas à son attente, il se rendait lui-même émigré.

Il laissait à ses féroces ennemis sa femme, son père, ses enfants, tout répondait de sa foi. Ses talents répondaient à son génie, son génie à ses moyens, et les gages qu'il laissait s'il échouait assuraient qu'il était sûr du succès.

Quelle stupide prétention que de prétendre mieux connaître l'armée de Pichegru, que Pichegru lui-même; de croire mieux connaître les provinces frontières, que Pichegru qui les commandait, et qui y avait placé pour commandants de ville ses amis!

Cette prétention pourtant perdit la monarchie cette fois comme tant d'autres. M. le prince de Condé, en lisant ce plan, le rejeta en totalité.

Il fallait pour son succès en faire part aux Autrichiens, Pichegru l'exigeait. M. le prince de Condé ne le voulait pas absolument, pour avoir à lui seul la gloire de faire la contre-révolution.

Il répondit à Pichegru par des observations, et la conclusion de sa réponse était de revenir à son premier plan.

Que Pichegru proclamât le roi sans passer le Rhin, *qu'il remît Huningue,* et qu'alors l'armée de Condé seule et sans en rien participer aux Allemands irait le rejoindre;

Qu'en ce cas il pourrait promettre cent mille écus

en louis qu'il avait à Bâle, et 1,400 mille livres qu'il avait en excellentes lettres de change, payables sur-le-champ.

Aucun moyen, aucune idée n'eut de prise sur M. de Condé ; l'idée de communiquer son plan à Wurmser, d'en partager la gloire avec lui, le rendait aveugle et sourd.

Il fallait rapporter ces observations à Pichegru, et M. Courant en fut chargé.

Je certifie que ce cahier a été trouvé dans le porte-feuille de M. d'Antraigues, ouvert en présence du général en chef Buonaparte, et du général Clarke, et coté et paraphé par moi. Montebello, le 5 prairial, an V de la république.

Le général divisionnaire, chef de l'état-major-général,

Signé Berthier.

QUATRIÈME PARTIE.

PAPIERS PRIS DANS LES FOURGONS DE KLINGLIN.

Pièce 61ᵉ, originale de la main de la baronne de Reich, adressée à Klinglin.

Le 26 février, neuf heures du matin, 212.

J'espérais, mon cher *Persée* (a), vous écrire hier matin. Mais enfin, *Louis* (b) m'est venu de la ville, et a resté chez moi jusqu'à quatre heures de l'après-midi, à faire des expéditions d'affaires, avec deux de ses amis, aussi 11, 27, 52, 45, 94, 16 (c), de *Bluet* (d), dont l'un surtout me paraît un homme de mérite, il se nomme 66, 52, 45, 56, 25, 99, 23, 56, 14, 10 (e). Tous ont le plus grand désir de vous voir, et iront chez vous incessamment. Ils m'ont rapporté les choses les plus satisfaisantes sur l'activité que *Bluet* (d) veut que l'on mette au buisson (f), et ce qui ne laisse pas de doutes, c'est l'ordre dont Louis est chargé pour

---

(a) Klinglin. — (b) Fauche-Borel. — (c) Agents. — (d) Wickham. — (e) Fenouillot. — (f) Projet.

31, 89, 11, 66, 89, 14, 18 (a), de donner plein cours à *la capricieuse* (b). J'attends déjà Louis chez moi, ce soir, avec 2, 34, 99, 23, 52, 16, 23, 56, 25, 99, 94, 10 (c), que je suis chargé de faire passer à *Furet* (d) pour *Poinsinet* (e). Et ceci, mon cher *Persée* (f), n'est qu'un à-compte de 5, 31, 52, 45, 14, 94, 40, 34, 99, 23, 52, 61, 66, 89, 11, 45, 31, 94, 50 (g), qu'on destine à la grande œuvre. *Bluet* (h) a dit à *Louis que depuis que les intentions de Poinsinet lui sont bien connues, il ne dormait plus par l'effervescence que lui donne le désir du succès. Il a écrit une lettre charmante à Poinsinet, et lui a envoyé une très belle pipe, que j'ai expédiée ce matin.* J'ai vu aussi copie d'une lettre qu'il a écrite au *Laurier* (i), qui est pleine d'âme, et où il lui donne les plus solennelles assurances qu'on fera *tout* pour lui et pour la réussite de *la partie de billard* (k). Dieu des miséricordes, bénissez les intentions, et les travaux de ceux qui veulent le bien ! Nous pouvons donc encore être sauvés, et mon cœur jouirait du délicieux plaisir. . . . de vous voir au rang de nos premiers libérateurs ; car bien sûrement, mon cher *Persée* (f), la patrie devra son salut pour grande partie à la constance de votre travail et aux moyens que vous avez fournis. Quand on vous apprécie, vous honore, et vous aime, comme je le fais,

(a) Crafort. — (b) A l'argent. — (c) Deux mille louis. — (d) Deouget. — (e) Pichegru. — (f) Klinglin. — (g) Cinq cent mille fr. — (h) Wickham. — (i) Condé. — (k) La contre-révolution.

on trouve un grand surcroît de bonheur dans les évènements qui flattent notre espoir.

Les bons agents m'ont aussi apporté une grande caisse de différents excellent ouvrages, dont une grande partie de 66, 52, 45, 56, 25, 99, 23, 56, 14 (*a*), à faire répandre dans l'intérieur, et que je ferai passer successivement. Il m'est venu en idée, ce matin, que nous irions bien et plus vite, si vous aviez la faculté d'en faire jeter aux avant-postes; si cela se peut, je vous en enverrai une bonne pacotille.

Le transport de *la capricieuse* (*b*) qui doit passer par mes mains m'a présenté des difficultés accompagnées de dangers. Comment peut-il se faire qu'elle ne se trahisse pas, par son 67, 56, 99, 43, 15 (*c*), et pour lors un *peuplier* (*d*) infidèle viendrait nous dire qu'il a encouru le péril d'être pris, et qu'il l'a abandonnée au *Sauveur* (*e*). Je ne vois rien à répliquer là; mais après y avoir mûrement rêvé, j'ai proposé à *Louis* (*f*) de la remettre à mon *capitolain*, qui en serait porteur, jusqu'à 23, 11, 25, 14, 89, 52, 10, 89, 99, 36, 52, 15 (*g*), où se trouverait *Furet* (*h*) lui-même, ou un de ses bien *affidés* (*i*). Ma proposition a été très goûtée, et en conséquence, j'en ai déjà écrit ce matin à *Furet* (*h*). M'approuvez-vous, cher Per-

---

(*a*) Fenouillot. — (*b*) L'argent. — (*c*) Poids. — (*d*) Espion. — (*e*) Rhin. — (*f*) Fauche-Borel. — (*g*) L'autre rive. — (*h*) Demouget. — (*i*) On verra, dans une des pièces suivantes, Demouget se concerter avec Badonville pour l'exécution de cette mesure.

sée (*a*), car je croirais toujours n'avoir rien fait de bien quand je n'ai pas votre *attache*.

Revenons présentement aux petits détails du ménage. *Louis* (*b*) a été chargé de dire qu'on fournirait aux *dés* (*c*) les arrérages dont je lui avais donné note, de 388 liv. pour décembre et janvier; j'aurai 200 liv. et plus s'il le faut, pour les mois subséquents. Une autre et non moins bonne affaire, c'est qu'on paie les 23 louis à *Lindor* (*d*) qui a fourni sa note à Louis, et que je tiens. Je pourrais l'arguer de faux, non que je croie dans l'emploi des deniers, mais dans l'exécution de ses ordres. Il se plaint de moi dans les difficultés qu'il a trouvées à percevoir son paiement, et de l'apparent soupçon que j'ai porté sur la justesse de ses comptes, et finit par dire assez sèchement, au sujet de l'argent de mes effets vendus, que je puis le retirer s'il ne doit rien avoir sur son traitement. Je lui dirai ma façon de penser avec modération, et je me dirai que je ne dois pas être exceptée de la nombreuse classe de ceux qui font des ingrats. Quoi qu'il en soit, voilà une bonne affaire finie, que l'acquittement de ce compte baroque. Un seul souci me tient à présent, et vous devez le savoir; il n'y a pas de parité entre *Furet* (*e*) et *Lindor* (*d*), pour zèle, intelligence et travaux. Je crains que ce dernier n'ait parlé à *Louis* (*b*), fort ami de *Furet* (*e*), de son traitement; je me crois

(*a*) Klinglin. — (*b*) Fauche-Borel. — (*c*) Espionnage, correspondance. — (*d*) Wittersbach. — (*e*) Demouget.

sûre qu'il ne se plaindra pas s'il en est instruit; mais enfin cela présente une injustice, que vous avez le pouvoir d'écarter en prenant sur ce qui va nous tomber, pour lui faire un traitement égal. Il sera même bien touché, mon cher *Persée* (a), si vous lui mandez que vous avez appris par moi, tout récemment, qu'il paie la pension de sa sœur au couvent de Baaden, et que vous voulez y contribuer. Je n'ai pas craint, mon cher *Persée* (a), de vous faire cette représentation, parcequ'il m'est trop connu combien votre intention se dirige à encourager les bons, et à être équitable à tous (b).

J'espère que notre voie du *Rasoir* (c) ira mardi prochain, et de suite je tâcherai de mettre le *Poivre* (d) en train. Faites-moi la faveur de dire à ma bonne tante, que je compte sur l'indulgence de ses bontés; je souffre de ne pouvoir lui répondre, encore plus de ne pas la voir..... La bonne providence permettra, peut-être, que ce moment ne soit plus si éloigné! Soyez, je vous en conjure, l'interprète de ma reconnaissance et de mon tendre hommage pour elle, de toute mon amitié pour ma cousine, et agréez pour vous, cher *Persée* (a), l'assurance invariable de tous ces sentiments réunis. Je me flatte que vous serez content de mon épître, qui contient d'assez bonnes

(a) Klinglin. — (b) Ce grand équilibre à établir entre Furet et Wittersbach, dépendait de 5o liv. de plus ou de moins par mois. Wittersbach touchait 15o liv. par mois, et Demouget n'avait que 100 liv. — (c) Eschau. — (d) Wantzneau.

choses; mais de grâce, dites-moi donc aussi ce qu'il faut croire de nos versions, de vos transplantations de *Palmiers* (a).

J'ai envoyé hier, sous votre couvert, au baron de La Rochefoucauld, les papiers que *Serpes* a demandés, un livre de fortifications, et un paquet de journaux, ces deux derniers au *Laurier* (b); je suis bien contente de la satisfaction qu'il doit ressentir.

Mille choses, s'il vous plait, aux deux cousins. Demain j'espère vous envoyer quelque chose de *Furet* (c).

Pièce 65ᵉ, originale de la main de la baronne de Reich, adressée à Klinglin.

Le 28 février, à midi, 113.

Hier, tout à la nuit, mon cher *Persée* (d), j'ai vu revenir *Courant* (e), le *Turc*, au lieu de *Louis* (f) : ce dernier a été obligé de se rendre à la *Seringue* (g), chez Cr 11. 66. 56. 89. 14. : (h) en toute diligence, parceque la *Capricieuse* (i), qu'on croyait chez le *Laurier* (b), n'y était pas, et qu'il faut aller la prendre là; malgré cela il eût voulu vous voir : on lui a fait envisager qu'il perdrait au moins huit heures, et, en

(a) Généraux. — (b) Condé. — (c) Demouget. — (d) Klinglin. — (e) Courant de Neufchâtel. — (f) Fauche-Borel. — (g) Manheim. — (h) Crafort. — (i) L'argent.

pareil moment, il n'a pu retarder. Je dois vous dire cela pour sa justification : il espère être de retour mardi prochain, muni des galions, qu'il m'apportera tout de suite. J'ai oublié de vous dire, dans ma dernière, que *Bluet* (*a*) a fait assurer le *Laurier* (*b*) que rien ne devait arrêter *la partie de billard* (*c*); qu'on était résolu d'y mettre 10 à 12. 34. 99. 23. 99. 56. 45. 94. 40 (*d*), s'il le fallait : voilà ce qui s'appelle parler.

Rien ne changera le *Laurier* (*b*) : tout ce que je vois se plaint des mêmes réticences, et je vois que pour avoir été trompé il se défie de tout le monde.

Je ne vous dépeindrai pas le *Turc* (*e*), que je connais peu ; il doit rester une couple de jours ici, puis se rendre aux avant-postes : je ne lui ai pas encore demandé quelle y sera sa mission.

Lindor (*f*) nous disait Pichegru au *Désert* (*g*), *Furet* (*h*) au *Confessional* (*i*). Il est bien important de savoir ce que dira *Poinsinet* (*k*) dans son rendez-vous : j'espère que nous le saurons après-demain. Le *Laurier* (*b*) m'a envoyé votre paquet par le *Turc* (*e*). Je fais la plus grande diligence pour profiter de l'occasion du comte de Desgrigny, aide de camp qui va partir. Tendres hommages vous sont offerts, mon cher

---

(*a*) Wicklam. — (*b*) Condé. — (*c*) La contre-révolution.— (*d*) Dix à douze millions. — (*e*) Courant. — (*f*) Witterslach. — (*g*) Blosheim, chez madame Salomon. — (*h*) Demouget. — (*i*) Haguenau. — (*k*) Pichegru.

Persée (a), par votre *Diogène* (b), ainsi qu'à ma digne tante, et aussi empressées amitiés à la cousine et aux cousins.

Ne vous semble-t-il pas que la machine se monte bien ?

Pièce 162e.

Nota. Cette lettre est de Fauche-Borel, elle est adressée au maréchal de Wurmser.

Offenbourg, le 20 avril 1796.

Monsieur le Maréchal,

Je me hâte de faire parvenir à V. E. la dépêche reçue cette nuit de *Furet* (c) ; j'espère que les vives inquiétudes que lui cause la dénonciation faite contre lui relativement à la distribution des pièces de 24 sous et de l'écrit de S. A. (d) n'auront aucune suite, et je ne pense point que cela puisse influer sur l'affaire ; mais cette circonstance prouve à V. E. combien il importe d'éloigner tous les petits moyens, toutes les mesures partielles : ce sont elles qui nuisent et qui peuvent compromettre l'affaire principale.

V. E. sera convaincue que *Baptiste* (e) doit être ar-

(a) Klinglin. — (b) Baronne de Reich. — (c) Demouget. — (d) Il parle de l'écrit du prince de Condé. — (e) Pichegru.

rivé maintenant *au magasin n c* (*a*), ou doit y arriver à chaque instant. V. E. a jugé ce général comme il mérite de l'être, aussi je ne doute pas qu'elle n'ait en lui la plus haute confiance, par la connaissance si intime que j'ai de la loyauté, du grand caractère et des talents rares de cet homme extraordinaire. Je ne crains point d'engager mon honneur que cet homme exécutera, avec le plus grand succès, l'affaire dont il s'occupe *depuis neuf mois révolus* (*b*), et que V. E. et les Autrichiens favorisent avec tant de grandeur d'âme, de noblesse et de désintéressement.

La gazette allemande de Strasbourg du 18 annonce l'arrivée prochaine de *Baptiste* (*c*) dans cette ville; elle rend compte d'un second repas (*d*) qui lui a été donné à Paris par les membres les plus marquants du conseil des cinq cents et des anciens (*Tallien, Isnard, Louvet*, etc., etc., au nombre de cinquante, ainsi que *Moreau,* son intime ami, est-il dit dans cette gazette). Elle renferme les éloges les plus prononcés du mérite, de la modestie et des rares talents de cet homme, ainsi que de la confiance sans bornes que la totalité de l'armée et de la nation française a dans ce grand général.

Le *Courrier de l'égalité* de Paris, du 13 et du 14, annonce positivement que *Baptiste* (*c*) a demandé *un*

(*a*) A Strasbourg. — (*b*) Au moins neuf mois commencés, d'après la lettre du 14 et celle de d'Antraigues. — (*c*) Pichegru. — (*d*) Le repas a été donné.

délai pour se consulter sur l'acceptation de l'ambassade de Suède, et que ce général a annoncé qu'il allait passer quelques jours à Arbois ou en Alsace.

V. E. daigna faire assurer *Baptiste* (a) qu'elle voudrait bien continuer la trêve, et ne pas la rompre sans son consentement. V. E. sent de quelle importance il devient pour le succès de l'affaire que les Autrichiens n'aient pas l'air d'être les premiers à attaquer. Je prends donc la liberté de supplier V. E., autant que cela est en son pouvoir, de différer, s'il est possible, la rupture de la trêve jusqu'à ce que l'on ait des nouvelles positives et directes de *Baptiste* (a). Il est de toute impossibilité qu'avant un très court délai, avant huit jours au plus tard, *Baptiste* (a) n'ait fait connaître ses intentions à V. E. et ne lui ait communiqué les arrangements *définitifs* qu'il aura pris à Paris et au *magasin* n° 1er (b). Je supplie de nouveau V. E. de me permettre de lui observer combien une mesure semblable est importante, et je prie V. E. de vouloir bien la prendre dans la plus grande considération.

L'armée du Rhin est dans un état absolu de désorganisation, le mécontentement y est porté à son comble : on invoque hautement l'arrivée des princes et des Autrichiens comme libérateurs. *Baptiste* (a) jouit à Paris, au *magasin* (b), à l'armée et dans toute l'étendue de la France, d'une confiance si grande, qu'il m'est impossible de l'exprimer à V. E. Moreau, son succes-

---

(a) Pichegru. — (b) Strasbourg.

seur au commandement général de l'armée du Rhin, est l'ami intime de *Baptiste* (*a*); Moreau a servi sous *Baptiste* (*a*) dans l'armée du Nord. Il est positif et j'ai la certitude que Moreau a été instruit et mis par *Baptiste* (*a*) dans l'affaire dont celui-ci s'occupe. Tout, en un mot, se réunit aujourd'hui pour garantir le succès de l'entreprise, pour peu qu'on veuille attendre et suivre les instructions de *Baptiste* (*a*), cet homme à qui il ne resterait d'asile ni dans la république ni hors de la république, s'il n'exécutait pas son entreprise, car la république ne pourrait sous aucun rapport lui pardonner de l'avoir trahie pendant *neuf mois*, et la cour de Vienne, la cour d'Angleterre et les princes français ne pourraient pardonner à ce général de les avoir joués et bercés de fausses espérances pendant *neuf mois consécutifs* (*b*).

J'ai la certitude acquise, M. le Maréchal, par tout ce que *Baptiste* (*a*) m'a laissé entrevoir dans *ses conversations* (*c*), qu'il avait un parti formidable à Paris. J'ose garantir V. E. *que ce général a tout concerté à Paris; qu'il a pour lui des membres mêmes du Directoire:* que toutes les démarches de *démission* et d'*ambassade* n'ont pour objet que d'écarter les soupçons, de se ménager les moyens d'arriver, comme il le désire, au *magasin* n° 1 (*d*).

(*a*) Pichegru. — (*b*) Ces dates et ces réflexions, qui se retrouvent dans la lettre du 14, qui est de Fauche-Borel, suffiraient pour faire prononcer que cette seconde à Wurmser, est de la même fabrique. — (*c*) Cette observation détermine à penser que l'auteur de la lettre est Fauche-Borel. — (*d*) A Strasbourg.

Monsieur le Maréchal, je n'ajouterai qu'un mot (et V. E. en sentira la force): *Baptiste (a) a reçu, au moment de monter en voiture pour Paris, et en annonçant qu'il avait sa démission toute prête, 900 louis de M. Wickham et de monseigneur le prince de Condé pour l'aider dans son voyage.*

D'après toutes ces considérations, V. E. sentira de quelle importance il est d'attendre encore quelques instants, d'avoir la connaissance des arrangements pris par *Baptiste (a)*. Si V. E., si les Autrichiens daignent continuer à favoriser ce général, je ne doute point que le cabinet de Vienne et les invincibles troupes autrichiennes n'aient la gloire de terminer bientôt la guerre la plus sanglante et la plus douloureuse pour l'humanité qui ait jamais eu lieu, et que François II ne soit bientôt proclamé le pacificateur et le consolateur du globe. La gloire dont V. E. va se couvrir dans ce moment unique dans l'histoire des nations n'aura point d'égale, et ce sont les bénédictions générales de tous les peuples qui deviendront la récompense de Votre Excellence.

Permettez que je supplie V. E. de daigner faire donner connaissance de la présente dépêche à M. Craffort, n'ayant pas le temps de lui écrire, et voulant diminuer autant que possible le service des ordonnances. Je dépêche à M. Wickham, pour l'informer des demandes que je prends la liberté de former auprès de Votre Excellence.

(*a*) Pichegru.

J'ai écrit une lettre très raisonnée à *Baptiste* (a) sur la situation actuelle des choses, pour lui être remise à l'instant de son arrivée, afin qu'il informe sur-le-champ V. E. des arrangements qu'il a pris et de ses intentions définitives.

Permettez-moi de supplier V. E. de vouloir bien considérer combien il importe que l'armée de monseigneur le prince de Condé ne soit point déplacée jusqu'au nouvel avis de *Baptiste* (a). Ce général compte positivement sur la position que cette armée occupe aujourd'hui.

Pièce 186°.

Nota. Cette lettre est de Demouget.

Elle était adressée au bureau présidé par la baronne de Reich, à Offenbourg.

La copie trouvée dans le chariot de Klinglin est entièrement de la main de Fauche-Borel.

Copie de la lettre de *Furet* (b) du 2 mai 1796 à *Laurier* (c), *Persée* (d), *Diogène*, (e) et *Louis* (f).

Réjouissez-vous enfin, la chère *Zède* (g) vous est rendue plus belle, plus aimable et surtout plus savante

(a) Pichegru. — (b) Demouget. — (c) Le prince de Condé. — (d) Klinglin. — (e) La baronne de Reich. — (f) Fauche-Borel. — (g) Pichegru.

que jamais. *Coco* (*a*) n'étant pas encore ici, j'ai pris hier le parti de faire remettre à *Zède* (*b*) adroitement une *oublie* (*c*) par mon *gendarme*. Un oui m'a indiqué le rendez-vous pour ce matin, à la campagne ; je m'y suis rendu, comme bien vous pensez, de bon matin, et j'ai eu la vive satisfaction de l'embrasser. Notre conférence a été de trois heures. On a beaucoup à dire quand on aime ; et quoique nos affaires à Paris ne soient pas au point où *Zède* (*b*) et nous tous nous l'eussions désiré pour les intérêts de notre *grand bourgeois* (*d*), vous n'en admirerez pas moins les sages et vastes calculs *de cette aimable fille* (*b*), qui maintenant m'a amplement communiqué son plan et décidément fixé les opérations à entamer.

J'ai obtenu de *Zède* (*b*), vu la haute conséquence de la chose, et l'extrême responsabilité qui pèse sur mes écrits, la promesse de rédiger allégoriquement la substance de ce qu'elle m'a dit, sauf à la copier. Peut-être aussi, aurai-je un *tout petit mot* de sa main, ce que je souhaite bien ; en attendant, je vais vous rendre compte de ce que l'aimable *demoiselle* (*b*) m'a dit.

A son arrivée à Paris, le directoire lui a écrit, comptant tirer d'elle une réponse à publier, pour montrer qu'il a sa confiance. *Z* (*b*), au bout de huit jours seulement, répondit d'une si singulière manière que cet écrit ne fut pas ostensible. Le directoire en fut piqué, et montra son déplaisir à *Z* (*b*), qui, loin de

---

(*a*) Badonville. — (*b*) Pichegru. — (*c*) Lettre.— (*d*) Louis XVIII.

s'intimider, prit un ton qui lui en imposa. En général tous les gouvernants la craignent, *parcequ'elle* a tout Paris, bons ou mauvais, pour partisans. Z (*a*) pendant son séjour s'est appliquée à connaître à fond l'esprit public; elle y est parvenue, mais elle avoue qu'elle ne s'attendait pas à le trouver encore si erroné : généralement tout ce qui n'est pas *jacobin demande le gouvernement d'un seul. Les grosses têtes même et le directoire en voient le besoin et le désirent* ; mais on est bien divisé sur le choix à faire. La très grande pluralité (ce qui a étonné Z (*a*) est pour *Orléans*); *Carnot du directoire même en est le plus zélé partisan*. La mère d'Orléans qui est à Paris, et que Z (*a*) a refusé de voir, a l'air de s'y refuser, disant que son fils serait assassiné le lendemain de sa promotion. Enfin les gens sensés, que Z (*a*) a vus en grand nombre, conviennent tous qu'il y aurait une guerre civile interminable, si d'Orléans ou le *grand bourgeois* (*b*) étaient d'abord installés; elle ajoute aussi qu'il est plus qu'évident pour elle que le sang coulerait plus fort que jamais, si *ce dernier* (*b*) rentrait sans *palliatifs et avec l'intention prononcée* de se remettre comme il était. Z (*a*) assure qu'il faut *au bourgeois* (*b*) la plus haute *philosophie*, pour ne pas heurter les opinions d'un siècle erroné et perverti; que ce n'est que par le temps que tout peut se *rectifier*, qu'il faut surtout *assurer et pénétrer tout le monde d'un pardon général, sauf à sé-*

(*a*) Pichegru. — (*b*) Louis XVIII.

vir, s'il le faut, quand on sera une fois solidement établi. Toutes ces considérations, qui ne sont pas aussi favorables que Z (*a*) s'y attendait, lui ont fait décidément jeter son plan, qui, à son avis et à celui des plus zélés pour le *grand bourgeois* (*b*), *auquel il l'a communiqué,* ne peut être que le seul qui puisse donner tout l'avantage qu'il y a à espérer pour le *grand bourgeois* (*b*) et déjouer les d'Orléans, qui font nécessairement couler un argent plus immense dans toutes les veines de la grande cité; argent qui, dit Z (*a*), ne peut être fourni que par un état étranger et qu'on devrait, sous main, tâcher de rendre nul. Voici donc ce que Z (*a*) juge à propos de faire : *D'abord les Y* (*c*) *doivent rompre aussitôt la trêve; attendre les dix jours et pas une minute de plus; fondre dessus l'ennemi avec une impétuosité aveugle, et telle qu'elle produise aussitôt des succès marquants; ne pas cesser de poursuivre; mettre le bourgeois et les siens* (*d*) *dans des positions telles, que si même il était forcé d'agir, que les nôtres voient évidemment qu'ils cherchent à ménager leurs compatriotes: cela est nécessaire; et battre, si c'est possible, sur tous les points. Le résultat de cela sera, sur de solides raisons de probabilité qu'a Baptiste* (*a*), *qu'il sera rappelé à la tête de son armée pour arrêter les progrès de l'ennemi. Alors Baptiste* (*a*) *demandera une trêve, et les*

(*a*) Pichegru. — (*b*) Louis XVIII. — (*c*) Les Autrichiens. — (*d*) Louis XVIII et le prince de Condé.

Autrichiens l'accorderont, en déclarant qu'ils sont intentionnés de ne traiter qu'avec Baptiste (a) *seul. De cette combinaison, dit Z* (a)*, il résultera un coup de théâtre imprévu*, mais qui me paraît, d'après l'assurance avec laquelle Z (a) me l'a dit, *calculé avec étendue, chez une partie majeure des gouvernants et du directoire même. Ce coup de théâtre sera, qu'on appellera Baptiste* (a) *à la dictature.* Alors il est évident que toute concurrence de parti cesse. Les Orléans seront déjoués, *et Baptiste* (a)*, environné d'une confiance illimitée,* fondée sur l'estime qu'on a de lui, proclamera l'ultimatum de la volonté.

Il nous est aisé de concevoir que les intérêts du *grand bourgeois* (b) seront en très bonnes mains; et *Baptiste* (a), sans doute bien fondé, croit ce plan immanquable, ou, comme on le voit, tout dépend maintenant des *Y* (c).

Z (a) rejette absolument comme nuisibles aux grands intérêts toutes tentatives partielles qui attireraient des forces énormes et terrassantes, qui n'entraîneraient que des torrents de sang et une scission indéfinie.

Voilà ce que m'a dit *Zède* (a) dans ce premier entretien; elle m'en a promis un second, dans peu : ce sera alors sans doute son allégorie qui amplifiera ce que j'ai dit. *Zède* (a) ne restera pas long-temps chez nous; elle ira chez elle pour voir ce qui se passe. *Je lui ai promis de lui donner les noms de ceux du*

(a) Pichegru. — (b) Louis XVIII. — (c) Les Autrichiens.

Jura auxquels il peut sûrement s'adresser. Je le puis; mais pour être plus sûr de mon fait, il serait prudent que le *bourgeois* (a) *m'en transmette aussi* au plus tôt. Je tâcherai que *Baptiste* (b) me donne de ses nouvelles de là: à cet effet je lui proposerai *le chiffre en musique;* et il enverra ses nouvelles par agent particulier.

Baptiste (b) ne sait absolument rien du *vieillard de Haguenau* (c); il juge comme vous que c'était un piége dont il s'inquiète peu. Il fallait seulement retenir le vieux pendard.

Z (b) se plaint d'indiscrétion. Le directoire lui a dit *que le nommé Bassal, qui était à Bâle,* l'a dénoncé pour être en intelligence avec le *Laurier* (a), et qu'il en avait les pièces *probantes* en mains.

A Châlons on lui a tenu d'autres propos. Z (b) ne se loue pas de la discrétion des émigrés: elle trouve aussi que notre manière d'écrire en *blanc* (d) est très mauvaise, étant très connue; elle m'a conseillé le chiffre . . . . . *(ici se trouve une lacune de dix-huit lignes dans la lettre originale,* écrites l'une sur l'autre et qui sont illisibles.)

Présentez *au grand bourgeois* (f) les sentiments de *zèle* et de dévouement qui vous sont connus.

(a) Le prince de Condé. — (b) Pichegru. — (c) C'est ce vieillard dont il est parlé dans les dernières lettres de mars, qui avait annoncé à Klinglin et à la baronne de Reich que Pichegru venait incognito les trouver outre Rhin. — (d) Il paraît que Bassal n'était pas mal instruit. — (e) Avec de l'encre de sympathie. — (f) Louis XVIII.

La troupe file vers le *Bas* (a) : la 25ᵉ demi-brigade venant de Huningue passa par ici.

Que pas un mot de ceci ne transpire des cabinets de *X* (b) et *Y* (c).

Je n'écris pas directement au *premier* (d), à cause du chiffre que je mets sous le blanc, et que *Diogène* (e) traduira à *Louis* (f), et il ira l'expliquer au *Laurier* (g).

Nous remarquons que la force majeure des nôtres sera Sambre-et-Meuse ; mais *attaquez partout*. *La mariée* (h), que *Z* (i) dit n'être pas tout-à-fait de son genre, est allée hier à Trèves pour se concerter avec Jourdan, que *Baptiste* (i) dit être fort douteux. Le bruit court que nous avons levé la trève : je le voudrais. J'ai oublié de dire que le *banquier* (i) m'a assuré qu'il n'a pas encore accepté l'ambassade.

On parle ici de faire sortir de la citadelle tous les habitants bourgeois. On craint vos ouvrages de Kell.

La fixation au complet des régiments de cavalerie est de 53 chevaux. Dans le Haut-Rhin les chevaux ont une épidémie ; dans ce moment point d'avoine ni foin *au magasin* (k).

Z (i) trouve que la *mort de Charette et les succès d'Italie font du mal et enflent nos drôles*.

Le tas des magasins de foin, à Pirmassents, une des plus considérables divisions, montait hier à 75

(a) Le Bas-Rhin. — (b) Émigrés. — (c) Les Autrichiens. — (d) Aux X, c'est-à-dire au prince de Condé. — (e) La baronne de Reich. — (f) Fauche-Borel. — (g) Le prince de Condé. — (h) Le général Moreau. — (i) Pichegru. — (k) Strasbourg.

quintaux. Les chariots de réquisition qui vont d'ici à Lunéville chercher des fourrages reviennent à vide. . . . . .

Pièce 197e, *copie de la lettre de* Furet (*a*) *à* Laurier (*b*), Diogène (*c*), Persée (*d*), Louis (*e*), Bluet (*f*), Pinaut (*g*).

Hier matin j'ai passé deux heures et demie avec notre chère *Zède* (*h*); elle me fait toujours le même plaisir par sa prudence et l'étendue de ses vues, qui embrassent le mode d'une réintégration plénière de notre *auguste* (*i*). Elle m'a répété et confirmé ce qu'elle m'a dit dans ma dernière séance ; elle m'assure qu'elle n'a pas d'autres moyens que ceux qu'elle a indiqués, qu'il fallait que les *J* (*k*) se hâtent de commencer pour ne pas être prévenus par Jourdan et *la mariée* (*h*), *qui doit former son rassemblement le* 28 *floréal,* et agir le 8 prairial (27 mai), d'après le résultat de la conférence de Jourdan et de *la mariée* (*h*); qu'on doit user de tous ses moyens et sur autant de points possibles,

(*a*) Demouget. — (*b*) Le prince de Condé. — (*c*) La baronne de Reich. — (*d*) Klinglin. — (*e*) Fauche-Borel. — (*f*) Wickham. — (*g*) Montgaillard. — (*h*) Pichegru. — (*i*) Sous-entendez monarque. — (*k*) Les Autrichiens. On remarque sans doute qu'autant, avant son départ pour Paris, Pichegru insistait pour que la trêve fût observée et prolongée, autant, depuis son retour, il presse pour sa rupture. — (*l*) Le général Moreau.

pour gagner du terrain; qu'on ne devra plus discontinuer *jusqu'à ce que Baptiste (a) soit rappelé au poste utile (b). Et il ajoute en réflexions sur ce que lui a fait dire Bourgeois (c)* que *l'influence* qu'il a sur les *meneurs (d)*, et surtout le *requin (e)*, n'est pas de nature à pouvoir oser les porter à abandonner le n° 1 à *bourgeois;* qu'une ouverture de ce genre lui ôterait évidemment et sans succès la confiance qu'on a en lui, et dont, d'après le plan qu'il a transmis, il ne peut se servir efficacement *que lorsqu'il aura le pouvoir en mains;* que, dans ce moment-ci, il est infiniment essentiel de ne pas considérer les choses en petit.

Que n° 1 (*f*) n'est qu'un faible accessoire au résultat qu'il médite; que d'ailleurs si les *J* (*g*) poussent vigoureusement, coupent l'armée de manière que n° 1 (*f*) reste isolé, il pourra être emporté par la présence seule de *Samarquise* (*g*) et par une suite naturelle des opérations, *vu qu'il est dépourvu de tout*, et qu'à mesure que les succès des *J* (*g*) seront marquants, il est probable que les individus portés par le *grand bourgeois* (*h*), et disséminés maintenant dans n° 1 (*f*), se lieront et formeront un noyau, dont on usera de toutes ses forces pour remplir les vœux du *grand bourgeois* (*h*) et les nôtres. Cela ne serait pas alors une opé-

---

(*a*) Pichegru. — (*b*) On n'a pas oublié que ce poste utile est la dictature.—(*c*) La lettre de Klinglin annonce déjà que Louis XVIII avait instruit Pichegru de ses intentions. — (*d*) Des conseils, sans doute? — (*e*) Le directoire. — (*f*) Strasbourg. — (*g*) Les Autrichiens. — (*h*) Louis XVIII.

ration partielle; *Baptiste* (a) ne serait pas compromis : et mieux que cela encore, c'est que son plan s'en accomplirait mieux et plus vite; car il est évident que s'il se mêlait de faire livrer une place (ce qu'il est impossible de faire secrètement et sans soupçons), *les gueux se garderaient bien de le mettre à un poste où il pourrait livrer bien d'autres choses.*

L'acquisition du n° 1 (b) dépend donc de la véhémence des *J* (c). Le premier choc peut être meurtrier; mais qu'on ne recule pas, qu'on persévère. La première trouée faite, le succès est certain, et le *grand bourgeois* (d) aura tout ce qu'il voudra. *Z* (a) recommande au *grand bourgeois* (d), comme étant de la politique la plus essentielle, de n'avoir, dans tout ce qu'il dira ou fera, jamais l'air de tenir à ses anciennes prétentions. *Le temps viendra où il pourra vouloir efficacement tout.*

La majorité veut un maître, mais il *lui importe peu lequel,* pourvu que la tranquillité s'ensuive. Mais la plupart des gens pensants, qui ont donné dans la révolution, qui en sont revenus, et qui peuvent encore avoir une influence, *si le dictatoriat ne les paralyse pas,* tiennent plutôt à d'Orléans qu'au *grand bourgeois;* d'abord parcequ'ils sont persuadés qu'au prix d'une couronne il ne refusera pas de s'assujettir à des règles constitutionnelles, et surtout parceque le

---

(a) Pichegru. — (b) Strasbourg. — (c) Les Autrichiens. — (d) Louis XVIII.

re proche du crime *leur crie incessamment que tôt ou tard les bourgeois (a) se vengeront;* et il est impossible d'arracher ce sentiment du cœur des scélérats qui ne croient pas à la vertu. *Baptiste (b)* recommande donc d'attaquer partout où l'on pourra, de se nantir d'autant de terrain qu'il sera possible jusqu'à ce que *Z (b) vienne y mettre ordre;* elle ira en attendant dans le *Jura*, sur lequel je lui ai donné des renseignements dont elle est contente; elle y dirigera les mesures convenables qui doivent harmoniser avec ce qui se passera *ici (c)*; de là, cela ira *peut-être au Lyonnais;* elle verra peut-être *le capitaine Roland.* J'envoie en avant de *Zède (b)* à Dôle le jeune *Holbang,* dont le *frère, émigré, rentré et caché, agit activement avec Finot.* Je l'envoie pour qu'aussitôt mademoiselle *Zède (b)* ait un homme sûr, duquel elle puisse recevoir les renseignements ultérieurs. Je lui ai fourni un *cheval* et de *l'argent.* Je vous ai demandé les *noms* des *principaux agents*, mais *discrets, qu'emploient bourgeois (d)* et *Bluet (c)* dans ces départements; pourquoi ne les avez-vous pas envoyés? faites-le avant le départ de *Z (a).*

Le *banquier (b)* m'a fait espérer quelque chose de sa main, peut-être seulement pour le premier courrier. J'ai trouvé moyen de lever ses scrupules qui lui fai-

---

(a) Le prétendant et les princes. — (b) Pichegru. — (c) Aussi, nous le répétons, c'est dans le Jura que Pichegru a été nommé.— (d) Le prince de Condé. — (e) Wickham.

saient dire qu'un seul mot peut tout gâter, au moyen d'un chiffre qui lui a plu ; et ce matin encore il a dit à *Coco* (*a*) que j'y avais envoyé, qu'il lui fallait un peu de temps, et qu'il y travaillait. Il est vrai que ce chiffre est peu long à écrire ; mais enfin j'espère qu'il enverra quelques rédactions de ses idées écrites de sa main (*b*). En attendant *Z* (*c*), j'espère que vous et votre ami *L'Amour* (*d*) aurez rendu compte au *grand bourgeois* (*e*) *des diverses conversations* (*f*) *que vous avez eues avec elle;* elles lui expliqueront les raisons de prudence et de nécessité que *Z* (*c*) a eues pour ne pas écrire ; et le *grand bourgeois* (*e*) aura bien jugé en conversant avec vous que les intentions de *Z* (*c*) sont entièrement dévouées à sa personne. Il est essentiel, m'a dit *Z* (*c*), que le *grand bourgeois* (*e*) ne quitte pas le poste où il est (*g*). La grande sensation qu'il a faite prouve la nécessité de ne pas quitter ce poste ; ce qui détruirait toutes les bonnes dispositions qu'on montre ici pour lui, et qui augmentent chaque jour, ce qui nuirait en même temps aux *J* (*h*) dans ce pays-ci.

Coco (*a*) vient de me dire aussi qu'on croit décidemment que nous allons ouvrir la campagne, et que nous pourrons bien tenter des hostilités dans le Haut.

(*a*) Badonville. — (*b*) Voyez copie de cette lettre sous le n° 206. —(*c*) Pichegru. — (*d*) Courant. — (*e*) Louis XVIII. — (*f*) Cet avis de Demouget s'accorde parfaitement avec ce que dit Montgaillard, dans la lettre de d'Antraigues, des Conférences que Fauche et Courant avaient eues avec Pichegru. — (*g*) A l'armée de Condé.— (*h*) Les Autrichiens.

Il est instant que les *Y* (*a*) soient offensifs, puisque jamais la défensive ne leur réussit.

On radoube à force les pontons ici; il y en a en tout de prêts 108, tant bateaux à pontons qu'à rames, de 40 à 50 hommes; les haquets ne sont pas ici, les bateaux de cuivre sont dans les hangars. Il est vrai que la troupe doit être payée en numéraire, du produit, sans doute, des promesses de mandats vendus par le gouvernement à 8 liv 10 sous pour cent. En tout et partout, le soldat doit recevoir 2 sous et demi; le général en chef 60 livres par mois, et l'officier 26 livres; mais la troupe ne touche encore rien de cela, et elle sait que cela ne tiendra pas.

L'apparition du *grand bourgeois* (*b*) *au sauveur* a fait une grande sensation; c'est déjà le propos de tous les cantonnements. *Il est courageux, disent des gueux, de s'être montré; il ne craint donc pas le coup de fusil qu'il aurait pu recevoir.* Ce qu'a dit le *grand bourgeois* (*b*) aux volontaires a inspiré de l'enthousiasme. Avant-hier matin à 9 heures un chasseur cantonné à Blaisheim a coupé l'arbre de la liberté: on n'a pas osé emprisonner l'homme; le juge-de-paix a seulement dressé procès-verbal.

J'ai encore demandé à *Z* (*c*) ce qu'elle pensait de *la mariée* (*d*); elle m'a dit *qu'il ne fallait pas faire de tentative sur elle, mais que si elle était* frottée par les *Y* (*a*) elle serait disposée à tout faire.

(*a*) Les Autrichiens. — (*b*) Louis XVIII. — (*c*) Pichegru. — (*d*) Moreau.

Le portrait de Z (*a*) existe en gravure: je le lui ai demandé, et elle me l'a promis avec son buste, qui, dit-elle, est très ressemblant.

J'ai, comme de coutume, demandé au *banquier* (*a*) s'il avait besoin d'argent; il m'a répondu, comme toujours, que non; *mais je verrai quand j'irai dans le Jura.*

Est-il vrai que l'Angleterre n'épaule plus les *Y* (*b*)? Nos gueux le disent ici; je ne le crois pas, ni Z (*a*) non plus. D'après la manière dont *l'excellent Bluet* (*c*) *a épaulé cette affaire*, ses secours sont plus que jamais nécessaires. Z (*a*) pense que vous aurez été envoyé à *Antoine* (*d*) pour lui communiquer ses dispositions, d'après lesquelles il faut bien se concerter; c'est essentiel. *L'aimable Zède* (*a*) prie *César* (*e*) et *Persée* (*f*) de recevoir ses compliments et salutations.

Dès que vous m'annoncez *de la bijouterie* (*g*), *Duretour* (*h*) se rendra au bord du *Sauveur* (*i*) au poste *du Rasoir* (*k*). Avisez-moi du jour où il devra s'y rendre.

Ci-joint un dialogue du *Crocodile* (*l*): voyez s'il est bon, et tâchez de faire imprimer ses *prophéties* auxquelles il tient. Le manuscrit a été remis au *bourgeois* (*m*), qui vous le rendra pour le faire imprimer.

Vous me retournerez les papiers de *Philippe* (*d*) que

(*a*) Pichegru. — (*b*) Les Autrichiens. — (*c*) Wickham. — (*d*) L'archiduc Charles. — (*e*) Wurmser. — (*f*) Klinglin. — (*g*) De l'argent. — (*h*) Mandel. — (*i*) Du Rhin. — (*k*) Eschau. — (*l*) Gomart. — (*m*) Le prince de Condé. — (*n*) Tugnot, des lettres de change, ou des effets qu'il fallait acquitter à Bâle, pour les 4000 liv. prêtées par Lahirne.

vous avez laissés au *bourgeois* (*a*), et je ferai payer d'ici à Bâle ce qu'il y doit, de concert avec les amis, puisque ce paiement pourrait vous compromettre.

Pièce 222ᵉ.

Nota. Originale de la main de Montgaillard, adressée à la baronne de Reich.

Le cachet est conservé.

J'ai vu, madame la *baronne* (*b*), hier au soir et ce matin la personne qu'il était essentiel de voir ici, et je n'ai rien négligé pour lui inspirer en faveur de *Baptiste* (*c*) l'*absolue* confiance qu'il faut *nécessairement* avoir dans cet homme rare. Il m'a paru qu'on sentait bien cela, et qu'on voulait se conduire d'après les données de son caractère et de ses talents. J'ai écrit ce matin à *Antoine* (*d*) et *à son bras droit*, et je me suis mis en quatre pour les maintenir dans les excellentes dispositions où je crois véritablement qu'ils sont. Le voyage de *Louis* (*e*) a opéré un grand bien, et il était d'une nécessité majeure. Je partirai décidément demain soir, à moins que *César* (*f*) ne me retînt, ce que je ne prévois nullement utile. Il m'a donné heure

(*a*) Le prince de Condé. — (*b*) La baronne de Reich. — (*c*) Pichegru. — (*d*) L'archiduc Charles. — (*e*) Fauche-Borel. — (*f*) Wurmser.

ce soir, et je vous promets de lui parler de son *immortalité future* avec toute la chaleur qui peut dépendre de moi.

J'espère avoir le plaisir de rendre compte à *Persée* (*a*) vendredi soir ou samedi au plus tard de bien des choses *particulières* qui le concernent et des détails qu'il est important qu'il sache. C'est à *Persée* (*a*) qu'il faut rapporter tout ce qu'on a fait d'excellent ici et chez *Antoine* (*b*); ses avis et ses lettres ont décidé bien des choses. J'aurai l'honneur de vous saluer et de vous remercier de toutes vos bontés en sortant de chez *Persée* (*a*).

Vous jugez parfaitement, madame la baronne(*c*), combien il est urgent de donner une confiance absolue et sans bornes à *Furet* (*d*) et à *Baptiste* (*e*) dans *César* (*f*) et *Antoine* (*b*). Je désirerais bien que vous voulussiez bien écrire vous-même à *Furet* (*d*) et *Baptiste* (*e*) que ce dernier n'a aucun obstacle ni retard à craindre, et qu'on est fermement résolu à le seconder par tous les moyens possibles ; il faut lui en donner l'*assurance formelle*, donnée par *Antoine* (*b*). C'est la vérité, et on ne saurait trop en pénétrer *Baptiste* (*e*). Votre excellent jugement reconnaît combien il est urgent de talonner sans relâche *Bluet* (*g*) ; il faut lui faire faire d'une manière ou d'autre ce qui est si nécessaire à Baptiste (*e*). Je ne doute pas de la bonne volonté

(*a*) Klinglin. — (*b*) L'archiduc Charles. — (*c*) La baronne de Reich. — (*d*) Demouget. — (*e*) Pichegru. — (*f*) Wurmser. — (*g*) Wickham.

personnelle de *Bluet* (*a*); mais les effets seuls peuvent le prouver. *Baptiste* (*b*) est perdu sans ressources si les fonds se font attendre *un moment* lorsqu'il en aura besoin. On me l'a dit cent fois ce matin ; et je ne vous cache pas que (entre nous soit dit) l'inquiétude de *César* (*c*) et *Antoine* (*d*) porte sur ce seul point. C'est vous, madame la *baronne* (*e*), ce sont les sacrifices innumérables que vous faites pour *Bourgeois* (*f*) et pour l'Europe depuis si long-temps qui vous donnent le droit de presser vivement du côté de *Bluet* (*a*). Je crois que *Louis* (*g*) ferait un coup d'état en le voyant : il a assuré les choses ici ; s'il les assure du côté de *Bluet* (*a*), il aura bien certainement fait tout le décisif. Quelques choses que m'ait répétées *César* (*c*) pour m'engager à aller auprès de *Bluet* (*a*), et quoique le commis de *Laurier* (*h*) ici m'ait prié d'insister auprès de *Eluet* (*e*) sur un point pressant et bien essentiel dans *quinze jours*, dans cette ville, je n'irai point chez *Bluet* (*a*). Je suis sûr que *Louis* (*g*) fera mieux et beaucoup mieux que moi ; mais engagez-le à avoir toute l'assurance qu'il est fait pour avoir, et qu'il se fasse valoir ce qu'il vaut. Il faut que bien des gens le traitent comme il le mérite, c'est-à-dire avec respect; et plus *Louis* (*g*) aura bonne opinion de lui-même, plus il servira grandement la chose. Si *Louis* (*g*) n'était

---

(*a*) Wickham. — (*b*) Pichegru. — (*c*) Wurmser. — (*d*) L'archiduc Charles. — (*e*) La baronne de Reich. — (*f*) Louis XVIII. — (*g*) Fauche-Borel. — (*h*) Le prince de Condé.

pas parti de chez vous avant mon arrivée, *je lui dirais les deux choses majeures* qu'il faut qu'il demande à *Bluet* (a); il est impossible de les écrire ici, n'ayant ni chiffre, ni noms donnés ici. Il est bien essentiel que *Louis* (b) ou vous, madame la *baronne* (c), instruisiez *Antoine* (d) de ce qui arrivera du *magasin* (e), en y joignant les réflexions que vous jugerez les plus propres à maintenir la confiance d'*Antoine* (d). Mes compliments, s'il vous plaît, à l'énorme *Fluxion* (f). Veuillez que M. *Jaeglé* (g) reçoive ici l'assurance de mon vif attachement. Permettez-moi de dire mille choses à M. *Desgrigny*. Les troupes défilent nuit et jour et passent sans s'arrêter. *César* (d) a une confiance de victoire que je ne puis vous peindre; je regarde cela pour beaucoup. Adieu, madame la baronne (c), agréez les sentiments de vénération et de respect que m'inspire le dévouement héroïque avec lequel vous consacrez au salut de la *société* la constance et les lumières que vous y apportez, et permettez-moi de vous assurer que les sentiments dont vous avez rempli mon âme ne finiront qu'avec ma vie.

M. le 24, à midi.

(a) Wickham. — (b) Fauche-Borel. — (c) La baronne de Reich, — (d) Archiduc Charles. — (e) Strasbourg. — (f) Un des commensaux de la baronne, Ollery, qui avait alors une fluxion. — (g) Ou Idylé. — (h) Wurmser.

Pièce 272°.

Nota. Originale, de l'écriture de Demouget, adressée à Klinglin. Demouget était alors à Bâle, à son retour de Berne, où il avait été visiter Wickham, accompagné de Badonville. La suscription est : à M. Persée.

Pomme (a), 17 novembre 96.

Cher Persée (b),

Je reviens de chez le bon *Bluet* (c), que j'ai trouvé tout disposé aux affaires de notre cher *Baptiste* (d). Après deux conversations, chacune de deux heures, il a été conclu que de ce pas j'irais chez la *belle Zède* (d) (pour laquelle il m'a donné du *nec* (e) *et une lettre de sa main*) : de là *aux Tresses* (f), et au moment que m'indiquera *Baptiste* (d) à *Messaline* (g), *où je serai le seul intermédiaire de cette belle fille à son amant et à ses amis.* Abstraction de l'utilité indispensable avec laquelle je serai chez *Zède* (d), je lui ai détaillé d'autres moyens qui peuvent me mettre à même de faire le plus grand bien à *toute la famille* (h); il les a trouvés admissibles : de façon que si le bonheur me veut dans ce travail, j'aurai en même temps rempli deux

---

(a) Bâle. — (b) Klinglin. — (c) Wickham. — (d) Pichegru. — (e) *Nec plus ultrà*, c'est-à-dire de l'argent. — (f) Strasbourg. — (g) Paris. — (h) La grande famille des Bourbons, etc.

objets différents....... Le bruit court ici que Mantoue est prise par les Français; et d'autres lettres particulières du Milanais disent que les Français y ont perdu seize mille hommes. On dit aussi qu'une insurrection de trente mille Irlandais avait éclatée, qu'ils ont battu dix mille Anglais, et que Richery, amiral français, avait joint les Irlandais. *Diogène* (a) est-elle à son poste? Faites-lui mes amitiés. *Bluet* (b) désire que le *Gros* (c) vienne pour faire aller les *dés* (d) chez vous; il en est capable, et vous soulagera beaucoup; il faudra cependant, je pense, qu'il soit agréé par le brave *Antoine* (e). Adieu, cher *Persée* (f). Je tâcherai d'être très lestement de retour chez moi, pour mettre ordre à mes affaires. Si *Antoine* (e) a des ordres particuliers à me donner pour *Messaline* (g), je les exécuterai de mon mieux.

Je vous salue cordialement,

SIMON FURET (h).

(a) La baronne de Reich. Il paraît qu'on l'attendait pour former une seconde fois son club de nouvelles, à Offenbourg. — (b) Wickham. — (c) Ollery. — (d) Correspondance, espionnage. — (e) Le prince Charles. — (f) Klinglin. — (g) Paris. — (h) Demouget.

CINQUIÈME PARTIE.

PRÉCIS DE LA CORRESPONDANCE D'ANGLETERRE A PARIS ET DE PARIS EN ANGLETERRE.

La découverte des papiers trouvés dans le domicile de la citoyenne Mercier prouve l'existence d'un comité d'individus correspondant avec l'Angleterre, pour fournir à son gouvernement, et aux princes français qui y sont réfugiés, les moyens de nuire au gouvernement français, de le renverser, et d'exposer de nouveau la France à tous les hasards d'une seconde révolution.

Ce comité paraît principalement composé de trois membres. L'un, qui porte le nom de *Paul Berry*, est *Hide* l'aîné, qui se fait quelquefois appeler *Neuville;* les deux autres sont *Ferrand* et *Dubois*. *Paul Berry* tient la plume; *Ferrand* voyage de Paris à Londres et de Londres à Paris; *Dubois* est un personnage mystérieux plus important, qui a des pouvoirs, au nom de qui *Paul Berry* écrit, dont il semble souvent ne faire qu'exécuter les ordres, mais qui, dans aucune occasion, ne paraît agir personnellement. Que le comité se réduise à ces trois personnes, c'est ce qui est également prouvé par les lettres écrites de Paris, au nom des trois individus, et par celles de Londres, toujours adressées aux mêmes personnages.

Ils correspondent à Londres avec le comte d'*Artois*, qui porte dans cette correspondance le nom d'*Honoré*, et avec *Dutheil* (qu'on dit l'agent de Louis XVIII à Londres), qui se fait appeler *Charron* ou *Robert*.

Nous n'avons aucune donnée sur la formation de ce comité. Il paraît qu'il existait lors de la révolution du 18 brumaire, et qu'à cette époque Paul Berry et Ferrand étaient à Londres, occupés avec les agents des princes à concerter un plan contre le directoire, pour l'exécution duquel ils reviennent à Paris.

Mais la révolution du 18 brumaire, qu'ils apprennent en arrivant, suspend l'activité de leurs projets; elle met de l'incertitude dans les vues du ministère anglais; il veut, avant de se décider à poursuivre l'exécution des plans qui lui ont été offerts, connaître le caractère de cette révolution, et savoir quels en seront, en France, les résultats. Un homme étranger au comité directeur, mais non au parti royaliste, est consulté; ses conseils, les renseignements qu'on obtient d'ailleurs, déterminent à reprendre les projets suspendus. En conséquence, *Dutheil* écrit de Londres que les observations du comte d'Artois ont fait revenir le ministère anglais aux projets arrêtés par *Dubois*, *Ferrand* et *Paul Berry*. Celui-ci est invité à mettre la main à l'œuvre : des fonds lui sont promis : mille louis lui sont annoncés, il doit les recevoir par *Jules Caron*.

Pendant que ces promesses se font de Londres, on travaille à exécuter à Paris le plan concerté. *Ferrand* est parti pour l'Angleterre. *Paul Berry* a établi une contre-police à Paris; plusieurs journaux sont à sa disposition, et il a commencé, avec *Pichegru* et *Lar*..., une correspondance dont il attend beaucoup.

A cette marche, il croit cependant pouvoir en mêler une autre que le hasard lui a offerte : c'est celle d'une négociation avec *Bonaparte* et *Talleyrand*, pour déterminer le premier à épouser les intérêts de Louis XVIII. Il ne désespère pas de parvenir à ce but si le ministère anglais repousse toute idée de paix avec la France, et il insiste beaucoup pour le maintenir dans ses dispositions guerrières; mais en négociant il ne perd pas de vue les projets plus hostiles dirigés contre le gouvernement français; et il travaille à se mettre en état de les exécuter, tant en perdant *Bonaparte* dans l'opinion publique, qu'en détachant de lui les royalistes qui s'en sont rapprochés, en corrompant quelques républicains, des militaires et des hommes importants par leurs places. Il espère pouvoir le renverser, comme il avait projeté de renverser *Barras*, *Moulin* et leurs associés; mais pour cela il faut de l'argent, et il ne cesse d'en demander au gouvernement anglais.

La négociation est entreprise, et bientôt on désespère du succès. L'enivrement de celui qu'on prétend vouloir ramener à des idées plus saines ne laisse guère d'espérance d'y parvenir. Plus que jamais il faut diriger contre lui les projets entrepris contre ses prédécesseurs. Un nouveau moyen se présente à l'appui de ceux que l'on a déjà : c'est de faire venir *Pichegru* à Paris, pour de là l'envoyer dans les départements insurgés. Les 15 ou 18,000 hommes de troupes russes seraient mis à sa disposition ; il serait en état de recevoir à Brest, dont on compte se rendre maître par surprise, le comte d'Artois et le duc de Berry. Son nom suffirait pour entraîner des généraux et des militaires secrètement dévoués au parti royaliste. On lui écrit, ainsi qu'à *Lar....*, pour sonder ses dispositions ; mais ce plan, comme les autres, ne peut s'exécuter si le gouvernement anglais ne fournit pas ce qu'on appelle l'*argument irrésistible*, et son concours est réclamé avec de nouvelles instances.

Les moyens de négociation déplaisent à Londres aux princes et aux agents du roi, ils n'en attendent aucun succès. Une négociation ne pourrait être entreprise, disent-ils, qu'au moment où l'étoile de Bonaparte commencerait à pâlir. Aussi le comte d'Artois se refuse-t-il à donner la lettre qu'on lui a demandée pour Bonaparte [1] ; il insiste, et on insiste en son nom sur les moyens d'action, les seuls dont l'expérience de la révolution démontre qu'on puisse attendre du succès. Ce succès ne peut être amené que par la corruption. On voudrait

---

[1] Le brouillon de cette lettre, ou un fragment de ce brouillon, est coté 17 (correspondance de Paris). Il en est aussi fait mention dans une lettre de *Durocher*, qui peut être *Ferrand*, écrite de Boulogne (lettres diverses, n° 12).

séduire jusqu'aux ambassadeurs de la république ; mais on est tellement honteux de la petitesse de ces moyens qu'on se propose bien d'en faire un mystère au gouvernement anglais, pour ne pas lui découvrir cette extrême pénurie de ressources, lorsqu'on ne voudrait paraître à ses yeux qu'embarrassé sur le choix des moyens. Un projet plus grand, auquel le comte d'Artois attache beaucoup d'importance, est la surprise de la ville de Brest, au moyen des intelligences qu'on s'y est ménagées. Le comte d'Artois ne prononce encore que le vœu qu'il forme de venir se mettre à la tête des royalistes. En attendant on cherche à organiser d'une manière plus régulière la correspondance de Paris à Londres, par Amiens et Boulogne. Les agents employés à ces courses ne sont pas également sûrs, et tel qui n'a été que deux fois de Boulogne en Angleterre s'attribue une somme de cent louis qui était destinée à pourvoir aux frais de ces voyages pendant un mois, à raison de deux voyages par semaine. La contre-police établie à Paris obtient l'entière approbation du comité de Londres. La lettre qui l'annonce, et énonce les détails précédents, est revêtue de l'approbation du comte d'Artois, écrite de sa main, et signée par lui Charles-Philippe.

A Paris, le comité royaliste poursuit ses mesures. *Ferrand* est arrivé ; il n'a point apporté de fonds. *Paul Berry* écrit à Wickam sur les moyens d'organiser une correspondance régulière avec lui ; il signe sa lettre *Neuville*, qui est le nom sous lequel il est connu des royalistes de l'Ouest et de ceux de Paris, le premier n'étant employé que pour la correspondance avec l'Angleterre; il lui fait passer une dépêche importante que *Ferrand* a apportée de Londres. Par la même raison (celle de Mich.) il écrit à *Pichegru*, pour l'engager à venir se mettre à la tête des royalistes de l'Ouest; il écrit aussi à Lar...., tant pour presser son retour que pour l'engager à déterminer le départ de Pichegru.

Des renseignements plus développés sur la manière de surprendre Brest lui sont communiqués par le *Fermier*; il les juge d'une telle importance qu'il fait partir sur-le-champ M. de *Vauxnoir* pour l'Angleterre, pour les mettre sous les yeux du comte d'Artois. *Vauxnoir* doit passer par les îles *Marcou*. Il est chargé de communiquer ces renseignements au capitaine *Price*, et de l'engager à envoyer un *aviso* pour avertir la flotte anglaise. M. de *Bourmont* est également prévenu. *Vauxnoir* est porteur d'un plan très détaillé pour l'enlèvement du port de Brest, plan à l'exécution duquel doivent concourir l'armée royaliste et l'escadre anglaise, et dans lequel on a tout prévu, excepté l'opposition qu'auraient pu y mettre la vigilance des officiers républicains, le patriotisme de la garnison et des habitants, et vingt-cinq vaisseaux français mouillés dans la rade.

Trois jours après le départ de M. de *Vauxnoir*, part, par une autre route, M. Dandreville, portant un plan définitivement arrêté par le comité royaliste de Paris.

La négociation avec Bonaparte avait entièrement manqué ; elle devenait un tort pour ceux qui l'avaient entreprise à Paris; tort d'autant plus grand qu'elle avait été constamment désapprouvée à Londres. Pour le réparer le comité poursuit, avec une activité nouvelle, les mesures qu'il a projetées ; il désabuse les royalistes sur l'idée que quelques uns d'eux avaient conçue que Bonaparte voulait rétablir la royauté, presse les chouans de recommencer la guerre, multiplie les promesses au nom de l'Angleterre, avance 18,000 livres à M. de *Bourmont* pour achat d'armes et de munitions, et enfin, dans un très long écrit, développe ses dernières vues. En voici l'exposition :

Les chouans recommenceront la guerre ; ils seront soutenus par des débarquements.

Pichegru paraîtra à l'armée des royalistes ; son nom seul ébranlera la fidélité des troupes républicaines; des corps qui lui sont dévoués donneront l'exemple de la désertion : cet exemple sera promptement imité.

Le *Fermier* se rendra à Brest pour livrer cette ville suivant le plan convenu. Là seront reçus le comte d'Artois et le duc de Berry ; leur présence entraînera tous les royalistes qui balancent encore, et les royalistes républicains [1] se rangeront sous les bannières de Pichegru.

[1] Expressions de *Paul Berry*.

En même temps des proclamations seront répandues pour séduire les militaires, rassurer les acquéreurs de biens nationaux, en leur laissant l'espoir de ne pas tout perdre, attirer les Français insouciants (et l'on dit que c'est le grand nombre), en leur montrant la paix marchant à la suite de la royauté, et enfin épouvanter les factieux par la désorganisation de leur gouvernement.

A Paris, on commencera, pour désorganiser la police républicaine, par publier et afficher la liste de ses espions et mouchards, qu'on s'est procurée moyennant 30 louis.

Le débarquement effectué, et douze heures avant l'attaque projetée à Paris, des courriers partiront de cette ville sur toutes les routes, portant des proclamations et journaux fabriqués à dessein ; ne commenceront leur mission qu'à vingt-cinq lieues de la capitale, et dans des villes affidées. Là, ils annonceront la république détruite, la royauté proclamée à Paris, et reçue avec enthousiasme ; ils accompagneront cette annonce de tous les détails propres à le faire naître ; ils échaufferont les têtes, parleront au nom du roi, sommeront les bons Français d'arborer comme à Paris la cocarde blanche, et exciteront un soulèvement général.

Le coup principal sera porté à Paris, où le gouvernement se trouvera tout-à-coup désorganisé par le renversement d'un seul *homme* dont l'ambition, et surtout l'opiniâtreté, pourrait ensanglanter la France.

Pour cela, les mesures sont prises; une petite armée est organisée à Paris, sous le commandement de M. *Joubert.* L'exécution sera prompte et les suites sans danger.

Le comité demande donc, avec une nouvelle instance, les deux moyens les plus propres à assurer l'exécution de son plan, de l'argent et la présence de Son Altesse. Il sollicite aussi des bons d'emprunts à faire, au nom de Son Altesse, dans les villes les plus riches de France, lors du renversement du gouvernement républicain.

En attendant l'approbation de ce plan et les secours demandés, le comité royaliste fait tout ce que peuvent lui permettre sa situation et la pénurie de ses moyens. La contre-police, dont il a fallu réduire la dépense à cent louis par mois, va son train; elle éclaire et entrave la marche de la police ministérielle. Le comité remédie à la suppression d'un grand nombre de journaux par l'établissement d'une feuille secrète (l'*Invisible*) destinée à dénaturer et à critiquer les opérations du gouvernement; par celle d'un journal hebdomadaire (l'*Avant-courrier ou le retour à l'ordre*), et par l'impression d'une foule de brochures tendant au même but : il fait partir pour Londres madame *William*, et la charge d'une nouvelle lettre pour le comte d'Artois.

M. de *Vauxnoir* a fait un heureux voyage; il arrive le 30 nivôse. Le comte d'Artois reçoit par lui le plan qui doit lui livrer Brest : il le fait communiquer au ministère anglais, et, en l'assurant de la vérité de ces renseignements, il obtient que l'exécution en sera poursuivie.

Le voyage de M. *Dandreville*, parti trois jours après *Vauxnoir*, n'a pas été si heureux ; il a éprouvé mille obstacles par la route qu'il a suivie : ainsi le plan dont il est porteur n'est point encore sous les yeux du comte d'Artois. Cependant le temps presse pour l'exécuter. Le comité écrit de nouvelles lettres pour solliciter le secours de l'Angleterre et l'arrivée du prince, il se vante d'avoir déterminé le brave *Bourmont* à rejeter la paix ; mais le bruit se répand que d'autres chefs sont sur le point de l'accepter.

Il insiste donc pour la prompte exécution des mesures qu'il a proposées. *Bourmont* et *Frotté* ont besoin d'une puissante diversion. M. *Piet*, ex-législateur, doit être envoyé à Londres pour rendre ces sollicitations plus pressantes. Un évènement imprévu l'empêche de faire ce voyage.

Pour ne pas perdre le temps d'une attente pénible, et pour inquiéter le gouvernement, le comité a fait placer, le 21 janvier, un drapeau noir à la Madeleine, et afficher dans tout Paris la proclamation de Monsieur (comte d'Artois) et le testament de Louis XVI. *Paul Berry* se vante d'avoir lui-même affiché ces pièces aux pieds de la statue de la liberté. Trois jours après, pareilles affiches ont eu lieu dans les communes qui environnent Paris.

M. de *Vauxnoir*, parti de Londres le 5 pluviôse,

arrive le 14 à Paris. Grand nombre de dépêches lui ont été confiées : l'une renferme l'approbation du plan pour l'enlèvement du port de Brest. Les mesures prises pour surveiller la personne et les mouvements de Bonaparte inspirent confiance et espoir. « Si le » premier consul va à l'armée de l'Ouest, écrit-on, » comme on peut le présumer, et qu'il passe Arpajon » sans avoir cessé de vivre, il aura prouvé qu'il n'y a » plus en France ni royalistes ni jacobins. »

Au départ de *Vauxnoir* M. Dandreville n'était pas encore arrivé; ainsi on n'a pu connaître et juger à Londres l'ensemble des mesures projetées, et leur exécution est encore suspendue : jamais cependant le moment n'avait été plus favorable. Brest est dégarni de troupes, et rempli de mécontents : c'est ce que prouvent les rapports arrivés au *Fermier* et ceux que *Paul Berry* a eus de son jeune frère........ On continue de surveiller Bonaparte et d'observer ses mouvements. On se tient prêt à le frapper au moment de l'arrivée de Son Altesse. On pourrait déjà se défaire de Sieyes; mais on aime mieux le laisser vivre, comme cause de division. Une levée d'hommes se fait dans le midi. Willot se mettra à leur tête; des commissaires royalistes y sont envoyés. On espère aussi, si on a de l'argent, exciter un mouvement dans l'Orléanais. Tous les moyens paraissent bons pour s'en procurer; dans le département de l'Eure, 12,000 liv. ont été enlevées aux républicains. On surveille un nouvel envoi dont on attend un plus grand bénéfice.

Cette surveillance, qui s'exerce sur le trésor et les voitures publiques, est un des objets de la contre-police.

Au milieu de ces projets et de ces espérances les fonds manquent; les lettres de change, tirées par *Paul Berry*, et dont le paiement a été plus d'une fois promis, ont été protestées. Le temps s'écoule; les circonstances deviennent moins favorables; déjà l'on publie que *Chatillon*, d'*Autichamp* et *Suzannet* ont fait la paix. Le deuxième commandant de la garde consulaire, sur lequel on comptait, vient d'être destitué; heureusement que le *Fermier* ne l'est pas. « Que » Monseigneur arrive donc, que des fonds soient en-» voyés, que l'Angleterre persiste dans ses disposi-» tions hostiles pour récompenser le zèle de ceux qui » lui sont parfaitement dévoués, et surtout qu'elle » empêche tout arrangement entre la France et l'em-» pereur. »

Pour copie conforme auxdites pièces imprimées,

Signé Emmery, B. J. A. Chaptal, Champagny.

FIN DU TOME PREMIER.

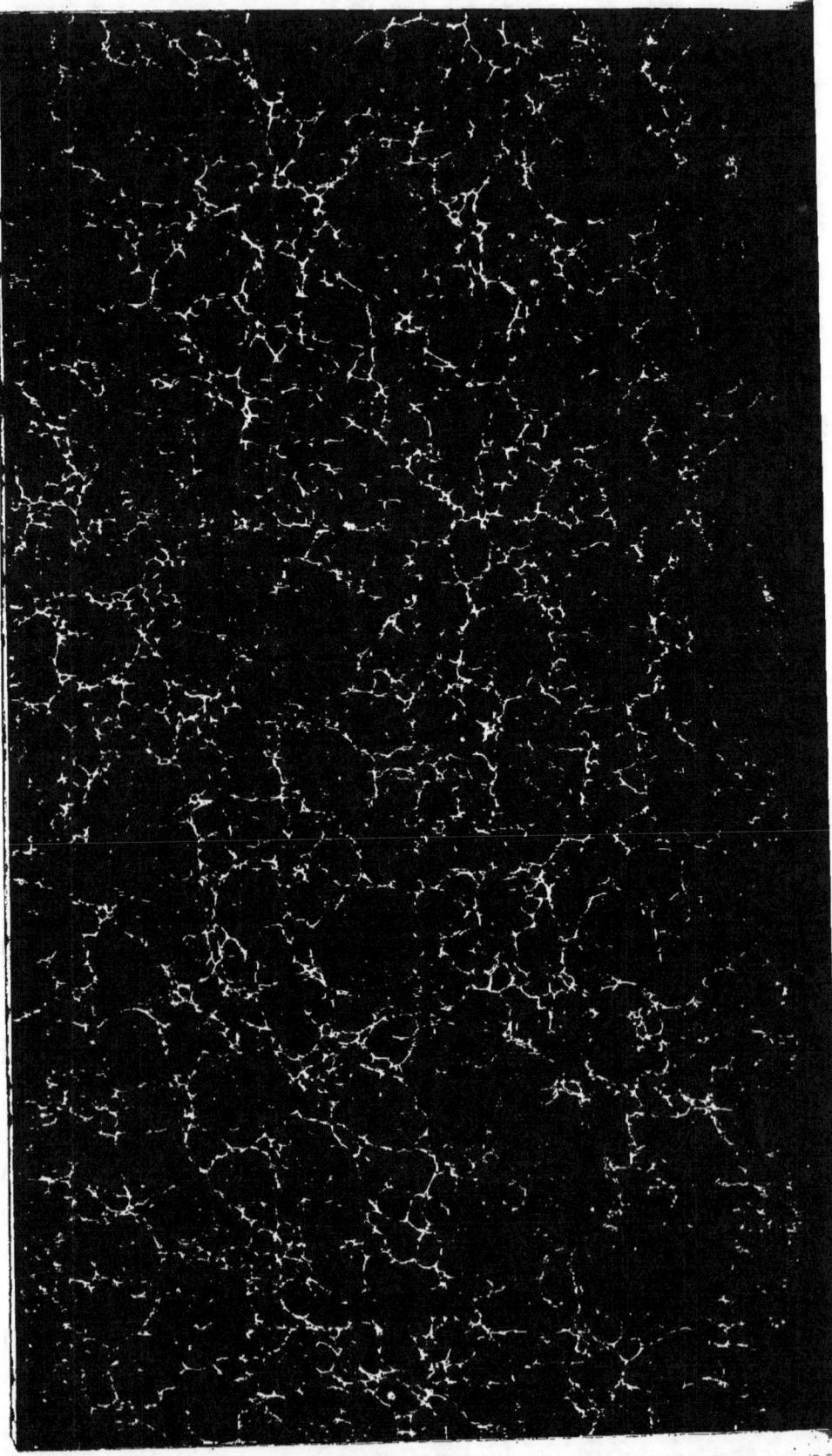

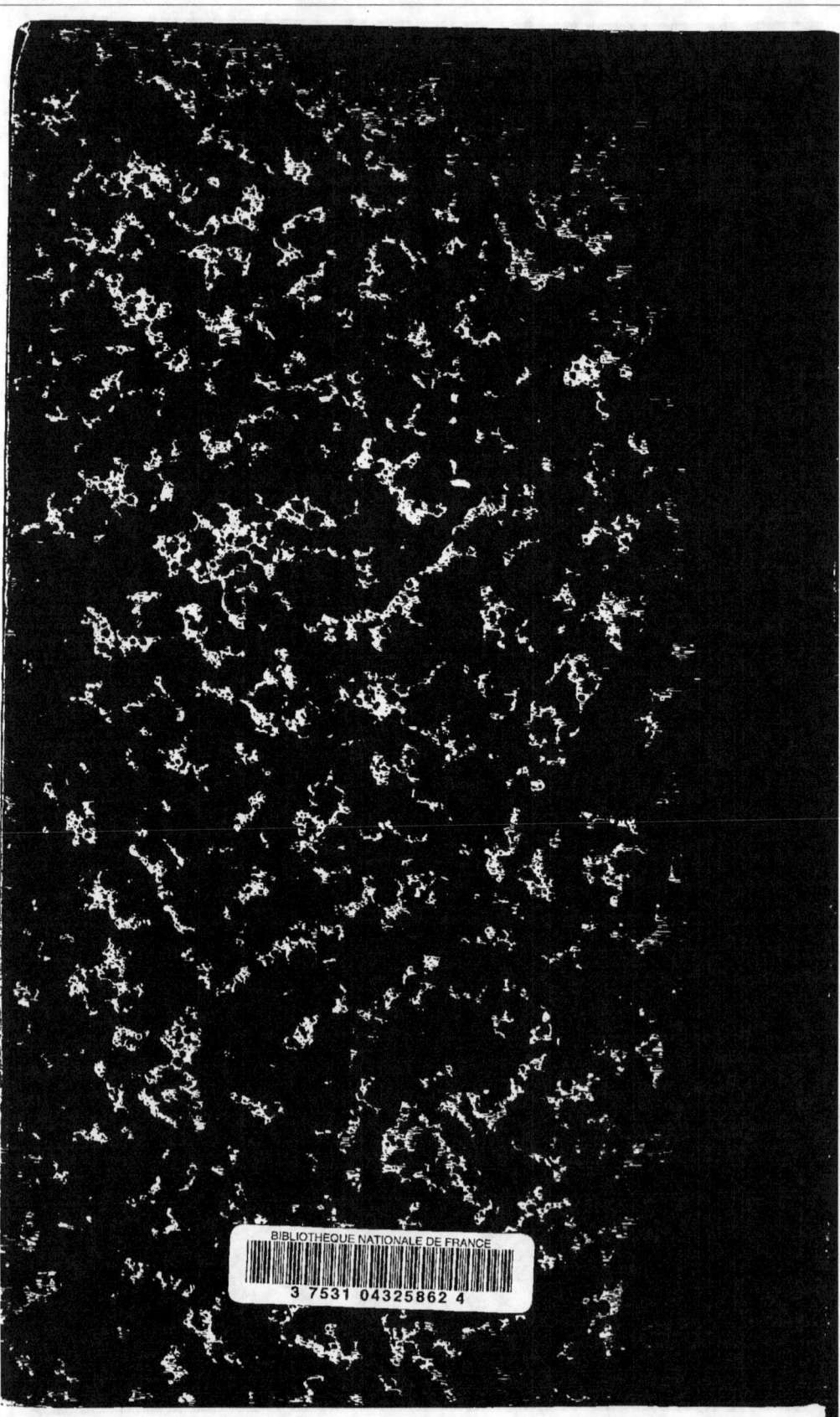